【喻家少林六合拳法丛书】

入选『四川省第六批省级非物质文化遗产代表性项目名录（传统体育）』

喻家少林六合拳械 精粹（上）

赵通足　赵从华　童国军　刘朝贵　丛书主编
　　　　　　　　　郑志刚　主编
　　　　　　　杨　术　副主编

四川大学出版社
SICHUAN UNIVERSITY PRESS

图书在版编目（CIP）数据

喻家少林六合拳械精粹 / 郑志刚主编. — 成都：四川大学出版社，2022.12
（喻家少林六合拳法丛书 / 刘朝贵主编）
ISBN 978-7-5690-6053-9

Ⅰ. ①喻… Ⅱ. ①郑… Ⅲ. ①拳术－介绍－南充 Ⅳ. ① G852.19

中国国家版本馆CIP数据核字（2023）第056395号

书　　名：	喻家少林六合拳械精粹 Yujia Shaolin Liuhe Quanxie Jingcui
主　　编：	郑志刚
丛 书 名：	喻家少林六合拳法丛书
丛书主编：	刘朝贵

丛书策划：	曾　鑫
选题策划：	曾　鑫
责任编辑：	曾　鑫
责任校对：	傅　奕
装帧设计：	墨创文化
责任印制：	王　炜

出版发行：	四川大学出版社有限责任公司 地址：成都市一环路南一段24号（610065） 电话：（028）85408311（发行部）、85400276（总编室） 电子邮箱：scupress@vip.163.com 网址：https://press.scu.edu.cn
印前制作：	成都墨之创文化传播有限公司
印刷装订：	成都市新都华兴印务有限公司

成品尺寸：	185mm×260mm
印　　张：	26.5
插　　页：	13
字　　数：	488千字

版　　次：	2023年4月 第1版
印　　次：	2023年4月 第1次印刷
定　　价：	299.00元（上下册）

本社图书如有印装质量问题，请联系发行部调换

■ 版权所有 ◆ 侵权必究

扫码获取数字资源

四川大学出版社
微信公众号

委员会名单

总顾问：黄镇国
顾　问：李留澜
主　编：郑志刚
副主编：赵通足　赵从华　童国军　杨　术
丛书主编：刘朝贵
编委会主任：刘朝贵
编委会成员：

　　　　　　唐绿中　邓　勇　李碧群　冯运志
　　　　　　涂兴甫　王小东　刘　庆　朱永福
　　　　　　李　鸣　陈卫东　杨荣富　林　荣
　　　　　　赵　琦

• 第六代掌门人　喻应熊

• 第七代掌门人　喻俊卿

- 南充市武术协会常务副主席、南充市喻家少林六合拳研究会会长、第八代掌门人　刘朝贵

- 南充市武术协会副主席、南充市喻家少林六合拳研究会执行会长　赵通足

- 赵通足收徒仪式

- 南充市喻家少林六合拳研究会副会长、南充市武术协会常委　唐禄中

- 南充市喻家少林六合拳研究会副会长、南充市武术协会常委　邓勇
- 南充市喻家少林六合拳研究会副会长、南充市武术协会常委　冯运志

• 南充市喻家少林六合拳研究会副会长兼副秘书长、南充市武术协会副主席　林云

• 南充市喻家少林六合拳研究会副会长、射洪市武术协会主席　赵从华

- 南充市喻家少林六合拳研究会委员　李碧琼
- 南充市喻家少林六合拳研究会委员　熊显明

- 1996年10月，喻家少林六合拳弟子代表四川省民政厅参加四川省第八届运动会入场式

- 1997年全国第八届运动会，刘朝贵老师与四川省武术馆馆长刘太福（左一），中国武术协会副主席、北京武术院院长吴彬（左二），四川省武术队总教练任刚（右一）合影

- 2018年，刘朝贵老师收徒仪式

- 2021年，刘朝贵老师在南充市大北街小学授课后与师生合影

- "喻家少林六合拳进校园"川北医学院授牌仪式

- 2019年,刘朝贵老师在川北医学院给学生发结业证书

- 2017年，刘朝贵老师在南充嘉陵江边

- 喻俊卿先生八十寿辰与部分弟子合影

- 刘朝贵老师与第 15 期学员四川大学格桑泽仁教授（右）、涂兴甫（左）合影

- 2020 年第 22 期学员结业照

- 第九代弟子　涂兴甫
- 第九代弟子　刘庆

- 第九代弟子　李鸿
- 第九代弟子　朱永福

- 第九代弟子　杨荣富

- 第九代弟子　王小东

- 第九代弟子　石明德

- 第九代弟子　何丹

- 第九代弟子　伍可心

- 喻舒航与伍可心对练

- 第九代弟子　唐崇文

- 第九代弟子　沈天骐

- 第九代弟子　赵雨柔

热心认真传承发扬历史悠久的传统武术，为人类修身养性强身健体服务。

北京武协 吴彬

2021.3.5

- 吴彬先生（中国武术研究院专家、原中国武术协会副主席、国际武术联合会技术委员会主任、亚洲武术联合会技委会主任、北京武术院院长、北京武术队总教练）

强体之法

栗胜夫

- 栗胜夫（河南大学体育学院原副院长、河南大学武术研究所所长、博士生导师）

拳展风云
步如游龙

- 任刚（四川省武术协会主席）

推进健康中国建设

- 维勇

静若春水无波
动如江翻海啸

- 黄镇国（南充市喻家少林六合拳研究会总顾问）

作者简介

郑志刚,男,1958年4月生,毕业于成都体育学院,师从肖应鹏、王树田、兰素珍、邹德发等武术名师,擅长南拳、九节鞭、八极拳、猴拳等。2020年5月参加"少林罗汉功第22期培训班",跟随刘朝贵先生习练"少林罗汉功"。西华师范大学体操、武术教研室原主任,副教授,硕士生导师。曾任四川省武术协会科研委员会副主任委员,四川师范学院体育系副主任。现任四川省南充市武术协会副主席,四川工业科技学院教学指导委员会教学督导员、体育教师。

内容简介

《喻家少林六合拳械精粹》是系统介绍喻家少林六合拳械的综合性武术图书。本书除介绍喻家少林六合拳械的历史源流、风格特点等基本内容外，还着重介绍了该门派具有代表性且在川东北地区广泛流传的各种拳械套路及养身功法的动作名称及动作说明，包括"二路练步拳""综合六合拳""少林六合刀""少林六合棍""初步六合拳""虎豹六合拳""少林六合剑"以及"罗汉功"等。全书图文并茂、通俗易懂，可为广大武术爱好者学习武术和养身健身提供参考。

中国武术"小传统"的生命力（代序）

中国武术是中华传统文化的重要组成部分，对于今天的国人来讲比较陌生的传统武术，实则离我们并不遥远。于个人而言，"文能提笔安天下，武能上马定乾坤"是许多古人的共同追求，如"抽剑步霜月"的李白、"挺剑刺乳虎"的陆游、"醉里挑灯看剑"的辛弃疾、"千里风尘一剑当"的王阳明等许多名士，都将文武兼修作为自我要求。于国家而言，武举制度延续千年，为国家造就了大批人才。于历史而言，"重武"和"轻武"都深刻影响着国家的兴衰。不难想见武术之于中国的重要性。

1. 武术作为文化系统

中国武术，或者更准确地称之为中国传统武术，既不同于以奥林匹克为主体的西方竞技体育系统，也不同于拳击、跆拳道、摔跤等"壮欺弱、慢让快"的纯粹搏击技术，而是一套有着丰富内涵的文化系统。

第一，武术是"活"的文化遗产。中国武术是在漫长的冷兵器时代发展出来的、以实战为目的的技击术，各代继承者多将自身的体悟和成果融于一招一式中。后人习武之法，在于师父口传身教，加之勤学苦练，"然非用力之久，不能豁然贯通焉"。绝没有武侠小说那样的便宜事，偶得一宝典或真经，便可练就盖世武功。武术作为一种文化形态储存着无数习武之人的生命记忆，今天中国武术的样子都由他们的拳脚和思想"打磨"而来。并且，武术本身的流变史也是广阔社会文化发展的缩影。从这点来看，武术是一种文化积淀，是宝贵的文化遗存，是中华民族传统文化的"活化石"。

第二，武术因内涵精深，被称为武学。武学与医学、哲学密切相关。要练拳习武，须认识身体，也须应付跌打损伤。因此自古以来，习武之人大多了解骨骼经络之学。此外，还有利用医药辅助练功，或将医理融会于拳理之中的情况。历史上不乏医武兼修之人，如明清之际的名士傅山（字青竹，后改字青主），不仅有《大小诸证方论》《傅青主女科》《傅青主男科》等医学著作，还有武学著作《傅山拳法》。更为普遍的情况是，武学家常偏重于中医骨伤科学和经脉穴位之学。同时，武术具有鲜明的观念性，将中国特有的哲学思想体现于其中。许多拳种直接用其蕴含的哲学思想来命名，也用拳法实践表达哲理。如太极拳，王宗岳《太极拳论》开篇就讲，"太极者，无极而生，动静之机，阴阳之母也。动之则分，静之则合"，形而下为术，形而上为道。又如本书所讲的六合拳，其讲究内三合——"心与意合、意与气合、气与力合"，这些既是哲理也是拳理。

中国武术，就系统而言，一些机构、院校校订的"样板武术"，可谓是"大传统"；因地域、门派之分而千差万别，形成不同特色，成为人类学所谓"地方性知识"和"小传统"。一类拳种器械有其独特的形成机制、发展流变和传承制度，其习练群体有其特殊观念逻辑和思维方式，以及与地方文化融为一体，这些都体现了中国武术的多样性。本书所涉及的喻家少林六合拳在南充就形成了自己的"小传统"。

2. 武术作为方法

武术是技击之术，丧失搏击功能的拳法套路只是体操或舞蹈而已，能实战方称武术。习武可壮大胆魄、生发勇气，面对危险更为镇定、勇敢，亦有在危急关头保护他人和自己的妙用，这种结论从历代武将、侠客、武林人士等众多习武之人身上不难得出。武术是身体技术，可强身健体、开发体能，尤其在现代社会，技击之术用武之地不多，为求生存求发展，武术的侧重点转向养身保健，由于其本身就有此功用，因此养身效果并非虚谈。武术作为"思想之术"，能锻炼心性、磨砺人格，如"静""定"是武术基本要义，忍痛吃苦、持之以恒是习武之人应具备的品质；尊师重道、惩恶扬善是基本武德，等等。归结起来，武术可强体魄、修心性、立人格，是中国人特有的探索生命本质、开发身心潜能的方法。笔者身为人类学研究者，亦修习武学，虽才疏学浅，但从身体和精神的进步来看，武学的功用切身可感。

在健康和体育价值方面，作为方法的武术，来源于对人类身体与生命深层机理的发掘，它不独适合于古人，也适合今人，不独适用于中国，也适合整个人类。放眼观去，全球流行的以西方体育为代表的一些现代体育项目，多为单一重复运动，加上过度追求"更高、更快、更强"，易导致跟腱炎、椎弓峡部裂、肌肉拉伤、韧带撕裂、关节早衰等常见伤病。而中国武术多为综合运动，此种"综合"不仅是全身肌肉骨骼的协调运动，也是全副身心意气的整合。哪怕是刚猛坚硬的外家拳，也同内家拳一样，需要配合内功，如喻家少林六合拳，其修习就须配合罗汉功，内外兼修是历代武术家保持身心健康的关键。中国武术对人类健康的益处不仅是身体上的，也是心智上的。在人类普遍处于亚健康状态、渴求"大健康"的今天，中国武术应该为人类做出更大的贡献，成为未来体育之光。

武术并非玄学，而是可确实达成以上目标的方法，尽管今天一些号称武术"大师"之人实在只有花架子，败坏了中国传统武术的"真实性"，但稍微了解武术史的人都知道，真实的武术并非停留于外在姿态的花拳绣腿，哪怕是离我们并不遥远的晚清、民国和新中国成立初期，真正的武术高手也并不鲜见。当武林逝去，现有许多武学高手如形意拳传人李仲轩一般隐逸民间、低调生活，也有如喻家少林六合拳传人喻俊卿一般创立门派，秉承传统，薪火相传。

如前面所提及的，中国武术的"大传统"，在被武侠小说和武侠电影祛魅后，加之所谓"样板武术"的大肆推广，已被视为健身运动和竞技体育，大有变质变味的趋势，脱离了武术的"本位"。而民间地方上的"小传统"则更加原汁原味，更为鲜活和富有生命力，是今天中国传统武术的活水源头。南充喻家少林六合拳便是其中非常活跃的一支。

3. 中国武术"小传统"之喻家少林六合拳

河南嵩山少林寺武术的名声最早见于唐初平定王世充之乱中，当时王世充侄儿王仁则兵踞少林寺附近，少林寺应唐王李世民之命，派出十三棍僧擒获王仁则，受到李世民旌奖。在明代，继棍术之后，少林拳法体系也走向成熟。嘉靖时著名将领唐顺之的《峨眉道人拳歌》云："浮屠善幻多技能，少林拳法世稀有。"到了清代，由于明末战乱的重创，加上清政府防止"反清复明"，禁止民间秘密结社、习武的压制政策，少林寺走向衰落，习武规模和人数大为减少，少林寺僧只得秘密习武，武僧们公开的演武活动更是销声匿迹。直到道光年间，才出现了清朝第一次有史可考的少林演武活动，而据笔者考证，这次演武应该有喻家少林六合拳的鼻祖喻祯麟参与其中。

喻祯麟，四川省蓬溪县磨刀溪人。道光三年（1823年），年仅15岁的喻祯麟只身跋涉到千里之外的少林寺求学武艺，在释光大师门下系统学习六合拳技和医术，直到道光十一年（1831年）。在此期间，清朝大臣完颜麟庆任职河南。崔建立、王云的《江南河道总督麟庆考论》记述，麟庆于道光"五年（1825年）迁河南为河南开、归、陈、许道道台，九年（1829年）升河南按察使"。麟庆一生性喜山水，不废登临，将其见闻书写在《鸿雪因缘图记》中。《鸿雪因缘图记》共三集，文二百四十篇，图二百四十帧。张佳生在《麟庆及其〈鸿雪因缘图记〉》一文中介绍道："第一集始于出生（乾隆五十六年，1791年），终于道光九年（1829年，39岁）秋在河南开归陈许道任止。"第一集的倒数第六篇"少林校拳"图文并茂地记述了前面提及的清代少林寺首次有史料记载的公开演武活动：

> 晚回少林寺，谒紧那罗殿，像甚雄伟，著单衫，持火棍，传曾显神御寇，今为本寺伽蓝，祷之辄应。
>
> 因问僧拳法，讳言不解，谕以"少林拳勇，自昔有闻，只在谨守清规。保护名山，正不必打诳语"。主僧笑诺，乃选健僧校于殿前，熊经鸟伸，果然矫捷。阅毕僧退。坐对少室，三峰如青玉案，林阴山霭青翠蓊郁，形神俱静，因止宿焉。

这段话主要意思是："我"晚回到少林寺，拜谒紧那罗殿，紧那罗神像雄伟，穿着单衣，手持火棍，传说他曾用棍退敌，如今被供奉为本寺的护法神，求之则灵。于是"我"向寺僧询问拳法，僧人谎称不会，"我"说少林拳的勇武自古闻名，只要是谨守清规，保护名山，练拳是可以的，不必说谎。主持笑着答应，于是挑选出健壮的僧人在殿前演武，状如熊之攀枝、鸟之伸脚，拳法矫健敏捷。

除了《鸿雪因缘图记》中的版画，清末少林寺僧将麟庆观武的场面，以大型壁画的形式绘于白衣殿的北壁上，再现正宗的少林拳法，被称为"拳谱"壁画，亦称"捶谱"，至今保存完好。而这壁画中，就有六合拳的再现。

关于完颜麟庆的那段经历，松田隆智所著的《中国武术史略》引述的同一段引文中，比笔者的引文在末尾处多出一句关键信息——"道光八年（1828年）三月二十六日"，或许是与笔者所涉猎的《鸿雪因缘图记》的版本不同，但是无论事件是否发生在1828年，至少可以肯定的是，根据史料，喻家少林六合拳第一代武学家喻祯麟于1823年至1831年间在少林苦学六合拳，而少林演武事件发生在1825年至1829年之间。也就是说，演武之日，喻祯麟就在少林寺，演武僧众之中很大可能性就有他的身影，或许他就是版画或"捶谱"壁画中演练六合拳的某个人物。

喻祯麟所处的历史阶段，是冷兵器时代的尾声，也是中国传统武术最后的辉煌时刻。"为往圣继绝学"，在少林寺习武的八年中，喻祯麟心无旁骛，勤学苦练，系统研习六合拳。学成后回到故乡四川，喻祯麟将六合拳技教授于子孙和乡邻，严格秉持传统，薪火相传，同时开办了"喻家医馆"，武医一体。1953年，喻家第七代传人喻俊卿赴天津参加了新中国举行的全国民族形式体育表演及竞赛大会，武术是这次大会的主要项目之一。王涛、张三春在《团结奋进之歌——回忆1953年全国民族形式体育表演和竞赛大会》一文中记载，"这次大会是我国有史以来第一次民族形式体育大检阅，也是民族形式体育界第一次大会师"，"参赛者中有名闻南北的老拳师，也有年轻一代的技艺家"。在这次大会中，时年37岁的喻俊卿代表西南地区参赛并荣获金牌。时隔三年，喻俊卿又到北京参加全国武术运动会，再获金牌。为使拳种后继有人、发扬光大，喻俊卿于1988年12月成立喻家少林六合门拳法研究会，与弟弟喻华丰一道耕耘南充果山公园武坛，孜孜不倦培育英才，一生授徒逾万人。在南充，喻家少林六合拳仍保存着当初少林六合拳的完备体系，拳法古朴，未受现代武术"高、险、美"风格的影响，谨慎保持着古法的原汁原味。并且，南充喻家少林六合拳始终传承有序，人才辈出，如今执掌六合门的已是第八代弟子刘朝贵。刘掌门年近九秩，黑发如染，健步如飞，为光大门派，造福众生，授徒已达千人之众。南充喻家少林六合门长期以来为社会培养了大批优秀的资深教练及武术爱好者，为南充武术事业做出了积极贡献。喻家六合拳拳法自成一派，其发展也与地方社会文化的发展紧密相连，形成了中国武术版图中一支具有强劲生命力的"小传统"。

本套丛书以"技术"为逻辑起点，将喻家少林六合门代代相传的拳理、拳法和经典拳套等宝贵资料进行记录、整理，尽可能完整而真切地呈现传统少林六合拳的魅力。要知道，在近百年前的1928年，军阀石友三一把大火将千年古刹少林寺烧成半边焦土，《重修嵩山少林寺碑记》记载："烈火蔓延四十余日方熄，是隋末以来的第三次大火，主要殿堂楼阁顿成废墟，珍贵文物及秦槐汉柏化为灰烬，残垣断壁，满目荒痍，佛事凋敝，游人停迹。"寺内武僧四处逃散，少林武术正统几近断绝。可想而知，本书不仅是喻家少林六合门把门派"秘籍"毫无保留地贡献给世人，也是将少林六合拳的原真面貌展现于世，以飨从今往后的习武之人与读者,并且,书中还附上高质量的拳照配以详细说明,可见著作者的良苦用心。本书的出版可为中国武术的文献宝库增加一件珍品。最后笔者提出一些学术上的展望,学术界已有少数学者运用人类学理论与方法研究武术文化,但由于研究者多不习练武术,无法深入"田野"、切实体会"他者"文化,因此常有只见文化、不见武术之憾。学术界对于喻家六合拳的历史和文化研究,还有待继续挖掘。

  是为序。

黄　晶

(中央民族大学人类学博士生)

庚子年冬,于四川果城

前　言

"少林武术"是中国传统武术的重要组成部分，它经历了千百年来武林前辈的不断锤炼，逐步发展、传播开来。俗话说"天下武术出少林"，"南充喻家少林六合拳"的产生，正是这句话最有力的佐证。喻家少林六合拳，出自少林，扎根南充，经近200年来的传承、发展与创新，特别是进入20世纪80年代，为了适应竞技武术的规则要求，虽在套路的动作名称、技击方法、练习方式、训练手段上与少林武术传统的"六合拳"系有所不同，且在川东北地区已形成一支独立门派，但其"根"仍在少林。从运动特点和技术风格看，仍然讲究"拳打一条线""曲而不曲、直而不直""内外三合的协调配合"……演练时，起落进退多在一条线上运动；手法上，要求两臂保持一定曲度，冲拳推掌须蹬腿转腰、抖肩发力；重视内外合一、形神兼备；等等。充分说明其无论其如何发展，仍保持了少林拳的风格特点。

近年来，我国高度重视传统武术的挖掘与传承，为了发掘和继承这一宝贵文化遗产，在第八代掌门人刘朝贵先生的倡导下，我们编写了《喻家少林六合拳械精粹》一书，在编写过程中，得到了四川省武术协会、南充市武术协会许多同志的大力支持，在此一一表示感谢！

本门派拳械套路共有三十多种，除书中介绍的八个套路外，还有"六合子午拳""六合金刚拳""六合四门锤""前蹚梅花拳""后蹚梅花拳""六合炮捶""六合双刀""六合双剑""六合月牙铲""六合大刀""六合月牙刺"等二十多种，因编写时间、篇幅有限，只能留待下次续写。

本书中的插图，都是由本门派第八代掌门人及擅长上述拳械套路的著名拳师亲自演练拍摄的，虽然他们都是70岁左右的老人（其中掌门人近90岁），却勇不减当年，乐意为体育强国建设、传承武术文化遗产添砖加瓦，让我们备受鼓舞。但由于我们收集该门派古今资料、图片和整理、汇编的时间匆忙，加之水平有限，书中难免有不足之处，敬请各位读者批评指正！

编 者

2020 年 9 月 25 日

目 录

第一章 喻家少林六合门历史源流

第一节 师出少林寺，六合入川来
一、血气方刚先师祖，背井离乡入少林 ……………………… 3
二、八年苦学成正果，回乡武医济众生 ……………………… 3

第二节 代代相传承，群英耀武林
一、喻氏掌门历七代，传承序列亦清晰 ……………………… 5
二、群英辈出显身手，光耀武林震四方 ……………………… 6

第三节 第八代掌门，传奇之人生
一、缅怀创会之艰辛，矢志不忘传师门 ……………………… 17
二、弘扬武学记师恩，著书立说传世人 ……………………… 17

第二章 风格特点、技击方法及门规

第一节 风格特点及拳谱歌括
一、六合门风格特点 ……………………………………………… 21
　（一）注重六合，内外齐动 ………………………………… 21
　（二）套路丰富，系统完整 ………………………………… 21
二、六合门拳谱、歌括 …………………………………………… 22
　（一）拳谱 …………………………………………………… 22
　（二）歌括 …………………………………………………… 36

第二节 技击方法及功法训练
一、六合门技击方法 ……………………………………………… 38
　（一）技击招式 ……………………………………………… 38
　（二）实用技法 ……………………………………………… 39
　（三）技击主张 ……………………………………………… 39
二、六合门功法训练 ……………………………………………… 39
　（一）内功 …………………………………………………… 40

（二）外功 ································· 40
第三节　入门要求及教养门规
　　一、南充喻家少林六合门入门要求 ················· 41
　　二、喻家少林六合门应有的教养和门规 ··············· 42
　　　（一）应有的教养 ···························· 42
　　　（二）喻家少林六合门门规（四道十戒） ··········· 43
第四节　常用术语及动作要求
　　一、手型、手法 ································ 44
　　　（一）手型 ································· 44
　　　　1. 拳 ···································· 44
　　　　2. 柳叶掌 ································ 44
　　　　3. 勾手 ·································· 45
　　　　4. 凤眼拳 ································ 45
　　　（二）手法 ································· 46
　　　　1. 拳法 ·································· 46
　　　　2. 掌法 ·································· 46
　　　　3. 肘法 ·································· 47
　　二、步型、步法 ································ 47
　　　（一）步型 ································· 47
　　　　1. 弓步 ·································· 47
　　　　2. 马步 ·································· 47
　　　　3. 虚步 ·································· 47
　　　　4. 仆步 ·································· 47
　　　　5. 歇步 ·································· 48
　　　　6. 坐盘 ·································· 48
　　　　7. 丁步 ·································· 48
　　　　8. 叉步 ·································· 48
　　　　9. 横裆步 ································ 48
　　　　10. 半马步 ······························· 48
　　　　11. 并步 ································· 48
　　　　12. 丁字步 ······························· 48
　　　（二）步法 ································· 48
　　三、腿法、平衡、跳跃 ··························· 49
　　　（一）腿法 ································· 49
　　　（二）平衡 ································· 50
　　　（三）跳跃 ································· 51

第三章　拳　术

第一节　初步六合拳
　　一、动作名称 ································· 55

二、动作说明 …………………………………………………………… 56
    1. 预备式 ………………………………………………………… 56
    2. 直立抱拳（停车问路） ……………………………………… 57
    3. 震脚弹腿虚步双架 …………………………………………… 57
    4. 分掌缠腕虚步抱拳 …………………………………………… 58
    5. 绕上步并步抱拳 ……………………………………………… 58
    6. 俯腰叉手并步双架 …………………………………………… 59
    7. 分掌缠腕并步抱拳 …………………………………………… 60
    8. 并步亮掌（将军观阵） ……………………………………… 60
    9. 反擒左弓步冲拳（猛虎出山） ……………………………… 61
    10. 反擒右弓步冲拳（猛虎出山） ……………………………… 61
    11. 退步搂挂弓步冲拳（猛虎出山） …………………………… 62
    12. 马步下劈拳（拦路斩蛟） …………………………………… 62
    13. 弓步推掌（力推华山） ……………………………………… 63
    14. 马步推掌（单鞭救主） ……………………………………… 63
    15. 格挡弓步冲拳（猛虎出山） ………………………………… 63
    16. 马步推掌（单鞭救主） ……………………………………… 64
    17. 格挡弓步冲拳（猛虎出山） ………………………………… 64
    18. 上步搂挂弓步冲拳（黑虎兜心） …………………………… 65
    19. 弹腿戳指弓步冲拳（二龙戏珠） …………………………… 65
    20. 搂手弓步冲拳（黑虎兜心） ………………………………… 66
    21. 弹腿戳指弓步冲拳（二龙戏珠） …………………………… 66
    22. 弓步勾拳（铁僧上香） ……………………………………… 67
    23. 弓步栽拳（倒插杨柳） ……………………………………… 67
    24. 马步架打（农夫车水） ……………………………………… 67
    25. 绕步格挡马步下劈拳 ………………………………………… 68
    26. 弓步冲拳马步反砸拳（六合反盖） ………………………… 68
    27. 绕步格挡马步下劈拳 ………………………………………… 69
    28. 弓步冲拳马步反砸拳（六合反盖） ………………………… 69
    29. 弓步勾手劈掌 ………………………………………………… 70
    30. 弓步上挫掌 …………………………………………………… 70
    31. 仆步搂手马步架打 …………………………………………… 71
    32. 马步格挡弓步冲拳 …………………………………………… 71
    33. 并步击肘丁步反砸（流星赶月） …………………………… 72
    34. 反擒弓步冲拳（猛虎出山） ………………………………… 73
    35. 歇步勾手亮掌（老叟披衣） ………………………………… 73
    36. 弓步冲拳里合腿（张飞片马） ……………………………… 74
    37. 并步合拳左震脚（农夫踩泥） ……………………………… 74
    38. 左弹腿（单边抄腿） ………………………………………… 75
    39. 反擒弓步冲拳（猛虎出山） ………………………………… 75
    40. 虚步按亮掌（单手遮日） …………………………………… 76

41. 退步穿掌并步按掌（拂落尘埃）……………………… 76
　　42. 收势 …………………………………………………… 77

第二节　虎豹六合拳

一、动作名称 ……………………………………………… 78
二、动作说明 ……………………………………………… 80
　　1. 预备式 …………………………………………………… 80
　　2. 并步抱拳（停车问路）………………………………… 80
　　3. 震脚弹腿虚步双架 ……………………………………… 81
　　4. 分掌缠腕虚步抱拳 ……………………………………… 81
　　5. 绕上步并步抱拳 ………………………………………… 82
　　6. 提膝仆步穿掌 …………………………………………… 83
　　7. 弓步架冲拳 ……………………………………………… 83
　　8. 闪身弓步劈拳 …………………………………………… 84
　　9. 穿掌舞花弓步搂手 ……………………………………… 84
　　10. 缠腕拐腿虚步亮掌 ……………………………………… 85
　　11. 绕步搂挂弓步劈掌 ……………………………………… 86
　　12. 绕步格挡马步下劈拳 …………………………………… 86
　　13. 弓步架打马步架冲拳 …………………………………… 87
　　14. 绕步格挡马步下劈拳 …………………………………… 87
　　15. 弓步架打马步架冲拳 …………………………………… 88
　　16. 转身仆步拍地（林间扑蝶）…………………………… 88
　　17. 弓步冲拳（黑虎兜心）………………………………… 89
　　18. 弓步双架（美人照镜）………………………………… 89
　　19. 单拍腾空飞脚 …………………………………………… 90
　　20. 转身后撩踢（海底板）………………………………… 90
　　21. 弓步上勾拳（铁僧上香）……………………………… 91
　　22. 闪身弓步劈拳（三轮炮捶）…………………………… 91
　　23. 歇步双劈掌（白鹤亮膀）……………………………… 92
　　24. 马步架打按撞拳（柱香朝天）………………………… 92
　　25. 剔手马步架打 …………………………………………… 93
　　26. 歇步下砍掌（童子拜佛）……………………………… 94
　　27. 转身左右弓步架打（左、右高冲挑车）……………… 94
　　28. 穿掌舞花左拦右冲拳（单刀直入）…………………… 95
　　29. 穿掌舞花右拦左冲拳（单刀直入）…………………… 95
　　30. 上步左格弓步掼拳（单峰贯耳）……………………… 96
　　31. 弓步冲拳马步架打 ……………………………………… 96
　　32. 上步左格弓步掼拳（单峰贯耳）……………………… 97
　　33. 弓步冲拳马步架打 ……………………………………… 97
　　34. 搂手劈拳右弹腿（浪子踢球）………………………… 98

35. 搂手劈拳左弹腿（浪子踢球）……………………………… 99
36. 连环架冲马步架打（挂肘钻捶）……………………………… 99
37. 轮臂弓步劈拳（宰手捶）……………………………… 100
38. 穿掌舞花左虚步亮掌（丹凤展翅）……………………………… 100
39. 穿掌舞花右虚步亮掌（丹凤展翅）……………………………… 101
40. 左绕步格挡马步下劈拳（左滚捶）……………………………… 102
41. 右绕步格挡马步下劈拳（右滚捶）……………………………… 102
42. 绞花弓步端挫掌（白蛇吐信）……………………………… 103
43. 搂手弓步横劈掌（金刀宰项）……………………………… 103
44. 舞花右虚步挑掌……………………………… 104
45. 云抹左虚步挑掌……………………………… 105
46. 虚步抱拳左挑掌……………………………… 105
47. 跃步左虚步挑掌（跃步单挑）……………………………… 106
48. 上步震脚反压肘……………………………… 106
49. 弓步顶肘……………………………… 106
50. 插步双推掌……………………………… 107
51. 转身提膝架劈拳……………………………… 107
52. 穿掌舞花弓步搂手……………………………… 108
53. 缠腕拐腿虚步亮掌……………………………… 108
54. 上步格挡弓步反砸拳（劈宰翻花捶）……………………………… 109
55. 弓马步连环冲拳（连环冲捶）……………………………… 110
56. 上步格挡弓步反砸拳（劈宰翻花捶）……………………………… 110
57. 弓马步连环冲拳（连环冲捶）……………………………… 111
58. 转身劈拳弓步反砸拳（劈宰翻花捶）……………………………… 111
59. 弓步连环冲拳（连环冲捶）……………………………… 112
60. 提膝震脚砸拳……………………………… 112
61. 退步插掌虚步双挑拳……………………………… 113
62. 退步双穿并步按掌（拂落尘埃）……………………………… 114
63. 收势……………………………… 114

第三节 二路练步拳

一、动作名称 …………………………………………… 115
二、动作说明 …………………………………………… 117
  1. 预备式 ……………………………………… 117
  2. 直立抱拳（停车问路）……………………… 117
  3. 跃步分掌虚步双架（金剪双架）…………… 118
  4. 分掌缠腕虚步抱拳 ………………………… 118
  5. 虚步格挡弓步劈拳 ………………………… 119
  6. 望月平衡架挑拳 …………………………… 120
  7. 上步格挡并步抱拳 ………………………… 120

8. 舞花穿掌提膝仆步穿拳 ………………………………………… 121
9. 弓步架冲拳 ……………………………………………………… 122
10. 闪身弓步劈拳（三轮炮捶）…………………………………… 122
11. 舞花穿掌弓步反勾手 …………………………………………… 123
12. 缠腕拐腿虚步亮掌 ……………………………………………… 124
13. 跟步挑掌弓步下劈掌 …………………………………………… 125
14. 提膝亮掌插步下劈掌 …………………………………………… 125
15. 上步闪身通臂手 ………………………………………………… 126
16. 弓步前穿震脚推掌 ……………………………………………… 126
17. 右挂弓步架冲拳 ………………………………………………… 127
18. 左挂弓步架冲拳 ………………………………………………… 127
19. 穿掌舞花左踹腿 ………………………………………………… 128
20. 穿掌舞花右踹腿 ………………………………………………… 129
21. 绕步格挡马步下劈拳 …………………………………………… 130
22. 弓步冲拳马步反砸拳（六合反盖）…………………………… 131
23. 绕步格挡马步下劈拳 …………………………………………… 131
24. 弓步冲拳马步反砸拳 …………………………………………… 132
25. 右下挂拳马步架打 ……………………………………………… 132
26. 弓步穿掌单拍脚 ………………………………………………… 133
27. 腾空飞脚 ………………………………………………………… 133
28. 转身后撩踢（海底板）………………………………………… 134
29. 弓步上勾拳（铁僧上香）……………………………………… 134
30. 闪身弓步劈拳（三轮炮捶）…………………………………… 135
31. 右摆莲腿 ………………………………………………………… 135
32. 左摆莲腿弓步冲拳 ……………………………………………… 136
33. 提膝架拳 ………………………………………………………… 136
34. 并步上冲拳 ……………………………………………………… 137
35. 并步上架弓步栽拳 ……………………………………………… 137
36. 并步上冲拳 ……………………………………………………… 138
37. 震脚弓步反靠臂 ………………………………………………… 138
38. 上步撩掌歇步冲拳 ……………………………………………… 139
39. 弓步左右反靠臂 ………………………………………………… 139
40. 轮臂转身马步架栽拳 …………………………………………… 140
41. 云抹右虚步挑掌 ………………………………………………… 140
42. 弓步掼拳弓步下截拳（右）…………………………………… 141
43. 云抹左虚步挑掌 ………………………………………………… 141
44. 弓步掼拳弓步下截拳（左）…………………………………… 142
45. 闪身劈掌弓步劈拳 ……………………………………………… 142
46. 转身里合后蹬脚 ………………………………………………… 143

47. 提膝震脚砸拳 …………………………………………… 144
　　48. 轮臂砍掌仆步勾顶砸 ……………………………………… 144
　　49. 轮臂跳转仆步搂手弓步冲拳 …………………………… 145
　　50. 虚步架掌提膝勾手架掌 ………………………………… 146
　　51. 行步云手单拍脚 ………………………………………… 146
　　52. 后撩腾空摆莲腿 ………………………………………… 147
　　53. 虚步架栽拳 ……………………………………………… 148
　　54. 上步舞花并步按穿掌 …………………………………… 148
　　55. 仆步穿拳马步架打 ……………………………………… 149
　　56. 穿掌舞花并步按穿掌 …………………………………… 150
　　57. 仆步穿拳弓步架冲拳 …………………………………… 150
　　58. 闪身并步震脚砸拳 ……………………………………… 151
　　59. 穿掌虚步推按掌 ………………………………………… 151
　　60. 退步穿掌并步按掌 ……………………………………… 152
　　61. 收势 ……………………………………………………… 153

第四节　综合六合拳

　一、动作名称 ……………………………………………………… 154
　二、动作说明 ……………………………………………………… 156
　　1. 预备式 …………………………………………………… 156
　　2. 并步抱拳（停车问路）………………………………… 157
　　3. 弓步双架掌（金剪双架）……………………………… 157
　　4. 并步对拳（停车问路）………………………………… 158
　　5. 提膝上冲拳（青龙探爪）……………………………… 158
　　6. 仆步穿掌（白猿伏地）………………………………… 158
　　7. 弓步架冲拳 ……………………………………………… 159
　　8. 闪身弓步劈拳（三轮炮）……………………………… 159
　　9. 穿掌舞花弓步搂手（金花盘头）……………………… 160
　　10. 缠腕外拐虚步亮掌（白鹤亮翅）……………………… 160
　　11. 绕步格挡马步下劈拳（拦路斩蛟）…………………… 161
　　12. 弓马步连环拳（小鬼扯钻）…………………………… 162
　　13. 弓步冲拳马步反砸拳（六合反盖）…………………… 162
　　14. 插步勾手马步劈拳 ……………………………………… 163
　　15. 弓马步连环拳（小鬼扯钻）…………………………… 163
　　16. 左绕步格挡马步下劈拳（左滚搋）…………………… 164
　　17. 弓马步连环拳（小鬼扯钻）…………………………… 164
　　18. 插步勾手马步劈拳 ……………………………………… 165
　　19. 弓马步连环拳（小鬼扯钻）…………………………… 165
　　20. 弓步冲拳后撩踢（海底板）…………………………… 166
　　21. 弓步上勾拳（铁僧上香）……………………………… 166

22. 闪身弓步劈拳（三轮炮）……………………………………… 167
23. 左右摆莲腿（顺风摆莲）……………………………………… 167
24. 左右弓步冲拳（锦鸡抖翎）…………………………………… 168
25. 弓步栽拳（金刚捣臼）………………………………………… 169
26. 提膝冲拳（铁炮冲天）………………………………………… 169
27. 弓步左右反靠臂（樵夫担柴）………………………………… 169
28. 歇步推掌（童子拜佛）………………………………………… 170
29. 弓步左右反靠臂（樵夫担柴）………………………………… 170
30. 虚步架栽拳（行者打虎）……………………………………… 171
31. 右虚步凤眼捶（手挥琵琶）…………………………………… 171
32. 右弓步掼拳下截拳（指上打下）……………………………… 172
33. 右虚步凤眼捶（手挥琵琶）…………………………………… 172
34. 左弓步掼拳下截拳（指上打下）……………………………… 173
35. 上步鞭拳里合腿（张飞片马）………………………………… 173
36. 俯身后蹬腿（怒龙抢珠）……………………………………… 174
37. 提膝震脚砸拳（海底捞月）…………………………………… 174
38. 仆步抡劈（飞燕拍翅）………………………………………… 175
39. 弓马步连环拳（小鬼扯钻）…………………………………… 175
40. 虚步凤眼捶（手挥琵琶）……………………………………… 176
41. 左转鞭拳弓马步连环拳（银蟒绞柱、小鬼扯钻）………… 176
42. 右转鞭拳弓马步连环拳（银蟒绞柱、小鬼扯钻）………… 177
43. 上步旋风脚（旋风扫叶）……………………………………… 177
44. 仆步穿掌（白猿伏地）………………………………………… 178
45. 弓步架冲拳（马上挽弓）……………………………………… 178
46. 穿掌舞花左虚步亮掌（白鹤展翅）…………………………… 179
47. 单飞后撩摆莲腿（三不落）…………………………………… 180
48. 虚步架栽拳（行者打虎）……………………………………… 181
49. 仆步穿掌（燕子穿帘）………………………………………… 181
50. 马步架打（马上挽弓）………………………………………… 182
51. 左外摆腿（顺风摆莲）………………………………………… 182
52. 左弓步冲拳（锦鸡抖翎）……………………………………… 183
53. 退步云手（狮子摇头）………………………………………… 183
54. 绞花虚步双勾手（白鹤抖翅）………………………………… 184
55. 虚步分掌（凤凰展翅）………………………………………… 184
56. 左右马步架打（横架金梁）…………………………………… 185
57. 绕步格挡马步下劈拳（拦路斩蛟）…………………………… 186
58. 弓步架打上勾拳（蟒蛇钻洞）………………………………… 187
59. 弓步栽拳（河边插柳）………………………………………… 187
60. 弓马步连环拳（小鬼扯钻）…………………………………… 188

  61. 左右绕步格挡马步下劈拳（拦路斩蛟） ········· 188
  62. 弓马步连环拳（小鬼扯钻） ················· 189
  63. 马步下劈弓步反靠臂 ····················· 190
  64. 左右绕步格挡马步下劈拳（拦路斩蛟） ········· 190
  65. 绞花弓步端挫掌（白蛇吐信） ················· 190
  66. 退步端挫掌（白蛇吐信） ··················· 191
  67. 左弓步挑掌右弹腿 ······················· 192
  68. 右弓步挑掌左弹腿 ······················· 192
  69. 上步震脚反压肘 ························ 193
  70. 弓步顶肘（流星赶月） ····················· 193
  71. 插步双推（老僧推碑） ····················· 194
  72. 转身提膝架劈拳 ························ 194
  73. 穿掌舞花左虚步亮掌（白鹤展翅） ············· 195
  74. 提膝震脚砸拳（金刚捣臼） ·················· 195
  75. 退步穿掌虚步挑拳（老道稽首） ··············· 196
  76. 退步穿掌并步对拳（拂落尘埃） ··············· 196
  77. 收势（猛虎归山） ······················· 197

第四章　罗汉功

第一节　基本动作、经络操与桩功

 一、手型与步型 ···························· 201
  1. 空心拳 ···························· 201
  2. 八字掌 ···························· 201
  3. 龙爪手 ···························· 202
  4. 弓步 ····························· 202
  5. 马步 ····························· 202
 二、经络操 ····························· 203
  1. 活络指腕 ··························· 203
  2. 罗汉抖脚 ··························· 203
  3. 罗汉搅腿 ··························· 204
  4. 罗汉转丹田 ·························· 204
  5. 罗汉转膻中 ·························· 204
  6. 罗汉托天 ··························· 205
  7. 罗汉固肾腰 ·························· 205
  8. 罗汉深蹲 ··························· 206
  9. 罗汉脱衣 ··························· 207
 三、桩功练习 ···························· 207
  1. 静桩 ····························· 207
  2. 开合桩 ···························· 208

3. 升降桩 …………………………………………………… 208
第二节　罗汉功
　　一、动作名称 ………………………………………………… 210
　　二、动作说明 ………………………………………………… 211
　　　1. 预备势 …………………………………………………… 211
　　　2. 直立抱拳 ………………………………………………… 211
　　　3. 推山填海 ………………………………………………… 211
　　　4. 横扫千军 ………………………………………………… 213
　　　5. 绕撤步开立步抱拳 ……………………………………… 213
　　　6. 推山填海 ………………………………………………… 214
　　　7. 横扫千军 ………………………………………………… 215
　　　8. 霸王举鼎 ………………………………………………… 216
　　　9. 托天抓地 ………………………………………………… 217
　　　10. 海底捞月 ……………………………………………… 217
　　　11. 金猴抛石 ……………………………………………… 218
　　　12. 下河捉鳖 ……………………………………………… 219
　　　13. 金猴抛石 ……………………………………………… 220
　　　14. 下河捉鳖 ……………………………………………… 221
　　　15. 并步抱拳 ……………………………………………… 221
　　　16. 推山填海 ……………………………………………… 222
　　　17. 横扫千军 ……………………………………………… 223
　　　18. 收势 …………………………………………………… 224

第五章　器　械
第一节　少林六合枪
　　一、动作名称 ………………………………………………… 227
　　二、动作说明 ………………………………………………… 229
　　　1. 预备势 …………………………………………………… 229
　　　2. 右转持枪 ………………………………………………… 229
　　　3. 横档步亮掌 ……………………………………………… 230
　　　4. 弓步拦拿扎枪 …………………………………………… 230
　　　5. 行步绞枪扣退拦拿扎枪 ………………………………… 231
　　　6. 虚步崩枪 ………………………………………………… 232
　　　7. 左挂歇步右劈枪 ………………………………………… 232
　　　8. 插步下扎枪 ……………………………………………… 232
　　　9. 跳转身拦枪弓步拿扎枪 ………………………………… 233
　　　10. 左右舞花枪 …………………………………………… 234
　　　11. 插步翻身舞花枪 ……………………………………… 234

12. 插步下扎枪 …………………………………… 235
13. 上步拖枪旋风脚横裆步亮掌 ………………… 236
14. 转身盖跳拦拿扎枪 …………………………… 237
15. 盖跳步拦拿扎枪 ……………………………… 237
16. 并步全蹲下摔把 ……………………………… 238
17. 歇步锁腰枪 …………………………………… 239
18. 退步锁腰回身锁喉枪 ………………………… 239
19. 插步拦枪弓步拿扎枪 ………………………… 240
20. 提膝下挂枪 …………………………………… 241
21. 插步下扫枪 …………………………………… 241
22. 弓步拿扎枪 …………………………………… 242
23. 上步转身提膝挑枪 …………………………… 243
24. 直体前扫腿 …………………………………… 243
25. 左右舞花枪 …………………………………… 243
26. 背枪旋风脚 …………………………………… 244
27. 左右舞花提膝背拉枪 ………………………… 245
28. 弓步过背舞花枪 ……………………………… 246
29. 弓步拦拿扎枪 ………………………………… 247
30. 左右舞花枪 …………………………………… 248
31. 转身撩把弓步扎枪 …………………………… 248
32. 反手穿梭背枪 ………………………………… 249
33. 提膝前压横裆步亮掌 ………………………… 250
34. 抛枪腾空飞脚 ………………………………… 250
35. 歇步锁腰枪 …………………………………… 251
36. 弓步斜上反扎枪 ……………………………… 252
37. 前跃虚步下劈把 ……………………………… 252
38. 提膝下格枪 …………………………………… 253
39. 弓步拿扎枪 …………………………………… 253
40. 行步绞枪右拦枪 ……………………………… 254
41. 右弓步点枪 …………………………………… 254
42. 行步绞枪左拦枪 ……………………………… 255
43. 左弓步点枪 …………………………………… 255
44. 盖跳步拦拿扎枪 ……………………………… 256
45. 横裆步托枪 …………………………………… 257
46. 行步托枪回身单手右扎枪 …………………… 257
47. 插步拦枪弓步拿扎枪 ………………………… 258
48. 回身上步舞花枪 ……………………………… 259
49. 转身提撩枪 …………………………………… 260
50. 转身左右舞花枪 ……………………………… 260

51. 盖步舞花上挑把 …………………………………………… 261
52. 震脚弓步拿扎枪 …………………………………………… 262
53. 反手穿梭背枪 ……………………………………………… 262
54. 提膝前压横裆步亮掌 ……………………………………… 263
55. 并步立枪 …………………………………………………… 264
56. 收势 ………………………………………………………… 264

第二节 少林六合剑
一、动作名称 …………………………………………………… 265
二、动作说明 …………………………………………………… 268
 1. 预备势 …………………………………………………… 268
 2. 持剑抱拳 ………………………………………………… 268
 3. 并步前指 ………………………………………………… 269
 4. 歇步亮指 ………………………………………………… 269
 5. 弓步刺剑 ………………………………………………… 269
 6. 歇步托剑 ………………………………………………… 270
 7. 点腿刺剑 ………………………………………………… 270
 8. 插步截剑 ………………………………………………… 271
 9. 转身扫剑 ………………………………………………… 271
 10. 虚步压剑 ………………………………………………… 272
 11. 丁步点剑 ………………………………………………… 272
 12. 退步腕花 ………………………………………………… 272
 13. 歇步截剑 ………………………………………………… 273
 14. 提膝挂剑 ………………………………………………… 273
 15. 上步右挂插步劈剑 ……………………………………… 274
 16. 翻身右劈剪腕花 ………………………………………… 274
 17. 提膝点剑 ………………………………………………… 275
 18. 上步转身劈剑 …………………………………………… 276
 19. 插步右劈剑 ……………………………………………… 276
 20. 左右弓步抹剑 …………………………………………… 276
 21. 转身云剑虚步抹剑 ……………………………………… 277
 22. 上步挂剑虚步摆剑 ……………………………………… 278
 23. 上步挂剑 ………………………………………………… 278
 24. 歇步反手下穿剑 ………………………………………… 278
 25. 弓步刺剑 ………………………………………………… 279
 26. 上步点剑 ………………………………………………… 279
 27. 跟步上挑剑 ……………………………………………… 280
 28. 跃步腕花 ………………………………………………… 280
 29. 弓步点剑 ………………………………………………… 280
 30. 击步翻身跳弓步下劈剑 ………………………………… 281

31. 弓步撩剑 …… 281
32. 虚步带剑 …… 282
33. 歇步云截剑 …… 283
34. 并步刺剑 …… 283
35. 并步挂剑 …… 284
36. 转身挂剑提膝举剑 …… 284
37. 腕花弓步点剑 …… 285
38. 提膝左挂剑 …… 285
39. 上步右挂剑 …… 286
40. 插步翻身撩剑 …… 286
41. 弓步反手劈剑 …… 287
42. 转身左右挂剑 …… 287
43. 弓步反穿剑 …… 288
44. 弓步刺剑 …… 288
45. 弓步左抹剑 …… 289
46. 提膝右抹剑 …… 289
47. 上步抹剑提膝上刺剑 …… 289
48. 云剑弓步下刺剑 …… 290
49. 提膝点剑 …… 291
50. 上插步劈剑 …… 291
51. 转身抹剑 …… 292
52. 上步撩剑 …… 292
53. 转身马步点剑 …… 293
54. 盖跳步腾空点剑 …… 293
55. 马步点剑 …… 294
56. 扣腿刺剑 …… 294
57. 弓步分剑 …… 294
58. 回身弓步截剑 …… 295
59. 弓步崩剑 …… 295
60. 并步抹剑 …… 296
61. 弧形步转身抹剑 …… 296
62. 并步抹剑 …… 297
63. 下蹲左挂剑 …… 297
64. 提膝劈剑 …… 298
65. 左挂剑 …… 298
66. 望月平衡反撩剑 …… 299
67. 上步下截歇步削剑 …… 299
68. 仰身弓步截剑 …… 300
69. 左右腕花歇步点剑 …… 301

70. 转身左撩剑 …… 301
71. 弧形步右撩剑 …… 302
72. 弧形步左右撩剑 …… 302
73. 歇步反撩剑 …… 303
74. 提膝点剑 …… 304
75. 弓步劈剑 …… 304
76. 转身弓步平刺剑 …… 305
77. 丁步切剑 …… 305
78. 铲腿架剑 …… 305
79. 探海平衡前刺剑 …… 306
80. 翻身弓步点剑 …… 306
81. 丁字步带剑 …… 307
82. 盖步绕柄转身弓步下刺剑 …… 307
83. 转身仆步下刺剑 …… 308
84. 弓步撩剑 …… 308
85. 虚步带剑 …… 309
86. 提膝左挂剑 …… 310
87. 上步右挂剑 …… 310
88. 转身左弹腿 …… 310
89. 歇步刺剑 …… 311
90. 转身云接剑 …… 311
91. 虚步持剑 …… 312
92. 提膝前指 …… 312
93. 并步按指 …… 313
94. 收势 …… 313

第三节　少林六合刀

一、动作名称 …… 314
二、动作说明 …… 316
　　1. 预备势 …… 316
　　2. 抱刀右插掌 …… 316
　　3. 跪步拍地 …… 316
　　4. 插步双摆 …… 317
　　5. 翻腰仆步下穿 …… 317
　　6. 击步腾空飞脚 …… 318
　　7. 横裆步亮掌 …… 318
　　8. 弓步交接刀 …… 319
　　9. 缠头刀 …… 319
　　10. 裹脑虚步藏刀 …… 320
　　11. 缠头刀 …… 320

12. 上步剪腕花 ······ 321
13. 转身缠头刀 ······ 322
14. 提膝藏刀 ······ 322
15. 弓步斩刀 ······ 323
16. 仆步带刀 ······ 323
17. 提膝下扎刀 ······ 323
18. 叉步斩刀 ······ 324
19. 转身缠头刀 ······ 324
20. 左右抡劈刀 ······ 325
21. 弓步劈刀 ······ 325
22. 退步扫刀 ······ 326
23. 弓步缠头刀 ······ 326
24. 提膝裹脑插步截刀 ······ 327
25. 转身抡劈刀 ······ 328
26. 跳插步左劈刀 ······ 328
27. 腕花弓步藏刀 ······ 329
28. 转身缠头刀 ······ 329
29. 丁步藏刀 ······ 330
30. 跳转身扫刀 ······ 330
31. 弓步劈刀 ······ 331
32. 跳转仆步下劈刀 ······ 331
33. 缠头弓步藏刀 ······ 332
34. 裹脑虚步藏刀 ······ 332
35. 提膝上撩刀 ······ 333
36. 上步左劈刀 ······ 333
37. 马步分手劈刀 ······ 334
38. 弧形步右撩刀 ······ 334
39. 弧形步左右撩刀 ······ 335
40. 提膝下截刀 ······ 336
41. 插步扎刀 ······ 336
42. 马步架劈刀 ······ 337
43. 背花面花刀 ······ 337
44. 背刀旋风脚 ······ 338
45. 弓步点刀 ······ 338
46. 转身左右撩刀 ······ 339
47. 左撩转身弓步扎刀 ······ 340
48. 转身击步扎刀 ······ 340
49. 腾空转身劈刀 ······ 341
50. 弓步缠头刀 ······ 341

51. 虚步藏刀 ·· 342
　52. 并步缠头交接刀 ·· 343
　53. 震脚弓步冲拳 ··· 343
　54. 退步前穿并步按掌 ·· 344
　55. 收势 ··· 344

第四节　少林六合棍

一、动作名称 ··· 345
二、动作说明 ··· 347
　1. 预备势 ·· 347
　2. 点棍右摆掌 ··· 348
　3. 弓步左摆掌 ··· 348
　4. 缠腕弓步抱拳 ·· 348
　5. 撩腿前戳棍 ··· 349
　6. 提膝挂棍 ·· 349
　7. 左弓步格把 ··· 350
　8. 右弓步格棍 ··· 350
　9. 虚步杵棍并步抱拳 ·· 351
　10. 踢棍舞花前点棍 ·· 351
　11. 转身右舞花棍 ··· 352
　12. 虚步背棍 ··· 353
　13. 平抡弓步左格棍 ·· 353
　14. 虚步盖把 ··· 354
　15. 提膝劈棍 ··· 354
　16. 弓步挑棍 ··· 355
　17. 右左舞花棍 ·· 355
　18. 舞花背棍斜拍脚（右）··· 356
　19. 背棍腾空斜拍脚（右）··· 356
　20. 左右舞花棍 ·· 357
　21. 舞花背棍斜拍脚（左）··· 358
　22. 背棍腾空斜拍脚（左）··· 358
　23. 转身舞花前点棍 ·· 359
　24. 并步摔把 ··· 360
　25. 提膝立格棍 ·· 360
　26. 舞花棍 ·· 361
　27. 云棍弓步推掌 ··· 362
　28. 舞花弓步戳棍 ··· 362
　29. 回身戳把 ··· 363
　30. 退步弓步戳棍 ··· 364
　31. 虚步绞压棍 ·· 364

32. 横裆步抡棍下点把 …… 364
33. 弓步前点棍 …… 365
34. 回身仆步摔棍 …… 366
35. 横裆步架棍 …… 366
36. 舞花插步翻身棍 …… 366
37. 舞花虚步点棍 …… 367
38. 转身舞花虚步点棍 …… 368
39. 并步摔把 …… 368
40. 提膝立格棍 …… 369
41. 舞花插步翻身棍 …… 369
42. 舞花虚步点棍 …… 370
43. 转身舞花虚步点棍 …… 370
44. 并步摔把 …… 371
45. 提膝立格棍 …… 371
46. 舞花棍 …… 372
47. 舞花插步翻身棍 …… 373
48. 舞花虚步点棍 …… 374
49. 右跳步转身平抡棍 …… 374
50. 左跳步转身平抡棍 …… 375
51. 舞花虚步点棍 …… 376
52. 舞花插步翻身点棍 …… 377
53. 左右提撩花 …… 378
54. 转身弓步点棍 …… 378
55. 转身扫棍 …… 379
56. 背棍后撩腿 …… 379
57. 转身平抡弓步下点棍 …… 380
58. 平抡提膝格棍 …… 380
59. 舞花歇步下拨把 …… 381
60. 马步三点棍 …… 382
61. 跳转单手平抡棍 …… 383
62. 右跳步转身平抡棍 …… 384
63. 舞花棍 …… 385
64. 舞花盖步翻身棍 …… 385
65. 腾空背腿仆步劈棍 …… 386
66. 腾空背腿仆步劈棍 …… 386
67. 虚步背棍 …… 387
68. 收势 …… 387

参考文献 …… 389

第一章
喻家少林六合门历史源流

中国武术在华夏土地上延绵数千年，植根于民间。它来源于人们的生产实践、军事战争和社会活动，在中国文化的长期熏陶哺育下，具有鲜明的民族文化特色，世代相传，历久不衰。中国武术博大精深，门派众多，历史悠久，源远流长，是中华灿烂文化的重要组成部分。名标青史，震古烁今。

所谓武术门派，是指创始于不同姓氏、流传于不同地域，并由不同的技术特点和风格而形成的武术派别。例如，明代戚继光在《纪效新书》中记载的"张伯敬之打""李半天之腿"和"千跌张之跌"；按地域划分的派别，见于民国时期陆师通《北拳汇编》等书使用的"南派""北派"之说，因技术特点不同，故有"南拳北腿"之称；1928年成立的中央国术馆，其教学内容分为"少林门""武当门"，后来人们把以少林寺传习拳技为基础，或与少林拳系特点相近的拳技归为"少林派"，将流传于武当山地区一带的武术称为"武当派"。

喻家少林六合门起源于河南少林寺，根植于川蜀大地，是枝繁叶茂的武术文化大树中的一脉枝叶。从清道光三年（1823年）到现在，历经近两百年，经历代先师的不断努力和传承，去芜存精，融汇贯通，形成独具一格的拳艺风格，光耀武林。

第一节 师出少林寺，六合入川来

一、血气方刚先师祖，背井离乡入少林

在以冷兵器为主要兵器的时代，武术的技击价值是非常突出的，上至通过军队活动而体现的关系到社稷安危的国家大事，下至黎民百姓为小团体或个人利益而进行的格斗，都离不开武术，它是国家乃至个人自卫的重要手段。旧中国的乡村民众，大多是聚族而居，各占地利，势力有强有弱，利益、矛盾也在人们的日常生活中不断产生。四川省蓬溪县南门外磨刀溪住着喻姓和其他外姓宗族的乡民，先师祖喻祯麟是一个血气方刚的青年，为了反抗外族的压迫，以求得平等的生存空间，习武护家的思想越发强烈。在当地一个拳师的介绍举荐下，于清道光三年（1823年），他告别父老乡亲，怀着拥有一身功夫的志向，只身一人餐风露宿、艰难跋涉，踏上了前往千里之外的河南嵩山少林寺拜师学艺的路程。

二、八年苦学成正果，回乡武医济众生

古时交通不便，先师祖喻祯麟历经千辛万苦，跋涉万水千山，到少林寺。他经受了寺内的严厉考验，由于勤奋肯干，深受寺内高僧喜爱，从一个做杂役的后生，到拜在了少林寺高僧释光大师门下，系统学习少林六合拳技和禅武医术。少林武术是一代一代的少林僧人习练、传承下来的文化瑰宝，喻祯麟在释光大师的教导下，勤修苦练，春去冬来，不畏严冬酷暑，以禅入武，以武修禅，禅、武、医合而为一。他深悟少林拳艺和少林医术的奥秘，尽得大师真传，八年苦学，终成正果。

通过了少林寺"技成出师"必须经历的各种严格考核，喻祯麟告别恩重如山、亲如父子的师父，带着恩师的期望返回故里，将少林六合拳技代代相传，并开医馆救济众生。

第二节 代代相传承，群英耀武林

一、喻氏掌门历七代，传承序列亦清晰

喻祯麟从少林寺返回故乡蓬溪县后，把所学少林六合拳技传于自己的子孙和乡邻，并用少林寺所学的宝贵医术，挂牌行医治病救人。以武德的感召力和良好的武医技术惠及四方，宗族间的矛盾逐渐化解，从此睦邻友好。

从喻祯麟先师祖到先师喻俊卿，共经历了喻氏家族七代人的武医传承，其掌门传承序列如图 1-2-1、图 1-2-2、图 1-2-3 所示。

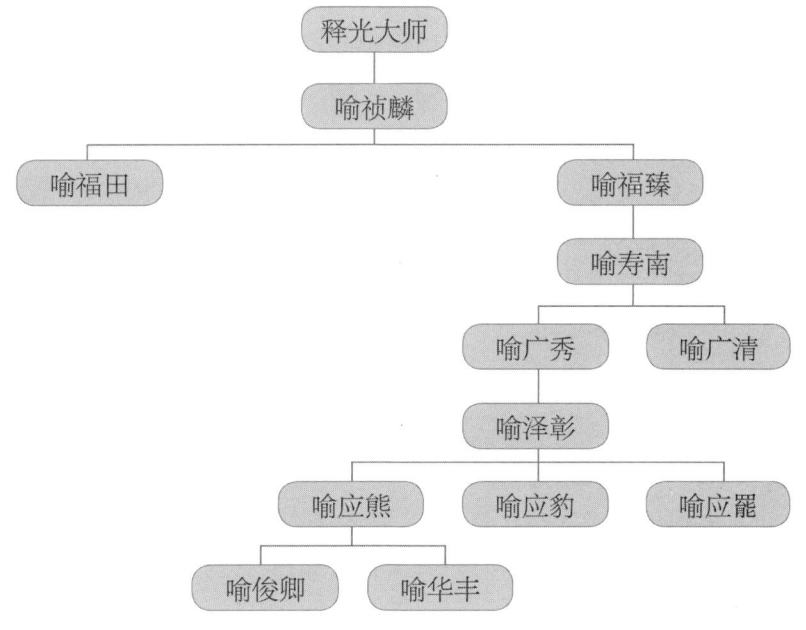

图 1-2-1　喻氏家族七代人传承序列

图 1-2-2　第六代掌门人喻应熊　　　　图 1-2-3　第七代掌门人喻俊卿

二、群英辈出显身手，光耀武林震四方

喻祯麟从少林寺学武技成返乡后，开山传拳至今190多年，其间人才辈出，涌现了多个在武林中熠熠闪光、出类拔萃的佼佼者。第五代传人喻泽彰能文擅武，在光绪十二年（1886年）被当时蓬溪县王姓县令聘为幕僚。王姓县令治理有方，被升任广东一地方知府，因路途遥远，由泽彰师祖其子喻应熊（第六代）保镖护送到广东上任。时逢清朝廷广东武备学堂招生，喻应熊以一身武艺和才华投考被录取，毕业后被分配到清营吴军门麾下任职。喻应熊擅长于少林拳技，凭其功夫，驰骋疆场多次立功，深得时任四川提督夏月渊赏识，后被调任夏月渊麾下任标统一职。

1900年8月，八国联军攻入北京，为躲避战乱，慈禧太后挟光绪皇帝等一干大臣显贵逃亡西安避难。1901年9月，清政府与八国联军签订了丧权辱国的"辛丑条约"，战事平息，列强撤兵，慈禧决定返回北京。夏月渊奉昭勤王，喻应熊率部随行接驾护送慈禧和光绪皇帝回到了北京。因保驾有功，喻应熊被升任"伩先游击"之职，并奖励颁发铜制二龙抢宝龙牌一个，有一米长半米宽，四方均是长龙环绕，气势非凡，牌中写有"优待军人"四个镏金大字，以及本人官阶几品和所获军功顶戴等。得此龙牌者，家中可免去差役、赋税等事务。

目睹了清政府的腐败无能，看淡了功名利禄，喻应熊称病告职归田，凭家传少林医术悬壶济世，造福一方乡邻。

喻应熊对武学求知若渴，无论是在军营，还是在民间，访名师，会益友，研学拳技。他转辗南北拜访了不少武术名家，纳各家之长，取精去粕。他还根据自己在军营交锋中的实战经验，整理出了拳术和器械以及对练套路。他把毕生所学的武术和医术全部传给了儿子。

喻应熊长子喻俊卿在爷爷与父亲的熏陶下幼承家训，刻苦学习武艺和医术。他天资聪慧，勤学苦练，拳技进步神速，成人后以行医为业游历江湖，为深研武术真谛，曾拜访省内众多武术名家。他曾与中江大桑墩武术名家朱智涵道长、迴水铺方门散打名家吴炳奎、半边山王体乾、潼川集健社社长宝献庭、三胜镖局张炳禄和绵阳杜中堂、赵北海等名噪蜀中的武林高手广结武谊，后又有幸结识成都的查拳名家张英振，北派大师陈大章，赵门英杰丁国基、石继州，岳门拳师刘义成，女英杰曾君成，散打实战能手李孟常等，并与他们互相交流切磋武学而结下深厚友谊。喻俊卿以深厚的家传武学为底蕴，纳众家之长，融汇贯通，继承、发展、丰富和完善了少林六合门拳系，使喻家少林六合门形成了独树一帜的拳艺风格，成为一代武林名师。

喻俊卿先生一生致力于武术的传承、推广和普及，在民国时期曾受邀任职于蓬溪县民众国术社、金堂竹蒿寺强民国术社、南部县国术社教练，南充国术馆教务主任，以及出任四川省保安二团国术教官、南充专署保警大队国术教官等职。新中国成立后，喻俊卿先生成为一名医务工作者。1951年11月，南充川北区体育总会和文化馆成立了"南充市国术研究班"，喻俊卿先生出任教务主任，负责教学任务。他团结各派拳师，摒弃门户之见，对他们进行统一集训后，面向群众每年开展义务培训，习武风气在当地逐渐形成，喻俊卿先生为南充市的群众武术活动的蓬勃开展奠定了良好基础。

1953年11月喻俊卿先生参加了在天津举行的首届全国民族形式体育表演竞赛大会，以一套综合少林六合拳和少林六合双刀荣获一等金质奖章，并被评为全国优秀运动员（图1-2-4）。载誉归来，南充市政府（现为顺庆区，下同）组织召开了报告会，喻俊卿先生作了参加全国民族形式运动大会盛况的汇报，并受到市领导的赞扬和表彰。

图 1-2-4 1953 年喻俊卿先生与部分由云贵川著名武术家组成的西南武术代表队合影
（二排右一为喻俊卿）

1956年11月全国武术运动大会在北京举行，开始实行打分的方法进行比赛。参加这次武术表演的全国12个单位94名男女运动员齐聚一堂，喻俊卿先生有幸成为四川武术代表队运动员之一，前往北京，以精湛的功夫技艺获得金质奖章，不负众望，凯旋回川（图1-2-5）。

图 1-2-5 1956年参加全国武术比赛在北京颐和园合影
（从左至右：第一排喻俊卿、张腾蛟、周子能、赵锦才；第二排王树田、兰素贞、肖应鹏、李毅立；第三排李雅轩、马淑芳、郑怀贤）

喻俊卿作为一名参赛获奖运动员，与中央体育主管部门就开展武术工作提出一些有益建议，为武术的宣传、普及、开展群众性武术活动做出了积极贡献。

1953年11月，天津首届民族形式体育大会后，国家对武术更加重视。1954年3月，中央人民政府体育运动委员会办公厅给作为参加全国民族运动大会的武术运动员之一的喻俊卿先生发来信函，内容如图1-2-6所示。

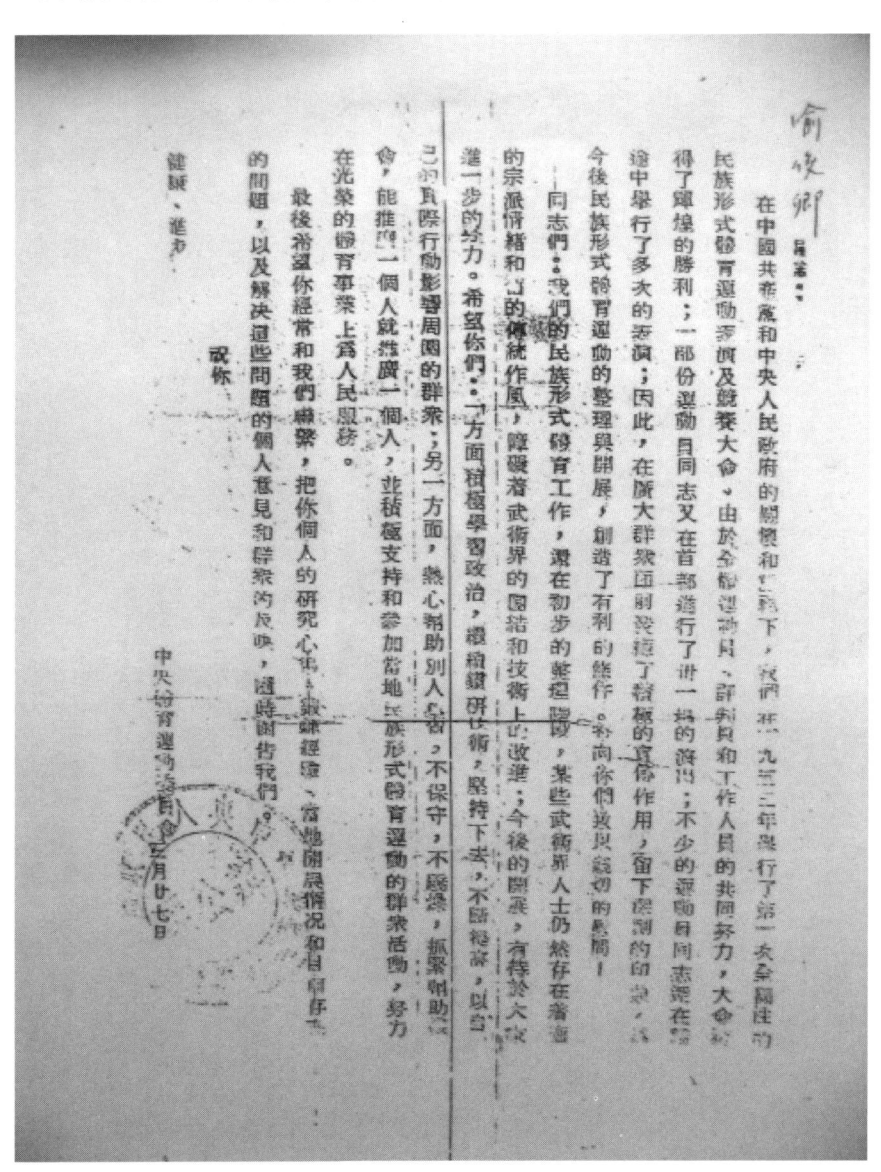

图1-2-6　信函1

1954年4月，中央体委办公厅和办公厅秘书处分别两封手书来信（内容有少许差异）对喻俊卿先生对开展武术的建议给予肯定和赞扬，同时对南充"国术研究班"的名称建议改为"武术研究社"，并站在时代和政治的高度，阐述了为什么改"国术"为"武术"称谓的几点理由，中央体委来函如图1-2-7、图1-2-8所示。

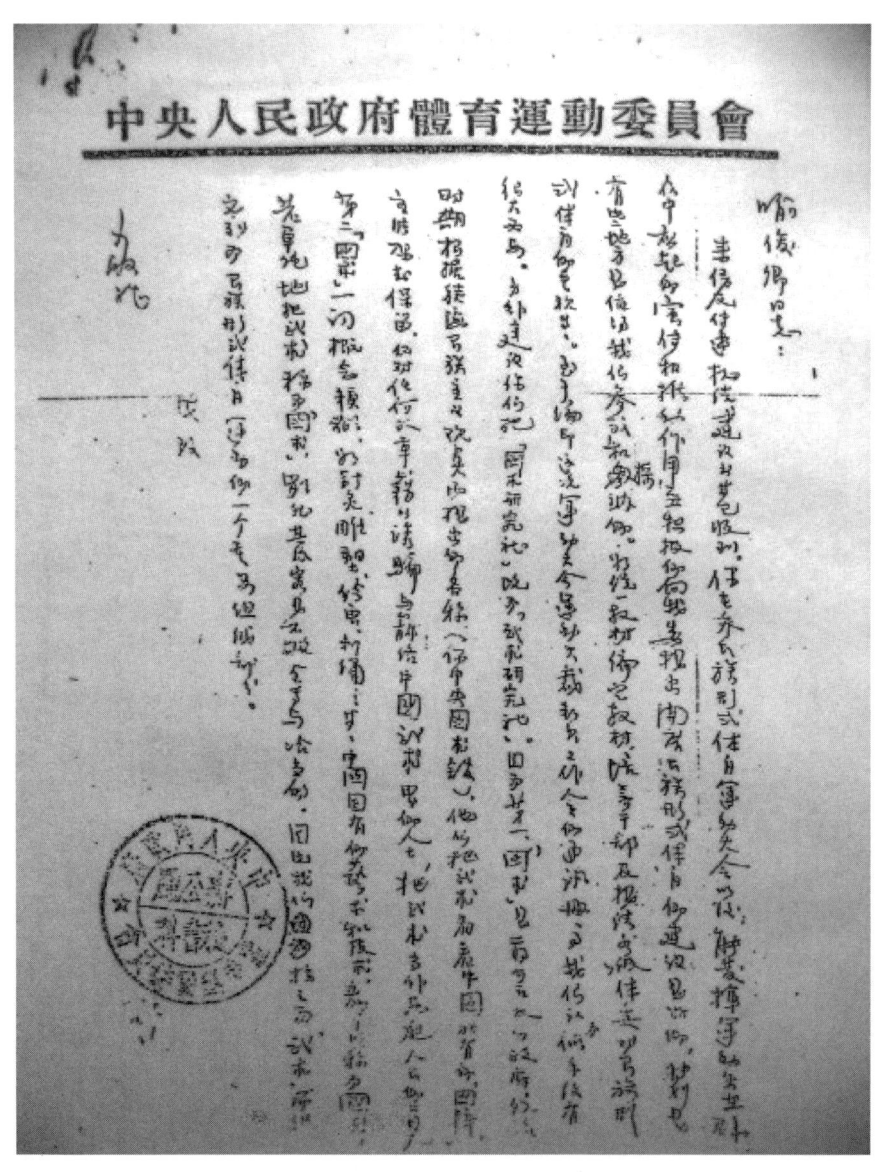

图1-2-7　信函2

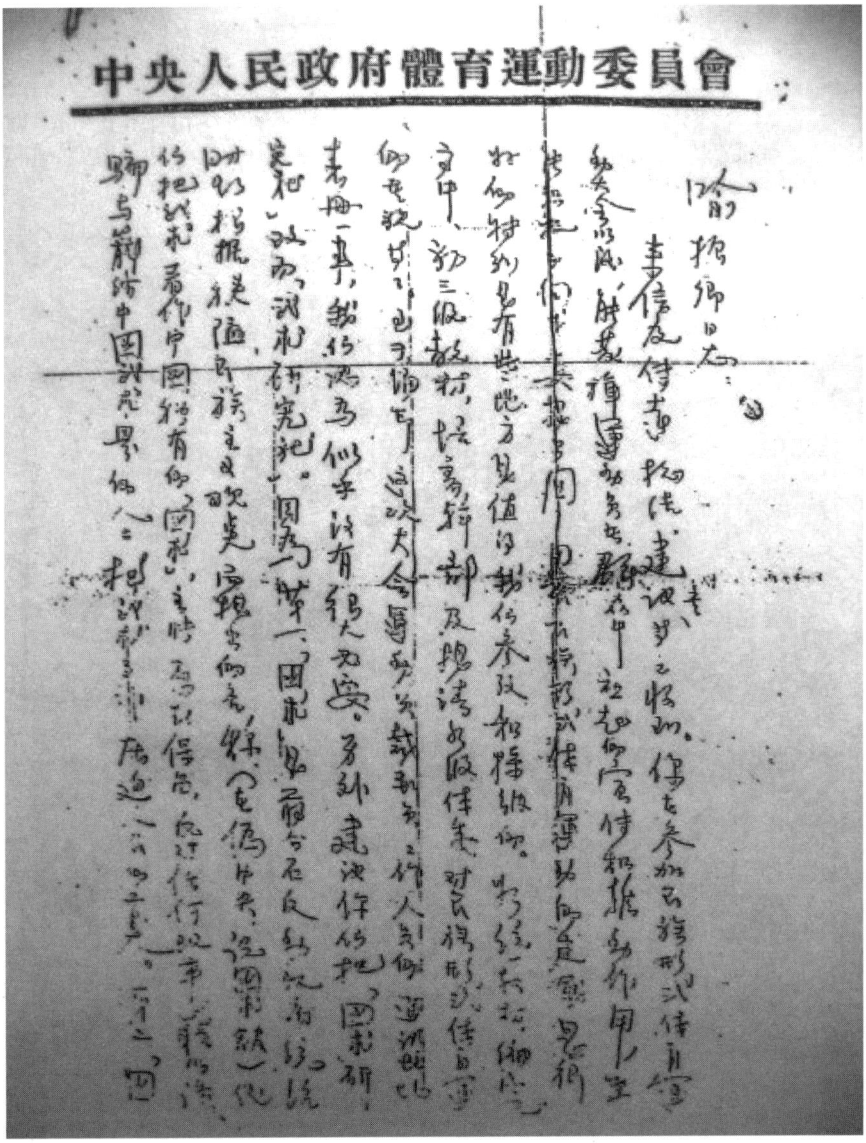

中央人民政府体育运动委员会

喻拯卿同志：

来信及体（育）……收到。你去参加全国形式武术（表演？）会……解放推动有力……中心……

……你们……对民族形式武术运动……

……整理（？）……

……孙建（政？）作为把"国术研……"……民族主义……（国术……）……（因为把"国术……"）……

……把"国术"视作中国独有……

毛泽东……

居延（？）……一九五四年……一二……四

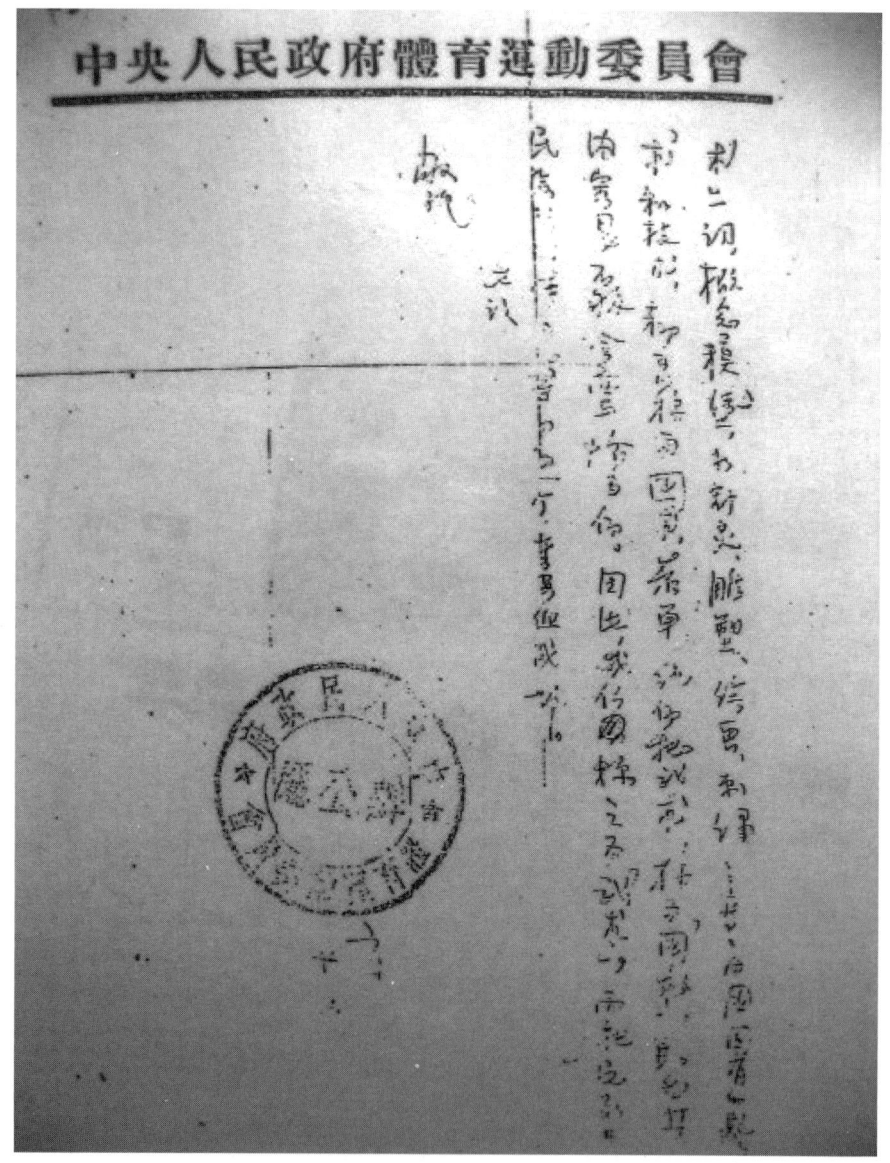

图 1-2-8 信函 3

根据中央体委指示精神，报经上级主管部门批复同意，"南充市国术研究班"正式更名为"南充市武术研究会"，聘喻俊卿先生为副主任兼教务主任，同时把更名的情况及时上报中央体委并汇报了开展武术的活动情况。1954年5月中央体委办公厅又来函一封，全文如图1-2-9所示。

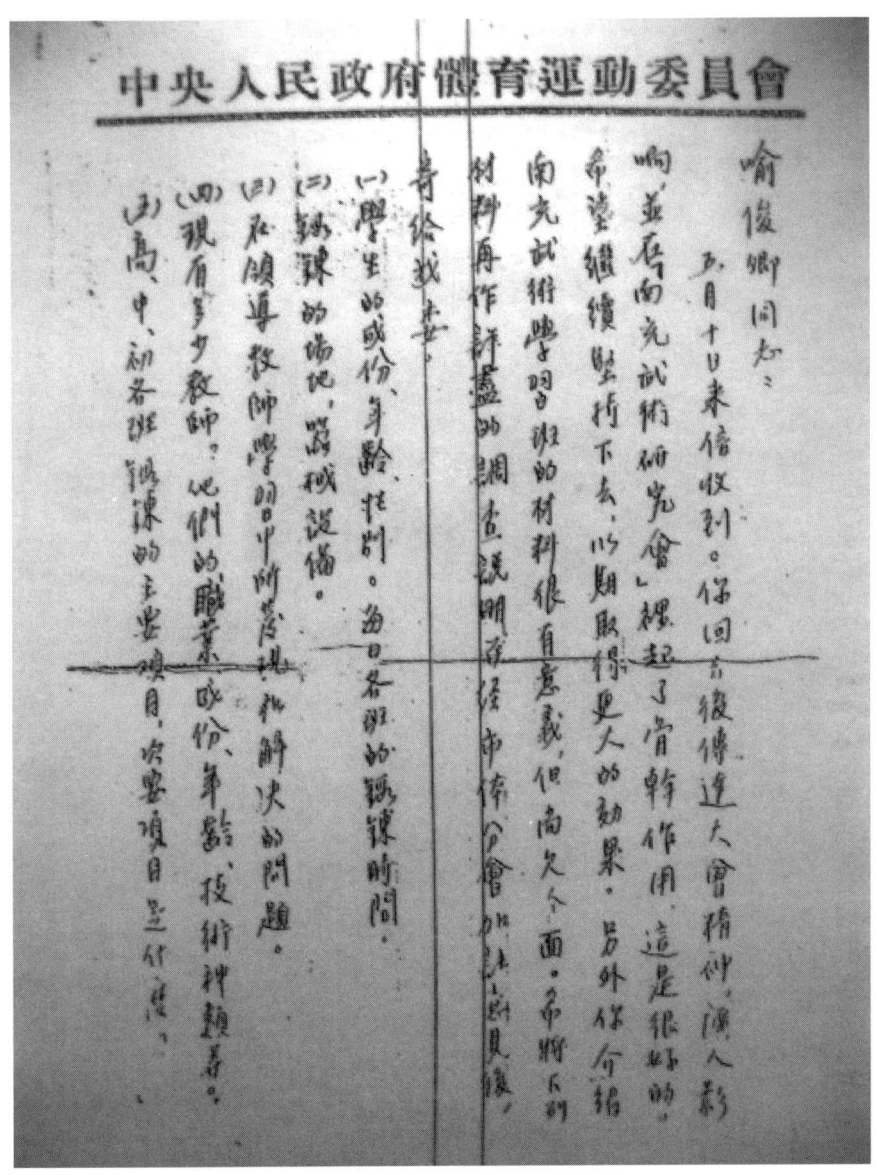

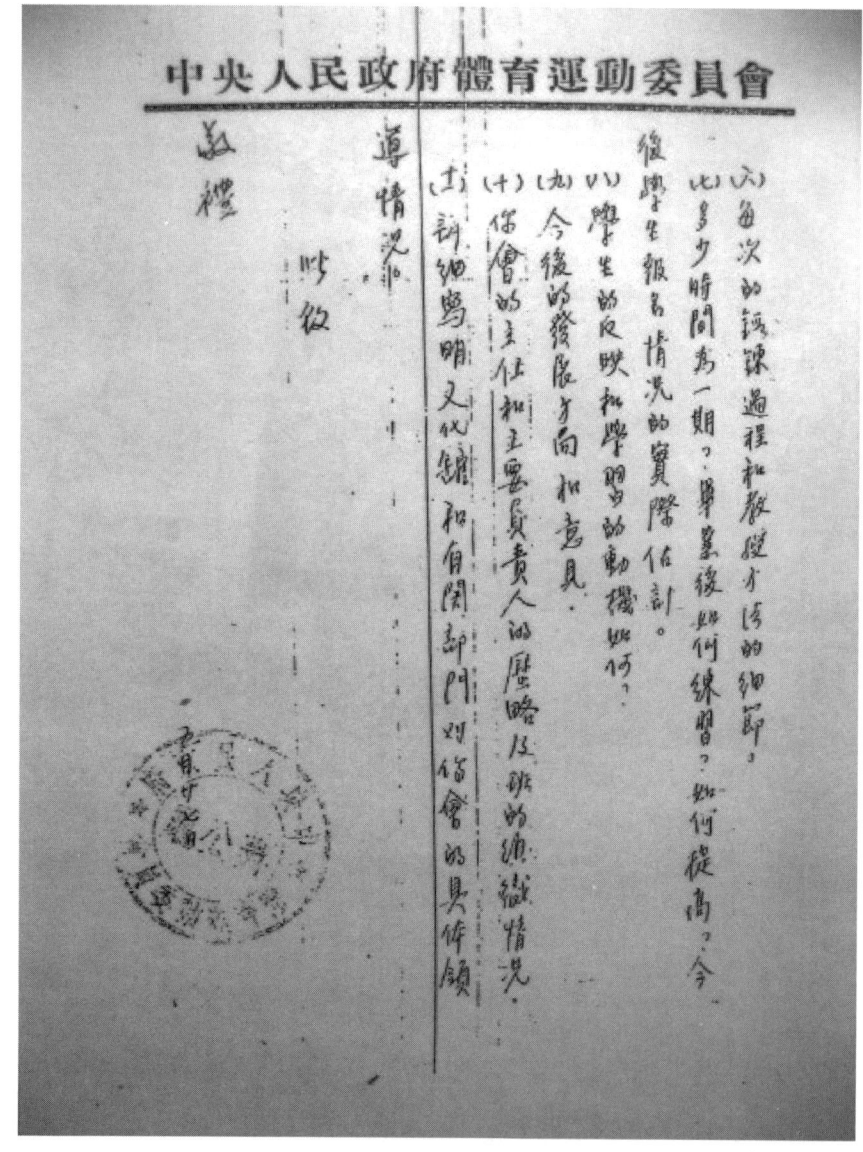

图 1-2-9　信函 4

为使少林六合门这一优秀的传统武技后继有人，1988年12月喻俊卿先生成立了"少林六合门拳法研究会"，担负起了少林六合拳薪火相传的重任（图1-2-10）。

图1-2-10　"少林六合门拳法研究会"成立

喻俊卿先生视武术如生命，孜孜不倦培育英才，一生授徒逾万人，桃李满园，成绩卓著，曾被省体委授予"四川省优秀武术辅导员"光荣称号，并任南充市武术协会副主任等职，其事迹载入南充市市志。在喻俊卿先生的精心培育下，杰出弟子刘朝贵、赵通足、邓勇、唐禄忠、何光福、冯运志、赵从华、魏幼福、鲁廷清、熊明、陈海胜等传人多次参加全国及省、市武术比赛，斩金夺银，成绩斐然。

部分传人简介

刘朝贵，男，1941生，南充市人，现任南充市武术协会常务副主席，喻家少林六合门拳法研究会会长，第八代掌门人。20世纪70年代初跟随喻俊卿老师学习武术，后拜师入门，深得老师器重，重点学习了本门的独门绝技罗汉功，擅长内功养生并自成体系，在几十年的教学实践中不但让自己受益非浅，还惠及全国众多弟子。曾担任山西省四川商会首任会长，在2008年汶川抗震救灾中获得五一劳动奖章，荣立个人一等功；助残、支持革命老区困难户几十年如一日，是在支持武术运动的推广和发展中做出了特别的贡献。

赵通足，男，1955年生，南充顺庆人，现任南充市武术协会副主席，喻家少林六合拳第八代传人，喻家少林拳法研究会执行会长。多年以来至力于武术的教学、推广、裁判和比赛。在全国和省市比赛中多次夺得金牌，擅长使用单刀、六合枪。被授于四川省传统武术名人、明星奖杯和称号。

邓勇，男，1954年生，南充顺庆人，师从喻俊卿老师，从20世纪60年代末至今，深耕喻家少林六合拳械，全面继承了六合拳械套路，尤其擅长六合双刀与六合拳，在四川省及全国的比赛中多次获得金、银牌。近年来仍然活跃于武术的推广及教学一线，现任南充市武术协会常委、喻家少林六合拳法研究会副会长。

唐禄忠，男，1949年生，南充人。20世纪70年代初跟随喻俊卿老师学习喻家少林六合拳、械，1996年代表四川省民政厅参加四川省第八届运动会武术项目比赛，在四川省传统武术名人明星争霸赛的比赛中取得了好成绩，中国武术六段，南充市武术协会常委，喻家少林六合门拳法研究会副会长。擅长六合大刀、双梢子、综合六合拳等。

第三节 第八代掌门，传奇之人生

一、缅怀创会之艰辛，矢志不忘传师门

喻俊卿先生逝世后，"少林六合门拳法研究会"推举第八代传人刘朝贵任会长和总教练。少林六合门弟子活跃于巴蜀武坛，多次组队参加省市各类武术运动会，并取得丰硕成绩，已成为影响川内外武术界的主要流派。

为缅怀创会的艰辛和表达全体少林六合门弟子矢志不忘传承师门六合之心愿，经研究，研究会于 2011 年 5 月更名为"南充喻家少林六合拳法研究会"。

如今，"南充喻家少林六合拳法研究会"的大旗由第八代弟子、中国武术六段、南充市武术协会副主席、革命老区建设委员会理事及山西省四川商会会长、山西省工商联常委、民营企业家刘朝贵先生执掌。刘朝贵先生不光热爱武术，更是热心公益和慈善回报社会。他多次赞助省市武术体育活动以及访贫慰困捐助达数百万元，曾被太原市政府授予"抗震救灾一等功"，被民建太原市委授予"抗震救灾先进个人"，获民建中央全国通报表扬，并光荣获得五一劳动奖章。同时还资助四川省武术队参加全国第八届运动会，以及为 2012 年全国武术套路锦标赛冠名赞助。刘朝贵先生继承先师遗志，不负重托情系研究会，他满腔热情，带领同门师兄妹及武林后学们，为继承和发扬"少林六合门"这一民族传统文化继续前行。

二、弘扬武学记师恩，著书立说传世人

第八代传人刘朝贵先生，现年 88 岁，中专学历，民建会员，自幼热爱武术，坚持习武 70 余年。少时投拜南充市武医、著名拳师喻俊卿门下习练喻家少林六合拳及内外功法，深受师父青睐。1960 年投身军营，服役于铁道兵某部，负伤复员后，不要国家照顾，即使在双腿行走不便、靠两根木凳艰难摆行的情况下，以 600 元小

本经营生意起家，创办实业公司。在创业的同时，长期坚持练习六合门的内功——"少林罗汉功"。

少林罗汉功，源于少林寺，是少林禅武功夫的重要组成部分。系少林内功之精华，凝聚了六合门武术前辈们的艰辛与智慧，是经验与心血的伟大结晶。此功法调息运气，意气相合，形成意与气相依的内气呼吸，升降开合，运行全身，平衡阴阳。通过罗汉功法的训练，能益气血、强筋骨、通血脉、活经络，能让人内气充盈、精力充沛、聚集能量、引爆潜能；既可外强，又可内壮；既能承受他人之重击，又能劈砖破石、健体强身，从而达到防病治病、调养身心、延年益寿之目的。

尤为神奇的是，在师父喻俊卿先生的授意和亲自指导下，刘朝贵长期坚持修练少林罗汉功，并积极配合师父的武医治疗，使伤痛逐渐好转。1993年刘朝贵先生终于扔掉四脚凳重新站了起来，人们惊讶地发现，南充市民口中的"刘㾟子（瘸子）"，逐渐变成了英武帅气、受人尊敬的"刘总"，至此，刘朝贵先生全部继承了师门武学。他感叹道："我能有今天的强健体魄，全靠习练六合门武术和罗汉功"。为宏扬少林六合门这一宝贵的民族文化遗产，年逾八旬的刘朝贵先生受邀在山西太原、上海、内蒙古等地，为一些成功人士教习六合门拳械套路和少林罗汉功（图1-3-1）。学员们习练后，受益匪浅，感受颇深。

图 1-3-1　刘朝贵先生教习六合门拳械拳法

与此同时，刘朝贵先生不忘师恩，为了实现师父遗愿，成立了《喻家少林六合拳法丛书》编委会，决定以文字的形式，让"南充喻家少林六合门"宝贵的文化遗产流传世人，从而达到继承发展、推广普及的目的。

第二章
风格特点、技击方法及门规

喻家少林六合门，出自少林，经过近200年来的传承、发展与创新，特别是进入20世纪80年代，与时俱进，适应竞技武术的规则要求，虽在套路的动作名称、技击方法、练习方式、训练手段上与少林武术传统的"六合拳"系有所不同，且在川东北地区已形成一支独立门派，但其"根"仍在少林，从技法特点和演练风格来看，仍然讲究"拳打一条线、拳打卧牛之地""动作迅猛、快速有力""注重内外三合的协调配合"……同时，在拜师学艺、弟子入门方面，同样保留了过去"收徒拜师"须虔诚跪拜的庄严仪式以及入门要求、教养和门规。

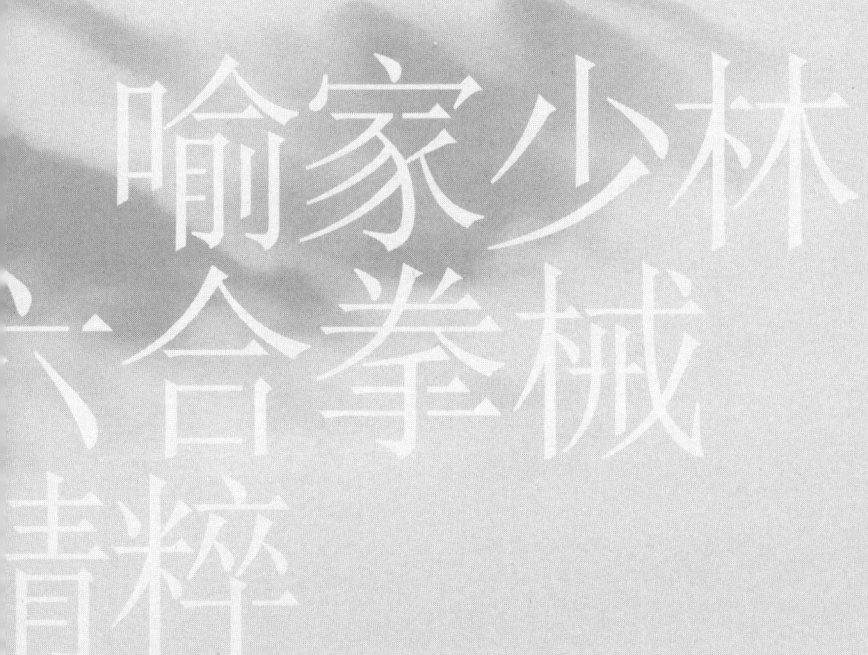

第一节 风格特点及拳谱歌括

一、六合门风格特点

六合门拳械套路舒展大方，结构严谨，刚柔相济，攻防突出，讲究拳打一条线、拳打卧牛之地，动作迅猛、快速有力，注重内外三合的协调配合。它是历代先师在传承过程中，在前人拳学的基础上，经过不断地总结研究、探索实践，逐步丰富和完善发展起来的。

（一）注重六合，内外齐动

六合拳中的"六合"指的是，在拳法演练时人体的内外三合。"内三合"指"心、意、气"三者相合，即"心与意合，意与气合，气与力合"。"外三合"指"手脚、肘膝、肩胯"三者相合，即"手与脚合，肘与膝合，肩与胯合"。内外合一，即为六合。它着重强调手法、眼法、身法、步法和精神、气息、劲力、内功的协调配合，从而达到一动无有不动、内外齐动的目的，故其拳法取名为六合。

（二）套路丰富，系统完整

本门套路内容丰富多采，系统完整，洋洋大观。有拳术、器械、单练、对练、技击、功法等多种内容。

（1）拳术套路：初步六合、子午捶、金刚拳、虎豹拳、四门拳、炮捶、梅花拳，还有一、二路练步拳，六合攻防拳，六合进攻法，综合六合拳，等等。

（2）器械套路：一、二路单刀，四门刀，综合六合刀，六合双刀，春秋大刀；清风剑，六合剑，六合双剑；六合棍，双头棍，盘龙棍，三节棍，单双盘龙梢子；

六合枪，双头枪，月牙铲，月牙峨嵋双刺，虎头双钩，双锤，双拐，双鞭，双枪等套路。

（3）对练套路：徒手对打、双刀进枪、单刀对枪、单刀对练、棍对棍、拐子单刀进枪、盘龙梢子对枪，等等。

二、六合门拳谱、歌括

因六合门拳械套路繁多，其拳谱、歌括也相应较多，这里仅选择具有代表性、流传较广、保存较完整的部分拳谱、歌括让广大武术爱好者先睹为快。

（一）拳谱

六合子午捶

预备势	16. 黑虎兜心	32. 摆莲腿
1. 停车问路	17. 二龙戏珠	33. 十字捶
2. 金剪双架	18. 黑虎兜心	34. 十字捶
3. 佛落尘埃	19. 二龙戏珠	35. 乌龙出洞
4. 二郎担山	20. 铁僧上香	36. 流星赶月
5. 老道稽首	21. 倒插杨柳	37. 猛虎出山
6. 将军观阵	22. 农夫车水	38. 老叟披衣
7. 猛虎出山	23. 六合反盖	39. 张飞片马
8. 猛虎出山	24. 六合反盖	40. 农夫踩泥
9. 猛虎出山	25. 宰手捶	41. 单边抄腿
10. 拦路斩蛟	26. 美人照镜	42. 猛虎出山
11. 力推华山	27. 腾空飞脚	43. 单手遮日
12. 单鞭救主	28. 海底板	44. 老道稽首
13. 猛虎出山	29. 三轮炮	45. 佛落尘埃
14. 单鞭救主	30. 摆莲腿	46. 收势
15. 猛虎出山	31. 横步贯捶	

六合金刚拳

| 预备势 | 18. 青龙回首 | 36. 十字穿心腿 |

1. 停车问路
2. 金剪双架
3. 佛落尘埃
4. 二郎担山
5. 老道稽首
6. 单手遮日
7. 丹凤展翅
8. 拦路斩蛟
9. 六合反盖
10. 紫燕侧翅
11. 宰手扯转捶
12. 迎风挥扇
13. 拦路斩蛟
14. 六合反盖
15. 回头望月
16. 宰手扯转捶
17. 猛虎出山
19. 铁僧上香
20. 三轮炮捶
21. 白鹤亮膀
22. 柱香朝天
23. 马步架打
24. 单边凤眼
25. 手挥琵琶
26. 晃上袭下
27. 手挥琵琶
28. 晃上袭下
29. 喜鹊蹬枝
30. 农夫踩泥
31. 翻江倒海
32. 边门捶
33. 十字穿心腿
34. 连环三冲捶
35. 边门捶
37. 连环三冲捶
38. 拦路斩蛟
39. 左浪子踢球
40. 拦路斩蛟
41. 浪子踢球
42. 跃步挑手
43. 挂肘钻捶
44. 扯转捶
45. 宰手封闭捶
46. 丹凤展翅
47. 反臂捶
48. 单手遮日
49. 老道稽首
50. 小僧拦门
51. 佛落尘埃
52. 收势

六合虎豹拳

预备势
1. 停车问路
2. 金剪双架
3. 佛落尘埃
4. 二郎担山
5. 老道稽首
6. 单手遮日
7. 青龙探爪
8. 白猿伏地
9. 挂肘子午
10. 乌云罩顶
11. 攀柳折枝
12. 迎风挥扇
13. 左扯转捶
22. 白鹤亮膀
23. 柱香朝天
24. 马步架打
25. 童子拜佛
26. 左高冲挑车
27. 右高冲挑车
28. 单刀直入
29. 单刀直入
30. 右探龙得珠
31. 右单峰贯耳
32. 右探龙得珠
33. 左单峰贯耳
34. 右浪子踢球
35. 左浪子踢球
44. 左手挥琵琶
45. 右手挥琵琶
46. 跃步挑手
47. 海底揽月
48. 怀中抱月
49. 猛虎寻食
50. 宰手捶
51. 乌云罩顶
52. 攀柳折枝
53. 劈宰翻花捶
54. 连环冲捶
55. 劈宰翻花捶
56. 连环冲捶
57. 劈宰翻花捶

14. 右扯转捶
15. 林间扑蝶
16. 黑虎兜心
17. 美人照镜
18. 腾空飞脚
19. 海底板
20. 铁僧上香
21. 三轮炮捶

36. 挂肘钻捶
37. 宰手捶
38. 右丹凤展翅
39. 左丹凤展翅
40. 玉女穿梭
41. 白蛇吐信
42. 左金刀宰项
43. 右金刀宰项

58. 连环冲捶
59. 美人照镜
60. 腾空飞脚
61. 单手遮日
62. 老道稽首
63. 小僧拦门
64. 佛落尘埃
65. 收势

六合四门捶

预备势
1. 停车问路
2. 金剪双架
3. 佛落尘埃
4. 二郎担山
5. 老道稽首
6. 单手遮日
7. 劈宰翻花
8. 扯转捶
9. 劈宰翻花
10. 扯转捶
11. 拦路宰蛟
12. 二郎赶山
13. 左顺水推舟
14. 右顺水推舟
15. 白蛇吐信
16. 左金刀宰项
17. 右金刀宰项

18. 左金刀宰项
19. 封闭十字腿
20. 封闭十字腿
21. 劈宰扯转捶
22. 挂肘钻捶
23. 挂肘钻捶
24. 黑虎兜心
25. 宰手捶
26. 喜鹊蹬枝
27. 农夫踩泥
28. 翻江倒海
29. 左探龙得珠
30. 右单峰贯耳
31. 右探龙得珠
32. 左单峰贯耳
33. 右左贯耳
34. 黑虎兜心
35. 美人照镜

36. 腾空飞脚
37. 海底板
38. 三轮炮捶
39. 右摆莲腿
40. 左摆莲腿
41. 高冲挑车
42. 高冲挑车
43. 玉女穿梭
44. 劈宰翻花捶
45. 连环冲捶
46. 美人照镜
47. 腾空飞脚
48. 单手遮日
49. 老道稽首
50. 小僧拦门
51. 佛落尘埃
52. 收势

前蹚梅花拳

预备势

20. 美人照镜

40. 三不落势

1. 停车问路
2. 飞燕出林
3. 左右关拦捶
4. 青龙回首
5. 三云脚
6. 灵手翻花
7. 二郎担山
8. 青龙探爪
9. 白猿伏地
10. 挂肘子午
11. 三轮炮捶
12. 金花盘头
13. 攀柳折枝
14. 黄鹰扇翅
15. 抹手冲捶
16. 猛虎寻食
17. 紫竹倒影（左右）
18. 六合反盖（左右）
19. 林间扑蝶
21. 双摆莲
22. 十字捶
23. 小鬼扯转
24. 白猿伏地
25. 挂肘子午
26. 三轮炮捶
27. 金花盘头
28. 攀柳折枝
29. 行步摆莲
30. 大鹏展翅
31. 独立冲天炮
32. 腾空飞脚
33. 白鹤亮翅
34. 喜鹊蹬枝
35. 仆步抡拍
36. 跃步挑手
37. 穿胸炮
38. 单手遮日
39. 退摆云手
41. 武松打虎
42. 青龙探爪
43. 白猿伏地
44. 挂肘子午
45. 双摆莲
46. 十字捶
47. 小鬼扯转
48. 白猿伏地
49. 挂肘子午
50. 三轮炮捶
51. 金花盘头
52. 攀柳折枝
53. 千斤坠石
54. 飞镖穿杨
55. 勒马收缰
56. 小僧拦门
57. 退步佛落
58. 收势

后蹚梅花拳

预备势
1. 停车问路
2. 飞燕出林
3. 左右关拦捶
4. 青龙回首
5. 老三步
6. 十字手翻花
7. 二郎担山
8. 独立冲天
9. 白猿伏地
10. 挂肘子午
11. 三轮炮捶
22. 三角平捶
23. 上步别掌
24. 武松打虎
25. 三云手
26. 十字穿心腿
27. 跃步左挑手
28. 春雷惊笋
29. 起身右丢手
30. 上步三挠手
31. 美人照镜
32. 腾空飞脚
33. 海底板
46. 喜鹊蹬枝
47. 美人照镜
48. 腾空飞脚
49. 海底板
50. 三轮炮捶
51. 右摆莲腿
52. 左摆莲腿
53. 横裆关拦捶
54. 独立冲天炮
55. 白猿伏地
56. 挂肘子午
57. 三轮炮捶

12. 金花盘头
51. 三轮炮捶
13. 攀柳折枝
14. 三挠手
15. 猿猴洗脸
16. 攀柳折枝
17. 宿鸟投林
52. 右摆莲腿
18. 三角平捶
19. 三角平捶
20. 左丢手
21. 三角平捶

34. 三轮炮捶
35. 童子拜佛
36. 小僧撞钟
37. 小僧撞钟
38. 猿猴洗脸
39. 美人照镜
40. 腾空飞脚
41. 海底板
42. 三轮炮捶
43. 勒马奔江
44. 右摆莲腿
45. 左摆莲腿

58. 金花盘头
59. 挠手
60. 仔猿洗脸
61. 攀柳折枝
62. 千斤坠石
63. 并步前丢手
64. 飞镖穿杨
65. 丹凤展翅
66. 小僧拦门
67. 佛落尘埃
68. 收势

六合练步拳

预备势
1. 停车问路
2. 飞燕出林
3. 左右关拦捶
4. 青龙回首
5. 老三步
6. 灵手翻花
7. 二郎担山
8. 青龙探爪
9. 白猿伏地
10. 挂肘子午
11. 三轮炮捶
12. 金花盘头
13. 攀柳折枝
14. 吴刚伐桂
15. 嫦娥奔月
16. 剪步封门
17. 抢步抹冲

24. 挂肘钻捶
25. 黑虎兜心
26. 美人照镜
27. 腾空飞脚
28. 三轮炮捶
29. 右摆莲
30. 左摆莲腿
31. 高冲挑车（左）
32. 高冲挑车（右）
33. 劈宰扯转捶
34. 青龙探爪
35. 白猿伏地
36. 挂肘子午
37. 丹凤展翅
38. 宿鸟投林
39. 独立栽捶
40. 行步摆莲
41. 雁落平沙

48. 白鹤亮翅
49. 宰手捶
50. 喜鹊蹬枝
51. 燕子衔泥
52. 震脚冲捶
53. 打虎式
54. 急步云手
55. 三不落势
56. 打虎式
57. 并步穿掌
58. 白猿伏地
59. 挂肘钻捶
60. 青龙探爪
61. 白猿伏地
62. 挂肘子午
63. 三轮炮捶
64. 金花盘头
65. 攀柳折枝

18. 右虎抱头
19. 左虎抱头
20. 紫竹倒影（右）
21. 紫竹倒影（左）
22. 六合反盖（右）
23. 六合反盖（左）

42. 独立冲天炮
43. 挂肘子午
44. 黄鹰扇翅
45. 张飞片马
46. 白猿伏地
47. 腾空飞脚

66. 千斤坠石
67. 飞镖穿杨
68. 勒马收缰
69. 小僧拦门
70. 佛落尘埃
71. 收势

六合二路练步拳

预备势
1. 停车问路
2. 金剪双架
3. 佛落尘埃
4. 二郎担山
5. 老道稽首
6. 单手遮日
7. 青龙探爪
8. 白猿伏地
9. 挂肘子午
10. 三轮炮捶
11. 乌云罩顶
12. 攀柳折枝
13. 右拦路斩蛟
14. 右鬼扯转捶
15. 左拦路斩蛟
16. 左鬼扯转捶
17. 猛虎出山
18. 美人照镜
19. 腾空飞脚
20. 海底板
21. 铁僧上香
22. 三轮炮捶

23. 右双摆莲
24. 左双摆莲
25. 三角平捶
26. 金鸡独立
27. 震脚打虎势
28. 农夫挑山
29. 老僧蹬山
30. 农夫挑水
31. 武松打虎
32. 左晃上袭下
33. 右晃上袭下
34. 拦路斩蛟
35. 喜鹊蹬枝
36. 紫燕侧翅
37. 三挠手
38. 十字穿胸腿
39. 挂肘钻捶
40. 旋风腿
41. 白猿伏地
42. 美人照镜
43. 腾空飞脚
44. 白鹤亮翅
45. 上步大云手

46. 三不落势
47. 武松打虎
48. 挂肘钻捶
49. 退步小云手
50. 金鸡独立
51. 黄鹰扇翅
52. 跃步挑手
53. 千斤坠石
54. 鸡心顶肘
55. 猛虎寻食
56. 右拦路斩蛟
57. 左拦路斩蛟
58. 小鬼扯转
59. 雀地龙势
60. 挂肘子午
61. 乌云罩顶
62. 攀柳折枝
63. 千斤坠石
64. 飞镖穿杨
65. 勒马收缰
66. 小僧拦门
67. 佛落尘埃
68. 收势

六合炮捶

预备势
1. 停车问路
2. 金剪双架
3. 佛落尘埃
4. 二郎担山
5. 千斤坠石
6. 青龙探爪
7. 白猿伏地
8. 三轮炮捶
9. 挂肘子午
10. 乌云罩顶
11. 攀柳折枝
12. 左右跨栏
13. 挂肘子午
14. 三轮炮捶
15. 白鹤亮膀
16. 柱香朝天
17. 雨打残花
18. 雨打残花
19. 挂肘子午
20. 三轮炮捶
21. 白鹤亮膀
22. 雨打残花
23. 雨打残花
24. 拦路斩蛟
25. 嫦娥奔月
26. 剪步封门
27. 抢步抹冲
28. 左虎抱头
29. 右虎抱头
30. 紫竹倒影
31. 紫竹倒影
32. 林间扑蝶
33. 猛虎出山
34. 美人照镜
35. 武松打虎
36. 玉女穿梭
37. 黄鹰扇翅
38. 张飞片马
39. 白猿伏地
40. 挂肘子午
41. 宰手捶
42. 喜鹊蹬枝
43. 翻江倒海
44. 蛟龙出洞
45. 打虎式
46. 三不落势
47. 平地摆莲
48. 高冲挑车
49. 平地摆莲
50. 高冲挑车
51. 拦路斩蛟
52. 并步穿掌
53. 白猿伏地
54. 挂肘子午
55. 三轮炮捶
56. 乌云罩顶
57. 攀柳折枝
58. 千斤坠石
59. 飞镖穿杨
60. 单手遮日
61. 老道稽首
62. 小僧拦门
63. 佛落尘埃
64. 收势

六合攻防拳

预备势
1. 停车问路
2. 请手势
3. 神龙献爪
4. 搂抱绊摔
5. 踏手反护
6. 倒撞金钟
7. 鹰伏磐石
8. 大鹏展翅
9. 旋风腿
10. 骑龙挂宰
11. 迎风挥扇
12. 晃上袭下
13. 凤眼连环捶
14. 横裆下插
15. 连环挑格
16. 晃上袭下
17. 倒口袋
18. 扭身打肘
19. 马拿宰臂捶
20. 右摆莲

（上接预备势编号，六合攻防拳实际编号如下：）

预备势
1. 停车问路
2. 请手势
3. 神龙献爪
4. 搂抱绊摔
5. 踏手反护
6. 倒撞金钟
18. 鹰伏磐石
19. 大鹏展翅
20. 旋风腿
21. 骑龙挂宰
22. 迎风挥扇
23. 晃上袭下
24. 凤眼连环捶
36. 横裆下插
37. 连环挑格
38. 晃上袭下
39. 倒口袋
40. 扭身打肘
41. 马拿宰臂捶
42. 右摆莲

7. 力推华山
8. 倒撞金钟
9. 连环打掌
10. 马步别肋掌
11. 流星赶月
12. 猛虎寻食
13. 丹凤展翅
14. 玉女穿梭
15. 喜鹊蹬枝
16. 农夫踩泥
17. 翻江倒海

25. 浪子踢球
26. 浪子踢球
27. 跃步挑手
28. 旋风霹雳捶
29. 扯转捶
30. 回身宰手捶
31. 金龙探爪
32. 白猿伏地
33. 十字掌
34. 美人照镜
35. 腾空飞脚

43. 白鹤亮膀
44. 黑虎掏心
45. 顺手牵羊
46. 拦路斩蛟
47. 毒蛇探穴
48. 穿胸炮
49. 请手势
50. 佛落尘埃
51. 收势

综合六合拳

预备势
1. 左弓步十字手
2. 上步对拳
3. 并步双劈拳
4. 左弓步右内挂
5. 虚步罩式
6. 提膝穿掌
7. 弓步架打
8. 左撕手
9. 左六合反盖
10. 右六合反盖
11. 左袖箭腿
12. 退步崩子捶
13. 鞭法六合扯转
14. 左披宰勾手亮掌
15. 左倒尖腿
16. 右倒尖腿
17. 偷步横摆掌
18. 右撩宰挂打
19. 左撩宰挂打

28. 六合扯转
29. 凤眼捶
30. 虚步挎肘
31. 弓步架打
32. 绞花左提膝勾手亮掌
33. 勾手亮掌左虚步
34. 左右披宰捶
35. 穿掌绞手左十字腿
36. 六合扯转
37. 转身子午捶
38. 别手转身打肘
39. 并步震肘
40. 左右过门腿
41. 虚步挑掌
42. 跳步挑掌臂捶
43. 弓步反臂击头
44. 马步下拷
45. 右提膝双劈拳
46. 左翻手
47. 六合扯转

56. 统膝
57. 败式
58. 上步双冲拳
59. 左右六合反臂捶
60. 上步披宰手
61. 绞花右十字腿
62. 马步架打
63. 上步披宰通轩
64. 擒拿凤眼捶
65. 单贯捶
66. 六合扯转
67. 转身上步披打
68. 左右六合手
69. 绞花右插掌
70. 单片二起腿
71. 转身上步披打
72. 左右六合手
73. 三轮炮
74. 左右摆莲腿
75. 右十字捶

20. 后转身披宰挖腿
21. 后箭腿
22. 左转身震脚砸捶
23. 右弓步顶肘
24. 偷步双推掌
25. 右打虎式
26. 左提膝双劈掌
27. 右翻花手

48. 虚步胯肘
49. 左右十字捶
50. 进步左右双推掌
51. 转身上步劈掌
52. 上步架打
53. 子午捶
54. 双丝改带
55. 双贯捶

76. 插步勾手
77. 转身双贯捶
78. 提膝上冲捶
79. 并步震脚砸拳
80. 左右撕吊手
81. 六合滚捶
82. 罩式

六合一路刀

起势
1. 停车问路
2. 回头望月
3. 紫燕拍翅
4. 金鸡独立
5. 单手遮日
6. 反跳龙门
7. 袖里藏刀
8. 金鸡独立

9. 紫燕侧翅
10. 单刀直入
11. 林间扑蝶
12. 弓步藏刀
13. 腋下藏刀
14. 大开山门
15. 反跳龙门
16. 袖里藏刀
17. 青龙游水

18. 紫燕侧翅
19. 林间扑蝶
20. 寒滕缠树
21. 虎立山头
22. 袖里藏刀
23. 白猿伏地
24. 佛落尘
25. 持刀请手
26. 收势

六合二路刀

预备势
1. 停车问路
2. 推掌亮势
3. 袖里藏刀
4. 腾空飞脚
5. 仆步抱刀
6. 弓步交刀
7. 弓步缠头
8. 反跳龙门
9. 袖里藏刀
10. 劈刀挽花

18. 弓步缠头
19. 羽扇划江
20. 旋风扫叶
21. 紫燕侧翅
22. 紫燕侧翅
23. 弓步刺刀
24. 力劈华山
25. 翻江倒海
26. 紫燕侧翅
27. 马步分刀
28. 套腕挽花

36. 连环三刀
37. 力劈华山
38. 青龙游水
39. 提膝下斩
40. 青龙回首
41. 连环三刀
42. 弓步缠头
43. 退摆缠头
44. 白马亮蹄
45. 劈刀挽花
46. 旋风扫叶

11. 旋风扫叶
12. 缠头提膝
13. 弓步推刀
14. 仆步收刀
15. 提膝下切
16. 白鹤亮膀
17. 连环三刀

29. 马步点刀
30. 马步分刀
31. 三环套月
32. 马步分刀
33. 三面刀花
34. 旋风腿
35. 夜叉探海

47. 反跳龙门
48. 袖里藏刀
49. 推掌亮势
50. 仆步抱刀
51. 佛落尘埃
52. 收势

六合双刀

预备势
1. 双手持刀
2. 农夫踩泥
3. 虚步窜刀
4. 凤凰落架
5. 拍翅探路
6. 左右推刀
8. 提膝亮刀
7. 拦路斩蛟
9. 云转左摆刀
10. 云转右摆刀
11. 马步分刀
12. 左关右刺
13. 挽花点刀
14. 仆步削脚
15. 弓步推刀
16. 仆步削脚
17. 夜叉探海
18. 力劈华山

19. 双龙戏水
20. 紫燕侧翅
21. 力劈华山
22. 饿虎扑食
23. 反跳龙门
24. 连环直刺
25. 马步侧刺
26. 医转右摆刀
27. 云转左摆刀
28. 马步分刀
29. 两面刀花
30. 拦路斩蛟
31. 雄鹰展翅
32. 拦路斩蛟
33. 雄鹰展翅
34. 歇步亮刀
35. 浪子踢球
36. 二龙抢宝
37. 玉女穿梭

38. 白马分鬃
39. 金刀解腕
40. 羽扇划江
41. 腾空下劈
42. 连环直刺
43. 右关左刺
44. 左挂右刺
45. 黑燕点水
46. 连环滚刀
47. 连环滚刀
48. 旋风腿
49. 云转刺刀
50. 云转摆刀
51. 夜叉探海
52. 拦路斩蛟
53. 白鹤亮翅
54. 二龙抢宝
55. 凤凰拍翅
56. 收势

六合春秋大刀

预备势

16. 虚步压把

32. 怀中抱月

1. 并步持刀
2. 插刀亮掌
3. 弓步前劈
4. 关公揽须
5. 虚步背刀
6. 弓步前劈
7. 马步横斩
8. 弓步云斩
9. 左挂右横摆
10. 弓步云斩
11. 怪蟒翻身
12. 插步抹腿
13. 弓步前劈
14. 并步压把
15. 马步斩腰
17. 左挂右横摆
18. 弓步云斩
19. 怪蟒翻身
20. 夜叉探海
21. 饿虎扑食
22. 反跳龙门
23. 横裆步架刀
24. 插步抹颈
25. 虚步前撩
26. 马步下劈
27. 腾翻连劈
28. 虚步压把
29. 关公揽须
30. 浪子踢球
31. 扭身斜撩
33. 插步抹颈
34. 撩刀糙把
35. 压把拍刀
36. 左右盘花
37. 马步横斩
38. 弓步云斩
39. 马步横斩
40. 弓步云斩
41. 插步抹脚
42. 弓步斩刀
43. 虚步背刀
44. 关公揽须
45. 插刀亮掌
46. 退步背刀
47. 收势

六合单剑

起势
1. 仙翁指路
2. 苍龙出洞
3. 回头望月
4. 敬德拖鞭
5. 金猫捕鼠
6. 张松献图
7. 紫燕侧翅
8. 滚龙缠柱
9. 力劈华山
10. 拨叶寻花
11. 飞凤展翅
12. 金猴坐石
13. 金针直刺
14. 疾步点膝
17. 左右提花
18. 童子捧琴
19. 竹针刺影
20. 指天定地
21. 寒藤缠树
22. 顺风掺旗
23. 独立指日
24. 夜叉探海
25. 横扫千军
26. 黑燕点水
27. 白猿献囤
28. 羽扇划江
29. 打草惊蛇
30. 倒开庙门
31. 浪里行舟
34. 旋风扫叶
35. 剪步点膝
36. 推窗望门
37. 丹凤点头
38. 翠雀点水
39. 将军捧印
40. 钻珠刺察
41. 紫竹倒影
42. 白蛇吐信
43. 怪蟒翻身
44. 鹞子穿林
45. 左右提花
46. 飞凤展翅
47. 虚步前指
48. 彩凤返巢

15. 饿虎扑食
16. 反跳龙门

32. 金鸡独立
33. 乌龙摆尾

49. 收势

六合清风剑（又名纯阳剑）

起势
1. 闻鸡起舞
2. 白鹤亮翅
3. 仙翁指路
4. 观音坐莲
5. 金针指南
6. 青龙回首
7. 敬德拖鞭
8. 金猫捕鼠
9. 张松献图
10. 紫燕侧翅
11. 滚龙缠柱
12. 夜叉探海
13. 力劈华山
14. 鹞子翻身

15. 单刀直入
16. 剪足点膝
17. 寒藤缠树
18. 金刀宰颈
19. 歇步点膝
20. 神龙掉尾
21. 鹦鹉啄粒
22. 翻江倒海
23. 顺风掺旗
24. 独立指日
25. 夜叉探海
26. 横扫千军
27. 黑燕点水
28. 白猿献果
29. 羽扇划江

30. 倒开庙门
31. 左右拦扫
32. 顺风扯旗
33. 老翁垂钓
34. 推窗望月
35. 丹凤点头
36. 将军捧印
37. 专诸刺寮
38. 白蛇吐信
39. 怪蟒翻身
40. 鹞子钻林
41. 顺风扯旗
42. 左右撩花
43. 彩凤还巢
44. 收势

六合双剑

预备势
1. 停车问路
2. 仙人指路
3. 观音坐莲
4. 二郎担山
5. 苍龙出海
6. 金猴坐石
7. 嫦娥奔月
8. 敬德拖鞭
9. 金猫捕鼠

20. 饿虎扑食
21. 反跳龙门
22. 左右撩花
23. 乌云罩顶
24. 竹针刺影
25. 指天是地
26. 滚龙缠柱
27. 顺风掺旗
28. 独立指日
29. 飞凰点头

40. 二龙抢宝
41. 玉女穿梭
42. 白马分鬃
43. 金鸡独立
44. 回头望月
45. 乌龙奔江
46. 旋风扫叶
47. 剪步点膝
48. 双龙戏水
49. 推窗望月

10. 张松献图
11. 紫燕侧翅
12. 滚龙缠柱
13. 夜叉探海
14. 力劈华山
15. 拨叶寻花
16. 分荆寻路
17. 金猴坐石
18. 金针直刺
19. 黄鹰扇翅

30. 横扫千军
31. 黑燕点水
32. 白猿献果
33. 羽扇划江
34. 打草惊蛇
35. 倒开庙门
36. 浪里推舟
37. 浪里推舟
38. 老翁垂钓
39. 翠雀点水

50. 丹凤点头
51. 将军捧印
52. 钻珠刺寮
53. 紫竹倒影
54. 白蛇吐信
55. 怪蟒翻身
56. 鹞子穿林
57. 左右撩花
58. 彩凤还巢
59. 收势

六合双头棍

预备势
1. 并步持棍
2. 韦驮亮杵
3. 农夫耕地
4. 白蛇吐信
5. 提膝拨棍
6. 三连搅
7. 韦驮踢杵
8. 腾空下劈
9. 虚步上挑
10. 旋风腿
11. 转身云扫
12. 马步横护
13. 左挂右横摆
14. 弓步云劈
15. 提膝挂棍
16. 左盖右糙
17. 右左盘花
18. 怪蟒翻身
19. 腾空下劈
20. 右左盘花

21. 苏秦背剑
22. 连环出击
23. 虚步压棍
24. 跪步点打
25. 腾空下劈
26. 仆步护棍
27. 横裆步斜架棍
28. 腾空下劈
29. 倒拔杨柳
30. 弓步前刺
31. 提膝举棍
32. 横扫千军
33. 横扫千军
34. 枯树盘根
35. 魁星点斗
36. 仆步护棍
37. 提撩狂舞
38. 腾空下劈
39. 燕式平衡
40. 旌旗挥舞
41. 枯树盘根

42. 魁星点斗
43. 提膝扛棍
44. 横扫千军
45. 横扫千军
46. 右左盘花
47. 苏秦背剑
48. 虚步压棍
49. 跪步点打
50. 腾空下劈
51. 右左盘花
52. 怪蟒翻身
53. 腾空下劈
54. 右左盘花
55. 怪蟒翻身
56. 腾空下劈
57. 苏秦背剑
58. 云头绕背花
59. 抛接棍
60. 童子拜佛
61. 并步持棍
62. 收势

六合枪

预备势
1. 金枪立门
2. 持枪请手
3. 退步拖枪
4. 拦拿扎枪
5. 右摆绞花
6. 扣腿平刺
7. 虚步崩枪
8. 插步后刺
9. 回身越枪
10. 退步拖枪
11. 前跃扎枪
12. 拦拿扎枪
13. 并步砸把
14. 歇步后戳
15. 连环梭枪
16. 金枪锁喉
17. 疾步追枪
18. 拦拿扎枪
19. 提膝下拦
20. 拨草寻蛇
21. 弓步扎枪
22. 虚步上挑
23. 持枪扫膛
24. 背身旋风
25. 左右盘花
26. 小鬼挑担
27. 弓步扎枪
28. 拦拿扎枪
29. 左右盘花
30. 虚步上挑
31. 拦拿扎枪
32. 后背穿枪
33. 退步拖枪
34. 前俯接枪
35. 腾空抛枪
36. 歇步后戳
37. 后仰闯扎
38. 仆步砸把
39. 提膝下拦
40. 弓步扎枪
41. 右摆圈枪
42. 左绕下点
43. 左摆圈枪
44. 右绕下点
45. 拦拿扎枪
46. 退步绞花
47. 拦拿扎枪
48. 退步拖枪
49. 勒马奔江
50. 回马扎枪
51. 扣腿平刺
52. 退步拖枪
53. 前撩收枪
54. 收势

六合月牙铲

预备势
1. 持械请手
2. 震脚抢臂
3. 横裆步架铲亮掌
4. 紫燕侧翅
5. 转身左前劈
6. 左弓步叉刺
7. 转身右云扫
8. 玉带缠腰
9. 转身左云扫
15. 反跳龙门
16. 夜叉探海
17. 左弓步叉刺
18. 苏秦背剑
19. 左弓步云劈
20. 左虚步压叉
21. 行步抡糙
22. 提膝仰糙
23. 压叉拍铲
24. 左弓步叉刺
30. 过肩花
31. 两面花
32. 绕脖花
33. 左前劈右叉刺
34. 右横裆步摆铲
35. 横扫千军
36. 横扫千军
37. 云头绕背花
38. 抛接铲
39. 童子拜佛

10. 左虚步压叉	25. 怪蟒翻身	40. 苏秦背剑
11. 马步下劈	26. 叉步后仰戳	41. 左弓步云劈
12. 腾翻连劈	27. 左弓步叉刺	42. 关公揽须
13. 左挂右横摆	28. 怪蟒翻身	43. 盘花背铲
14. 饿虎扑食	29. 两面花	44. 收势

（二）歌括

六合剑歌括

闻鸡起舞剑光寒，独立指日剑朝天；
苍龙出海气势壮，白猿献果刺腹前；
张松献图下压剑，浪里推舟抹扫剑；
拨力寻花抹又扫，剪步点膝下坐盘；
急步点膝猫捕鼠，翠雀点水剑平点；
童子捧琴坐盘势，白蛇吐信刺腹前；
顺风掺旗上四步，飞凤展翅翔蓝天；
黑燕点水连三剑；不遇良知不相传；
倒开庙门剑上挑；仙翁指路登蓬岛；
旋风扫叶连根拨，敬德拖鞭插步扫；
丹凤点头独立势，滚龙缠柱挽花剑；
紫竹倒影侧蹬势，金猿坐石剑上提；
左右提花撩三次，反跳龙门仆步劈；
歌兮歌兮五十句，指天定地弓步点；
三尺龙泉手中捻，夜叉探海下点剑；
回头望月刺膝前，羽扇划江退两下；
紫燕侧翅扫膝前，金鸡独立剑下点；
飞鸿展翅翔云天，青龙游水行步撩；
饿虎扑食劈华山，将军捧印平端剑；
竹针刺影向面前，怪蟒翻身弓步点；
虚步前指身心爽，横扫千里神安然；
南海观音下坐莲，打草惊蛇截膝前；
金锚捕鼠剑下点，乌龙摆尾波涛卷；

力劈华山势威严，推窗望月挂天边；
金针直刺速莫延，专珠刺察扎胸前；
左右提花撩三剑，鹞子钻林剑下穿；
寒藤绕树剑倒穿，彩凤还巢剑路完。

六合棍歌括

六合棍本少林传，少林武僧皆操练；
枪棍合一有绝妙，防身护体细体验；
十八棍僧保秦王，威风凛凛凭此棍；
刺拔反打须敏捷，转身横扫动作狠；
上护下压攻又防，左右盘花身安然；
腾空跃起棍下劈，定叫贼人把命归；
东南沿海烽烟起，倭寇犯境情告急；
少林武僧上战场，杀敌挥舞六合棍；
旋风腿起翻身劈，回刺后截退步梭；
云头扫脚势难挡，扯棍提花眼缭乱；
左右点打声威严，来回横扫荡千军；
饿虎扑食当头棍，剿灭倭寇建功业。

六合月牙铲歌括

月牙铲本少林传，奇门兵器镇宝殿；
铲叉合一有绝妙，防身护体细体验。
梁山好汉鲁智深，倒拔杨柳力千钧；
一生操练月牙铲，性格豪爽武艺精。
前戳后扎转身扫，压叉上耩退步盖；
腾空翻劈当头砸，行侠仗义凭此铲。
西行路途多辽远，沙僧挑担又携铲；
伙同猴哥与八戒，力保唐僧去西天。
抡铲砸毙白骨精，叉锁穿鼻伏牛魔；
宝杖在手显神威，一路降妖取经还。

第二节 技击方法及功法训练

一、六合门技击方法

六合拳法扑实无华，技击性强，实用性高。与人较技"走风摆荷叶步过门"，其技击分"走打""跑打""等打"三种。六合门在实战中是视敌之来势情况而决定战术，能打机前则先发制人，能打机后则视敌旧力略过、新力未生之机而奋力反击。在打斗中用攻、防、走、守四字的主导策略，能攻则攻，可防则防，能守则守，不能守则走。遇敌弱者，强攻其洪门中宫；如敌强于我，则走两翼边门推进，避实就虚，诡道诱敌。

（一）技击招式

六合门技击招式多样，主要由巴、拿、蹦、弹、挨、粘、挤、靠、撩、牵、挂、架、劈、斩、钻等手法，配合闪、展、腾、挪、垫、踏、击、跟、绕等步法以及勾、踹、撩、弹、蹬、倒肩腿、拦门坎腿、背腿、连环腿、穿心搜裆腿等腿法所组成的技击招数。

（1）主要掌法：切掌、铲掌、盖掌、反背掌、撩掌、推掌、分掌、插掌、劈掌、挑掌、端掌、挫掌、探掌、砍掌等十四种掌法。

（2）主要捶法：子午捶、通臂捶、兜心捶、反盖捶、滚捶、扯转捶、贯捶、箭捶、冲捶、凤眼捶、旋风霹雳捶、巴拿宰手捶、鸡心捶等二十种捶法。

（3）主要肘法：挂肘、坠肘、迎面肘、滚肘、顶肘、鸡心肘、打肘、砸肘、横击肘等十多种肘法。

（4）主要腿法：片腿、摆腿、后旋腿、挖腿、箭腿、二起腿、挂腿、踩腿、旋风腿、铲腿、弹腿、扫堂腿、背腿、蹬腿、倒肩腿、勾腿、踹退、连环腿等二十九种腿法。

（二）实用技法

技法上，攻防结合，攻中带防，防中寓攻，虚实相间、真真假假、神鬼难辨，常以引手诱敌，实手制敌。现举以下几组例证阐明技击效果。

1. 攻防结合

（1）挂肘子午捶：与敌相遇，当即屈肘向上挥摆左拳为盾牌，先后护胸护头，挂开对方打来之拳，同时疾出右拳将敌击中。

（2）旋风霹雳捶：与敌相遇，疾摆右脚扭身右贯捶击其太阳穴，与此同时，插左脚，转身向前，握拳摆臂，向左挑隔开对方打来之拳。

2. 虚实相间

（1）晃上袭下法：与敌相遇，疾摆双拳向上虚晃，佯攻对方头部，敌必撤步后仰，我即向前近身下搂其双腿，使敌丧失重心，势必被拖倒摔地。

（2）探龙得珠法：与敌相遇，我即左丢手罩其眼，随即向前摆右脚，以右贯捶击打敌太阳穴。

（三）技击主张

实战时，注重攻防兼备、虚实相间、门户封闭、伺机待发、上来下应、下来上随。要求在交手中采用"力、急、逼"，即：一要力，二要急，三要眼快，四要逼。以此同时，更要体现眼、胆、腾、展四字诀，即：一打眼，二打胆，三打腾落，四打展。六合打法讲究"走边门"，不轻易进入敌之洪门。边门易进易退，攻撤灵活；进攻时步走"人"字形，如风摆荷叶，左晃右摆，多用猛攻、强打，以威、雄、猛、勇压住对手，使敌见而生畏，在精神上战胜对方。

二、六合门功法训练

六合拳讲究"内练一口气，外练筋骨皮"。本门的内功是少林罗汉功，练功时要求凝神静息、摒除杂念、如沐春风，做到松静自然、意气相随、练养结合。常练此功能益气血、强筋骨、通血脉、活经络，使之精血强，血脉旺，而百病不生，开发潜能，调养身心。长期修炼，能承受他人之重击，是健体强身之至宝。与此同时，需勤练筋骨皮，通过批打，让习练者变得筋粗骨硬，具备一定的打击力度和抗击打能力。

（一）内功

主要方法由呼吸、姿势、意念三要素组成。晨练时，须面向东方，嘴唇微闭，舌抵上腭，呼吸自然。此功动静结合，以动为主，以静为辅，静中寓动，以意化气，以气化神。练习时以外动手势导引气贯丹田，丹田充实，进而遍及全身。

百日功满，进入排打阶段，练排打时须以意领气，以"嗨"字诀发声鼓劲催力，使排打时产生反弹作用与暴力抗衡，抵消对身体内部的损害。同时达到磨练肌肤、强筋健骨、增强抗爆护体的功效。习练此功，须循序渐进、持之以恒，切勿"三天打鱼，两天晒网"。

（二）外功

外功习练以练沙包为主，沙包分坐包、吊包、甩包三种，另外还有抖沙杆、插沙盆、打草龙桩、麻龙桩、巴拿桩、拧天滑子、地滑子、抓坛子、滚沙筒、拧竹筷、提石坠等练外功的方法。其作用分别是坐包批掌力，吊包增捶力，甩包操爪力，草笼桩练腿力，麻龙桩练肋力，巴拿桩之巴拿手练手部的擒拿牵扯之技和力量、天地滑子主练臂力。

第三节 入门要求及教养门规

一、南充喻家少林六合门入门要求

少林六合拳源于元末明初，属于北派少林中韦陀门的一个分支。喻家六合门收徒拜师时，也继承了河南嵩山少林寺古时的拜师习俗，均要摆上供果，点上香蜡火烛，立个牌位，中间上书"达摩祖师之神位"（图 2-3-1），牌位左书"神光二祖"（图 2-3-2），牌位右书"五祖，六祖"（图 2-3-3、图 2-3-4）。新徒下跪磕头，以示对禅宗祖师的虔诚和对师父的敬重。

图 2-3-1　达摩祖师之神相

图 2-3-2　神光二祖之神相

图 2-3-3　五祖弘忍之神相　　图 2-3-4　六祖慧能之神相

凡拜师学艺的入门弟子，均要求必须具备应有的教养，并严格遵守喻家少林六合门的门规。

二、喻家少林六合门应有的教养和门规

（一）应有的教养

（1）无论是练习、讨论、开会还是参加其他武术活动，六合门应准时到达，决无迟到，因其他情况不能准时到达，也应说明原因，否则对准时到达的人是不尊重的。

（2）对师友或外派武术同仁讨论、研究、开会、讲话，首先要听他人的意见，决不可打断别人的发言，要听完他人的发言，然后再去发表自己的见解、观点，以及补充意见，切勿当场反驳，使别人难堪。

（3）在同道师友和外派同道谈话、讨论、研究时，应该目视别人面部，而不要东张西望，来回挪动东西，表现出心不在焉的样子，以免使别人尴尬。

（4）六合门人应尊重他人观点，即使不同意，也应陈述自己的观点、见解，说明不同意见的理由。

（5）六合门人要遵守诺言、说话算话，即使遇到困难也决不食言。

（6）六合门人在任何情况下对妇女，尤其是对老人，应该表示关心，并给予照顾。

（7）六合门人应有英豪气慨，在别人遇到困难、苦难或不幸时，绝勿袖手旁观，而应尽自己力量和给予的同情。

（二）喻家少林六合门门规（四道十戒）

（1）四道：尊师道、扬正道、除邪道、行人道。

（2）十戒：戒残杀、戒乱淫、戒酗酒、戒赌博、戒偷窃、戒欺弱、戒轻狂、戒伤害、戒调戏。

（3）门人十戒：

- **一戒满：** 满则无术，满足已有成就，就会削弱求知心。
- **二戒骄：** 骄则无识，骄傲自大难识真理。
- **三戒惰：** 惰则无进，怕苦怕难，难有长进。
- **四戒浮：** 浮则不深，停在表面，似懂非懂，自欺欺人。
- **五戒躁：** 躁则无得，坐不下来，钻不进去，将毫无所得。
- **六戒急：** 急则不达，想一口吃胖，必受挫折。
- **七戒粗：** 粗则易错，粗心大意，必然错误百出。
- **八戒袭：** 袭则无创，只有独立思考，才能创新。
- **九戒奇：** 奇则常谬。
- **十戒名：** 名则难实，追求名利，必然学问不殷实，品德不老实。

第四节 常用术语及动作要求

一、手型、手法

（一）手型

1. 拳

五指卷紧，拇指第一指节（远节）压于食指、中指第二指节（中节）上，因为要求拳面要平，外形似方正，所以又称方拳（图 2-4-1）。

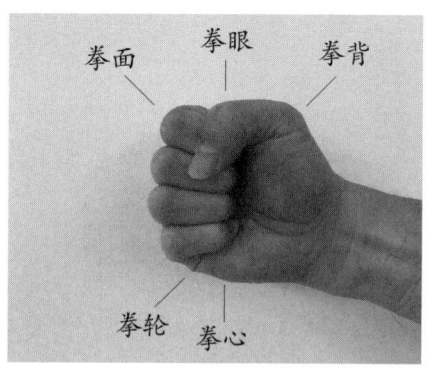

图 2-4-1

2. 柳叶掌

拇指外展或屈曲，其余四指伸直并拢，向后伸张（图 2-4-2）。

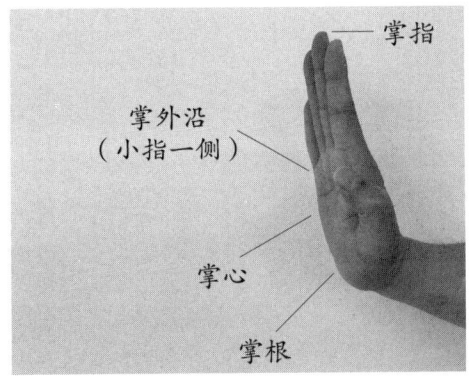

图 2-4-2

3. 勾手

屈腕，五指撮拢，或拇指与食指、中指撮拢成刁勾（图 2-4-3）。

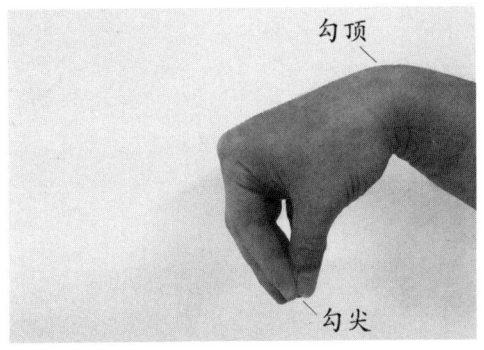

图 2-4-3

4. 凤眼拳

拇指第一指节（远节）压住食指第一指节（远节），呈环形，食指第二关节（近侧指关节）凸出拳面，其余手指屈曲卷紧（图 2-4-4）。

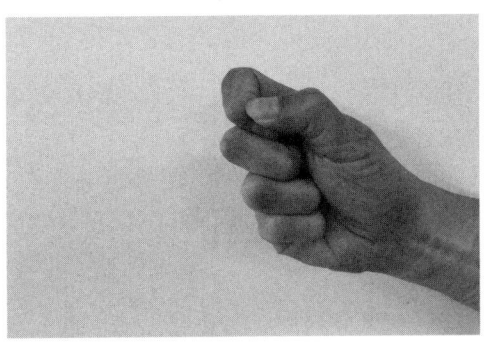

图 2-4-4

（二）手法

1. 拳法

（1）冲拳：拳从腰间旋臂向前快速击出，力达拳面；对侧冲、上冲的技术要求与此相同，仅方向不同。

（2）劈拳（劈宰拳）：拳自上向下快速劈击，力达拳轮。

（3）撩拳：拳自下向前上方弧形撩击，力达拳眼或掌心，反撩力达拳轮或拳背、拳心。

（4）掼拳：拳从侧下方向斜上方弧形横击，臂微屈，拳眼斜向下，力达拳面。

（5）栽拳（栽捶）：臂由屈到伸自上向下或向前下栽，速度要快，力达拳面。

（6）砸拳：臂上举，而后屈臂下砸，拳心向上，力达拳背。

（7）勾拳：臂微屈，拳自下向前上方弧形勾击，高不过头，拳背向前，力达拳面。

（8）截拳：拳从上向斜下方截击，力达拳轮。

2. 掌法

（1）推掌：掌由腰间旋臂向前立掌推击，速度要快，臂要直，力达掌外沿。

（2）挑掌：臂由下向上翘腕立掌上挑，力达四指。

（3）穿掌：手心向上，臂由屈到伸，沿身体某一部位穿出，力达指尖。

（4）插掌：臂由屈到伸，直腕向下或斜下插掌，力达指尖。

（5）撩掌：手心向前下，直臂向前撩出，速度要快，力达掌心。

（6）劈掌：由上向下侧掌劈击，力达掌外沿。

（7）砍掌：仰掌向左、俯掌向右击打，力达掌外沿。

（8）按掌：自上向下按，手心向下（或立掌），力达掌心（或掌跟）。

（9）剔掌：掌心或手背，紧贴另一手臂（前臂或上臂），配合另一手臂回抽的同时向前剔击，快速有力，力达掌根外沿。

（10）亮掌：臂微屈，抖腕翻掌，举于体侧并高于头部。

（11）搂手：手心向下，向斜外侧划弧，力达掌外沿。

（12）绞花手：两掌根贴紧（右手在上，左手在下），以手腕为轴，顺时针旋转 360°。

（13）缠手：以腕关节为轴，手掌由内向上、向外缠绕，同时前臂外旋，使手心转向外抓握。

（14）舞花手：两臂交叉，以腕、肘、肩为轴绕环，幅度可大可小，配合协调。

（15）反擒手：两手五指张开，手心向上，屈臂经胸前由内向外，前臂外旋，五指用力抓握，高于头平，随后迅疾内旋前臂并向后拉。

（16）搂挂：掌变勾手的同时，由上向下，经体侧向后勾击。

3.肘法

（1）顶肘：屈肘握拳，手心向下，肘尖前顶或侧顶，力达肘尖。

（2）盘肘：手臂平举，拳心向下，前臂由外向内盘肘。

（3）架肘：屈臂内旋上举，手心向外为架肘。

（4）里格、外格：前臂上屈，手心向里，力在前臂，向体内横拨为里格；相反，向体外横拨为外格。

二、步型、步法

（一）步型

1.弓步

前脚微内扣，全脚着地，屈膝半蹲，大腿接近水平，膝部约与脚尖垂直；另一腿挺膝伸直，脚尖里扣斜向前方且全脚着地。

2.马步

两脚左右开立约为脚长的3～4倍，脚尖朝前，屈膝半蹲，大腿接近水平。

3.虚步

后脚斜向前，屈膝半蹲，大腿接近水平，前脚着地；前腿微收，脚面绷紧，脚尖虚点地面。

4.仆步

一腿全蹲，大腿和小腿靠紧，臀部接近小腿，全脚着地，膝与脚尖外展；另一腿平铺接近地面，全脚着地，脚尖内扣。

5. 歇步

两腿交叉屈膝全蹲，前脚全脚着地，脚尖外展；后脚脚跟离地，臀部坐于小腿上，接近脚跟。

6. 坐盘

两腿交叉叠拢下坐，臀部和后腿的大腿、小腿外侧及脚面均着地；前腿的大腿靠近胸部。

7. 丁步

两腿半蹲并拢，一脚着地支撑，另一脚停在支撑脚内侧相靠，脚尖点地。

8. 叉步

两腿交叉，前脚脚尖外摆45°，全脚着地，屈膝半蹲，大腿接近水平；另一腿挺膝伸直，前脚掌着地，脚尖正向前方。

9. 横裆步

两脚左右开立，约同弓步宽，全脚着地，一腿屈膝半蹲，脚尖与膝关节外展；另一腿挺膝伸直，脚尖正对前方。

10. 半马步

前腿稍屈、脚尖微内扣，后腿下蹲，大腿略高于水平位，脚尖向外，两腿距离同马步，重心略偏于后腿。

11. 并步

两腿伸直，两脚内侧并拢，全脚着地，不可起踵。

12. 丁字步

一脚的脚后跟贴靠于另一脚的脚弓处成"丁"字形，两脚全脚掌着地。

（二）步法

（1）上步：后脚向前迈步。

（2）退步：前脚向后退步。

（3）撤步：左脚向左（或右脚向右）横迈一步。

（4）盖步：一脚经另一脚前横迈一步，两腿交叉（若蹬地跳起，即为"盖跳步"）。

（5）插步：一脚经另一脚后横迈一步，两腿交叉（若蹬地跳起，即为"跳插步"）。

（6）行步：两腿微屈，行步平稳，步幅均匀，重心不得起伏，不允许腾空（若弧线前进，即为"弧形步"）。

（7）垫步：一脚提起，另一脚蹬地前跳落地。

（8）跃步：后脚提起前摆，前脚蹬地起跳，接着后脚向前落地。

（9）绕步：右脚（左脚）经左脚（右脚）前、向右（左）前方弧形上步，脚尖外展。

（10）击步：后脚击碰前脚腾空落地。

三、腿法、平衡、跳跃

（一）腿法

（1）弹腿：支撑腿直立或稍屈。另一腿由屈到伸，向前（或前上方）弹出，膝部挺直，脚面绷平，小腿弹出干脆、快速、有力，力达脚尖。

（2）蹬腿：支撑腿直立或稍屈。另一腿由屈到伸，脚尖勾起，用脚跟猛力蹬出。前蹬时上身正直，侧蹬时上身稍侧倾，后蹬时上身前俯与后蹬腿成水平位。

（3）踹腿：支撑腿直立或稍屈。另一腿由屈伸直，脚尖勾起并内扣，用脚底猛力踹出。高踹与腰平，低踹与膝平。侧踹时上体侧倾。

（4）点腿：支撑腿直立站稳，另一腿由屈到伸，向前点出，脚面绷平，力达脚尖，点出之脚高与胸平，上身后仰。侧点时脚高过腰部，上体侧倾。

（5）铲腿：技术要求同踹腿，仅脚掌朝下、脚尖里扣，脚外侧用力。

（6）缠腿：支撑腿伸直，另一腿向里绕环后踹出，力达脚跟。

（7）正踢腿：支撑腿伸直，全脚着地。另一腿膝部挺直，脚尖勾起前踢，接近前额，动作要轻快有力，上体保持正直。

（8）斜踢腿：脚尖勾起，踢近异侧耳部。其他同正踢腿。

（9）侧踢腿：脚尖勾起，经体侧踢向脑后。其他同正踢腿。

（10）里合腿：支撑腿自然伸直，全脚着地，另一腿从体侧踢起，经面前向里做扇面摆动落下；其他同正踢腿。

（11）外摆腿：技术要领同"里合腿"，唯摆动方向相反。

（12）后撩腿：支撑腿伸直。上身前俯，抬头挺胸，另一腿的足跟用力向后上方撩踢。

（13）拐腿：一脚直腿支撑，另一脚向体外侧屈膝上摆为"外拐腿"；相反，则为"内拐腿"。

（14）前扫腿（扫堂腿）：上身正直。支撑腿屈膝全蹲，前脚掌为轴，扫转腿伸直，脚尖内扣，腿掌擦地，迅速扫转一周以上。

（15）后扫腿：上身前俯（或两手推地），支撑腿屈膝全蹲，前脚掌为轴。扫转腿伸直，脚尖内扣，全脚掌擦地，以脚跟为着力点，迅速后扫半周以上。

（16）单拍脚（飞脚）：支撑腿伸直，另一腿脚面绷平向上踢摆；同侧手在额前迎拍脚面，击拍要准确响亮。

（17）斜拍脚：技术要领同单拍脚，唯用异侧手迎拍脚面。

（18）摆莲腿：一腿做外摆腿动作，两手在额前依次迎拍脚面，击拍两响，要求准确响亮。

（19）里合腿：一腿做里合腿动作，脚掌内扣；异侧手在额前击拍脚掌，要求准确响亮。

（20）后撩拍脚：一脚直腿支撑，另一脚向后屈膝撩踢；同时，异侧手掌心向后下击拍后撩之腿掌。

（二）平衡

（1）提膝平衡：支撑腿直立站稳。上体正直，另一腿在体前屈膝高提近胸，小腿斜垂里扣，脚面绷平内收。

（2）扣腿平衡：支撑腿屈膝半蹲。另一腿屈膝，脚尖勾起并紧扣于支撑腿的膝后。

（3）盘腿平衡：支撑腿屈膝半蹲。另一腿屈膝，踝关节盘放在支撑腿的大腿上。

（4）望月平衡：支撑腿直立站稳。上体前俯略高于水平，挺胸展腹。后腿屈膝上挑，高于水平，脚背绷平，脚掌朝上。

（5）燕式平衡：支撑腿直立站稳。上体前俯略高于水平位，挺胸展腹。后举腿伸直，高于水平位，脚面绷平。

（6）仰身平衡：支撑腿伸直或稍屈站稳。上体后仰接近水平位。另一腿伸直平举于体前，高于水平，脚面绷平。

（三）跳跃

（1）腾空飞脚：摆动腿高提，起跳腿上摆伸直，脚面绷平，脚高过肩，同侧掌心击拍脚背，要求击拍清脆、响亮（异侧掌心拍击，即为"腾空斜拍脚"）。

（2）腾空摆莲：摆动腿要高，起跳腿伸直外摆，脚面绷平脚高过肩，两手依次击拍脚背。

（3）腾空箭弹：身体腾空，起跳腿由屈到伸向前弹出，高于腰，脚尖向前，力达脚尖。

（4）腾空侧踹：两腿同时起跳腾空，一腿屈膝上提，另一腿向同侧方向作侧踹。

（5）旋风脚：摆动腿成直摆或屈膝，起跳腿伸直，腾空转体270°，异侧手击拍脚掌，腿高过肩，击拍响亮，转体360°落地。

（6）旋子：一腿摆起，另一腿起跳腾空；两腿伸直后上举并在空中平旋，脚面绷平，挺胸，塌腰，抬头，旋转一周后落地。

（7）大跃步：前跳距离须大于弓步，在空中挺胸抬头，肢体伸展。

（8）三不落：右脚做单拍脚后，还未落地之前，左脚蹬地跳起并向后做腾空后撩踢；同时右掌击拍左脚内侧，在左脚还未落地之前，右脚蹬地跳起完成"腾空摆莲"。要求动作连贯、一气呵成、击拍响亮。

第三章
拳　术

　　本门派拳术套路众多，因篇幅的关系，这里仅选择了四个具有代表性的拳术套路。其中"综合六合拳"套路，是由初步六合、虎豹六合、练步拳等套路中的经典动作组成的高级套路。先师喻俊卿曾以四川省和西南地区运动员代表身份，在1953年、1956年两届全国武术运动会上用此拳参赛，均获金奖。师门中得此拳传承的人极少，更显此拳术极为珍稀。

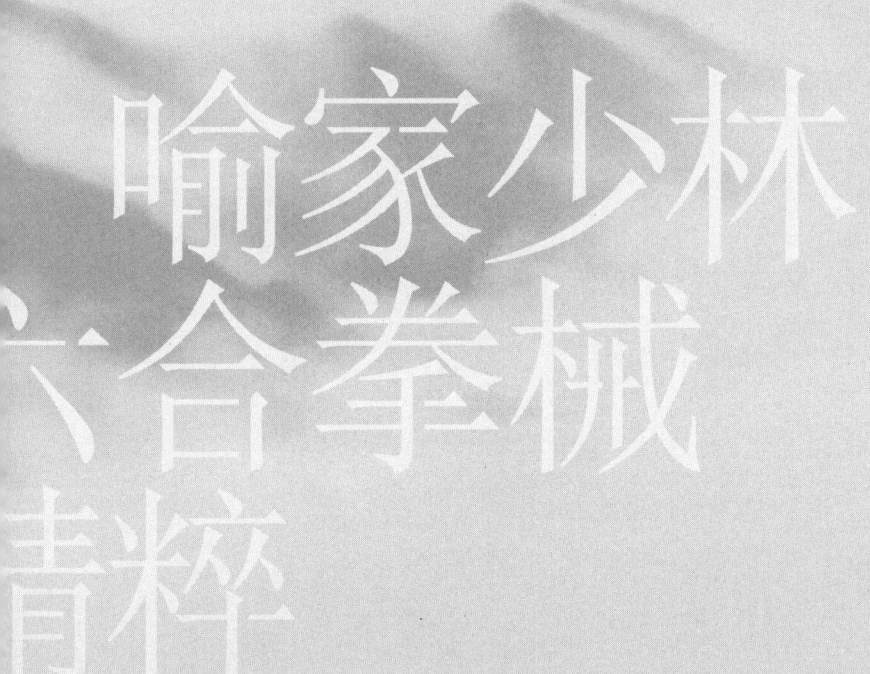

第一节 初步六合拳[①]

一、动作名称

1. 预备式
2. 直立抱拳（停车问路）
3. 震脚弹腿虚步双架
4. 分掌缠腕虚步抱拳
5. 绕上步并步抱拳
6. 俯腰叉手并步双架
7. 分掌缠腕并步抱拳
8. 并步亮掌（将军观阵）
9. 反擒左弓步冲拳（猛虎出山）
10. 反擒右弓步冲拳（猛虎出山）
11. 退步搂挂弓步冲拳（猛虎出山）
12. 马步下劈拳（拦路斩蛟）
13. 弓步推掌（力推华山）
14. 马步推掌（单鞭救主）
15. 格挡弓步冲拳（猛虎出山）
16. 马步推掌（单鞭救主）
17. 格挡弓步冲拳（猛虎出山）
18. 上步搂挂弓步冲拳（黑虎兜心）
19. 弹腿戳指弓步冲拳（二龙戏珠）
20. 搂手弓步冲拳（黑虎兜心）
21. 弹腿戳指弓步冲拳（二龙戏珠）

---

① 演示：刘朝贵

22. 弓步勾拳（铁僧上香）

23. 弓步栽拳（倒插杨柳）

24. 马步架打（农夫车水）

25. 绕步格挡马步下劈拳

26. 弓步冲拳马步反砸拳（六合反盖）

27. 绕步格挡马步下劈拳

28. 弓步冲拳马步反砸拳（六合反盖）

29. 弓步勾手劈掌

30. 弓步上挫掌

31. 仆步搂手马步架打

32. 马步格挡弓步冲拳

33. 并步击肘丁步反砸（流星赶月）

34. 反擒弓步冲拳（猛虎出山）

35. 歇步勾手亮掌（老叟披衣）

36. 弓步冲拳里合腿（张飞片马）

37. 并步合拳左震脚（农夫踩泥）

38. 左弹腿（单边抄腿）

39. 反擒弓步冲拳（猛虎出山）

40. 虚步按亮掌（单手遮日）

41. 退步穿掌并步按掌（拂落尘埃）

42. 收势

二、动作说明

1. 预备式

自然直立，两掌心向内贴于大腿外侧，目视前方（图 3-1-1）。

图 3-1-1

2. 直立抱拳（停车问路）

下肢不动，两掌变拳，屈肘抱于两腰侧，拳心向上，目视前方（图 3-1-2）。

图 3-1-2

3. 震脚弹腿虚步双架

（1）右脚提起向前向右绕环震脚（图 3-1-3 ①～③）。

（2）左脚提膝向前弹出，力达脚尖（图 3-1-4、3-1-4 附），随后脚尖着地成左虚步，同时，两拳变掌由腰间向后、向下、向前，两手腕交叉（右外左内），上动不停，两掌以腕为轴向内、向下、向外绕环一周挑起架于胸前，两眼平视前方（图 3-1-5、图 3-1-5 附（侧面））。

图 3-1-3 ①　　　图 3-1-3 ②　　　图 3-1-3 ③

图 3-1-4　　　图 3-1-4 附（侧面）

图 3-1-5　　　　　图 3-1-5 附（侧面）

【动作要领】①震脚时上体正直，身体微右转。②虚步挑掌时，两腕交叉为右手在外，左手在内，挺胸塌腰。

【攻防含义】震脚踩踏敌脚背，趁敌负痛埋头之机，左脚弹踢敌面部；敌闪身左劈拳击我头部，我双手上架封住来势。

4. 分掌缠腕虚步抱拳

双手立掌向左右两侧平摆成虚步分掌（图 3-1-6），上动不停，两手外旋缠腕变拳（图 3-1-7），随即拳心向上收回腰间成虚步抱拳（图 3-1-8）。

图 3-1-6　　　　　图 3-1-7　　　　　图 3-1-8

【动作要领】分掌缠腕须连贯协调，虚步要挺胸塌腰。

【攻防含义】两掌化开对方双惯拳，并缠腕擒拿对方腕部。敌后退闪开，我定势关注。

5. 绕上步并步抱拳

左脚提起向右、向前、向左画弧落于左前方（图 3-1-9）；上动不停，右脚提起向左、向前、向右画弧落于右前方（图 3-1-10）；上动不停，左脚提起向右、向前、向左画弧落于左前方（图 3-1-11）；上动不停，右脚向左脚靠拢成并步抱拳（图 3-1-12）。

图 3-1-9　　　　　　　　　图 3-1-10

图 3-1-11　　　　　　　　　图 3-1-12

动作要领　两脚依次向前画弧上步时，动作要连贯、自然，上体保持正直。
攻防含义　划下地盘，不容侵犯。

6. 俯腰叉手并步双架

上体前俯，两拳变掌由腰间向下伸出，手腕左上右下成交叉（图3-1-13）；随后身体直立，两手腕交叉（右外左内）立于胸前，上动不停，两手向内、向下、向外绕环一周后挑起立于胸前，两眼平视前方（图3-1-14）。

图 3-1-13　　　　　　　　　图 3-1-14

> 动作要领 并步双架时两腕交叉为右手在外，左手在内，挺胸塌腰。
> 攻防含义 敌冲拳击我头部，我双手上架封住来势。

7. 分掌缠腕并步抱拳

两手立掌向左右两侧平摆成并步分掌（图 3-1-15）；上动不停，两手外旋缠腕变拳（图 3-1-16），拳心向上收回腰间成并步抱拳，两眼平视前方（图 3-1-17）。

图 3-1-15　　　　　图 3-1-16　　　　　图 3-1-17

> 动作要领 缠腕时，两臂曲而不曲、直而不直。
> 攻防含义 两掌化开对方双惯拳，并缠腕擒拿对方腕部。敌后退闪开，我定势关注。

8. 并步亮掌（将军观阵）

左脚向左撤一步，同时右拳变掌，由下向右、向上、向左、向下……绕环一周半后抖腕停于头顶上方，掌心向上；当右手绕至左肩前时，左拳变掌经下向左、向上、向右按掌立于右肩前，掌心向右，同时左脚向右脚靠拢成并步亮掌，目视左方（图 3-1-18）。

图 3-1-18

动作要领 两手绕环时,眼随右手,抖腕亮掌的同时转头目视左方。
攻防含义 定势关注。

9. 反擒左弓步冲拳(猛虎出山)

(1)左脚向左撤一步,身体左转成半马步,右掌变拳收于右腰间,拳心向上,同时左掌外旋向左横拿,掌心向左上方,目视左掌(图3-1-19)。

(2)上动不停,右腿蹬直成左弓步,左掌变拳内旋屈肘向后平拉顶肘,拳心朝下,高与肩平;同时右拳由腰间向前冲出成平拳,力达拳面,目视右拳(图3-1-20)。

图 3-1-19　　　　　　　　图 3-1-20

动作要领 弓步冲拳时,右脚蹬地转胯,拧腰顺肩;反拿后拉与冲拳要连贯紧凑。

攻防含义 敌右拳袭我头部,我左掌外旋反拿住敌右腕迅速内旋向后猛拉,右拳击打对方胸部,左肘顶击后方来敌。

10. 反擒右弓步冲拳(猛虎出山)

(1)右脚向前上步成半马步,右拳变掌向下、向左、向右小臂外旋向右横拿,掌心向右上方,同时左拳收于腰间,目视右掌(图3-1-21)。

(2)上动不停,左腿蹬直成右弓步,右掌变拳内旋屈肘向后平拉顶肘,拳心朝下,高与肩平;同时左拳由腰间向前冲出成平拳,力达拳面,目视左拳(图3-1-22)。

图 3-1-21　　　　　　　　图 3-1-22

【动作要领】 弓步冲拳时，左脚蹬地转胯，拧腰顺肩；反拿后拉与冲拳要连贯紧凑，一气呵成。

【攻防含义】 敌左拳袭我头部，我右掌外旋反拿住敌左腕迅速内旋向后猛拉，左拳击打对方胸部，右肘顶击后方来敌。

11. 退步搂挂弓步冲拳（猛虎出山）

右脚向后退步成左弓步，左拳变掌，经左膝前搂挂后变拳向后顶肘，拳与肩平，拳心朝下；同时右拳由腰间向前冲出成平拳，力达拳面，目视右拳（图3-1-23）。

图 3-1-23

【动作要领】 弓步冲拳时，右脚蹬地转胯，拧腰顺肩；搂挂顶肘与冲拳要连贯协调，一气呵成。

【攻防含义】 左手挂开对方来腿，右拳击打对方胸部。

12. 马步下劈拳（拦路斩蛟）

右脚上前一步，左拳变掌，掌心朝下，经右腋下沿小臂外侧向前剔出，同时右拳屈肘回收于右肩前；上动不停，身体左转屈膝半蹲成马步，右拳随转体向右前下方斩击，力达拳轮；同时左拳变掌向右上方挑起立于右肩前，掌心向右，目视右拳（图3-1-24）。

图 3-1-24

【动作要领】 剔手回拉与马步斩击要协调连贯、发力迅猛。

【攻防含义】 当我右拳击打对方胸部时，被对方刁拿擒住，我速以左掌沿右小臂剔击对方擒拿手，并与右臂迅猛回收之势破解，随即右拳斩击，致其颈挫臂断。

13. 弓步推掌（力推华山）

身体右转成右弓步，右拳变掌回拉于左腋下，掌心向下；同时左掌向前经右手背上方立掌推出，力达掌跟外沿，目视左掌（图3-1-25）。

图 3-1-25

动作要领 马步变弓步时，左脚用力蹬地转髋，以腰发力。

攻防含义 承上式，右拳斩击后，左掌迅速推击对方胸部。

14. 马步推掌（单鞭救主）

身体左转成马步，右掌沿左小臂下方向右推出，掌心向右。左掌随即变拳屈肘向左侧顶出，高与肩平，拳心向下（图3-1-26、图3-1-26附（反面））。

图 3-1-26　　　　图 3-1-26 附（反面）

动作要领 弓步变马步时，右脚用力蹬地转髋。

攻防含义 承上式，速发右掌连续推击对方胸部。

15. 格挡弓步冲拳（猛虎出山）

（1）上体微左转成半马步，左拳变掌向左格挡，掌心向后，右掌变拳收于腰间，目视左掌（图3-1-27）。

（2）上动不停，身体左转成左弓步，左掌变拳屈臂向后顶肘，拳心朝下，高与肩平；同时右拳由腰间向前冲出成平拳，力达拳面，目视右拳（图3-1-28）。

图 3-1-27　　　　　　　　图 3-1-28

动作要领　弓步冲拳时，右脚蹬地转胯，拧腰顺肩；格挡与冲拳要连贯紧凑。

攻防含义　左小臂格开对方来拳，右拳击打对方胸部，左肘顶击后方来敌。

16. 马步推掌（单鞭救主）

身体左转成马步，左掌沿右小臂下方向左推出掌心向左。右拳随即屈肘向右侧顶出，高与肩平，拳心向下（图 3-1-29、图 3-1-29 附（反面））。

图 3-1-29　　　　　　　图 3-1-29 附（反面）

动作要领　弓步变马步时，右脚用力蹬地转髋。

攻防含义　承上式，速发右掌连续推击对方胸部。

17. 格挡弓步冲拳（猛虎出山）

（1）身体右转成半马步，右拳变掌向右格挡，掌心向后，左拳收于腰间，目视右掌（图 3-1-30）。

（2）上动不停，左腿蹬直成右弓步，右掌变拳屈肘向后顶出，拳心朝下，高与肩平；同时左拳由腰间向前冲出成平拳，力达拳面，目视左拳（图 3-1-31）。

图 3-1-30　　　　　　　图 3-1-31

动作要领 弓步冲拳时，左脚蹬地转胯，拧腰顺肩。格挡与冲拳要连贯紧凑。
攻防含义 右小臂格开对方来拳，左拳击打对方胸部。

18. 上步搂挂弓步冲拳（黑虎兜心）

左脚上前一步成左弓步，左拳变掌经左膝前向右搂挂，随后变拳曲臂平拉向后顶肘，拳与肩平，拳心朝下；右拳由腰间向前冲出成平拳，力达拳面，目视右拳（图3-1-32）。

图 3-1-32

动作要领 弓步冲拳时，右脚蹬地转胯，拧腰顺肩。搂挂与冲拳要连贯协调。
攻防含义 左手挂开对方右拳，右拳击打对方心窝。

19. 弹腿戳指弓步冲拳（二龙戏珠）

（1）重心前移、左腿直立稍屈，右脚绷平向前弹踢；同时左拳变剑指（唯食指与中指分开约一寸），手心朝下由腰间向前戳出，高与肩平，右拳随之收于腰间（图3-1-33）。

（2）右脚向后落地成左弓步，同时左手变拳曲臂向后顶肘，拳与肩平，拳心向下；同时右拳随之向前冲出成平拳，力达拳面，目视前方（图3-1-34）。

图 3-1-33　　　　　　图 3-1-34

动作要领 弹踢与戳指要协调一致。
攻防含义 承上式，敌防我右拳，我速收回，随即以左剑指戳击对方双眼；同时右脚弹踢其裆部，趁敌负痛下蹲，再以右拳击其面部。

20. 搂手弓步冲拳（黑虎兜心）

右脚上前一步成右弓步，同时右拳变掌经左膝前向右搂挂后变拳，曲臂向后顶肘，拳与肩平，拳心向下；左拳由腰间向前冲出成平拳，力达拳面，目视左拳（图3-1-35）。

图 3-1-35

动作要领 弓步冲拳时，左脚蹬地转胯，拧腰顺肩；搂挂与冲拳要连贯协调。

攻防含义 右手挂开对方左拳，左拳击打对方心窝。

21. 弹腿戳指弓步冲拳（二龙戏珠）

（1）重心前移、右腿直立梢屈，左脚绷平向前弹踢；同时右拳变剑指（唯食指与中指分开约一寸），手心朝下由腰间向前戳出，高与肩平，左拳随之收于腰间（图3-1-36）。

（2）上动不停，左脚向后落地成右弓步，右手变拳曲臂向后顶肘，拳与肩平，拳心向下；左拳随之向前冲出成平拳，力达拳面，目视前方（图3-1-37）。

图 3-1-36　　　　图 3-1-37

动作要领 弹踢与前戳要协调一致。

攻防含义 承上式，敌防我左拳，我速收回，随即以右剑指戳击对方双眼；同时左脚弹踢其裆部，趁敌负痛下蹲，再以左拳击其面部。

22. 弓步勾拳（铁僧上香）

右拳从腰间经下向前上再向后下绕环一周，左脚随之上步成左弓步；右拳同时由右侧下向前上方勾击，力达拳面；左拳在右拳绕环一周后变掌曲臂下压于右肘窝处，掌心向下，目视右拳（图3-1-38）。

图 3-1-38

【动作要领】上左脚与右拳后绕、落脚成弓步与上勾拳要协调一致。

【攻防含义】敌左右连环向我冲拳，我先以右拳挂开敌左拳，再用左掌下压敌右拳，借上步之势右拳勾击敌腹部。

23. 弓步栽拳（倒插杨柳）

右脚向前上步成左弓步，同时左掌向前、向下压出，随后变拳收于腰间；右拳同时向下、向后、向上、向前直臂绕环一周后向前下方栽插，拳心向后，力达拳面，目视右拳（图3-1-39）。

图 3-1-39

【动作要领】上右脚与右拳绕环、落脚成弓步与下插拳要协调一致。

【攻防含义】左掌封住对方来拳，顺势右拳向敌面部插击，同时向下滑刮、插打。

24. 马步架打（农夫车水）

右脚蹬地，重心后移成马步，同时右拳收于腰间，左拳经胸前、面部，向上内旋架于头顶左上方，拳心向前；右拳从腰间向右冲出成立拳，力达拳面，目视右拳（图3-1-40）。

图 3-1-40

【动作要领】重心后移、左拳上架及转腰冲拳要协调完整。

【攻防含义】左拳小臂外旋架开对方的劈拳，右拳快速击打其腰部。

25. 绕步格挡马步下劈拳

（1）右脚向左前方上步，脚尖外展成绕步；同时左拳收回腰间，右拳随绕步经下向左、向上、向右格挡，拳心向后，目视右拳（图3-1-41）。

（2）上动不停，左脚向右前方上一大步，身体随上步右转180°成马步，右拳收于腰间，拳心向上；同时左拳从左腰间经左肩前向上、向左、向下劈于左膝前，力达拳轮，目视左拳（图3-1-42）。

图 3-1-41　　　　　图 3-1-42

【动作要领】绕步右格挡与马步下劈拳要连贯协调。

【攻防含义】敌右势右冲拳击我头部，我绕走边门避其锋芒，并以右小臂格开敌拳，随即上左脚封敌退路，用左拳斩击敌颈部。

26. 弓步冲拳马步反砸拳（六合反盖）

（1）身体左转，右腿蹬直成左弓步，右拳向前冲出成平拳；同时左拳经右臂下方收于右腋下，拳心向下，目视右拳（图3-1-43）。

（2）上动不停，身体右转成马步，双拳右上左下胸前交叉，经面部向上，在头顶向左右两侧分开反砸拳，拳心斜向上，力达拳背，目视右拳（图3-1-44）。

图 3-1-43　　　　　　　　　　图 3-1-44

动作要领　弓步冲拳与马步反砸要连贯协调。

攻防含义　承上式，当我用左拳斩击敌颈部时，敌欲回身右防，我急出右拳击打敌胸，左右两拳反砸敌头部。

27. 绕步格挡马步下劈拳

（1）左脚向右前方上步，脚尖外展成绕步，同时右拳收回腰间，左拳随绕步经下向右、向上、向左格挡，拳心向后，目视左拳（图3-1-45）。

（2）上动不停，右脚向左前方上一大步成马步，身体随上步左转180°成马步，左拳收于腰间，拳心向上；同时右拳从右腰间经右肩前向上、向右、向下劈于右膝前，力达拳轮，目视右拳（图3-1-46）。

图 3-1-45　　　　　　　　　　图 3-1-46

动作要领　绕步左格挡与马步下劈拳要连贯协调。

攻防含义　敌左势左冲拳击我头部，我绕走边门避其锋芒，并以左小臂格开敌拳，随即上右脚封敌退路，用左拳斩击敌颈部。

28. 弓步冲拳马步反砸拳（六合反盖）

（1）身体右转，左腿蹬直成右弓步，左拳向前冲出成平拳；同时右拳经右臂下方收于左腋下，拳心向下，目视左拳（图3-1-47）。

（2）上动不停，身体左转成马步，双拳左上右下胸前交叉，经面部向上、在头顶向左右两侧分开反砸拳，拳心斜向上，力达拳背，目视右拳（图3-1-48）。

图 3-1-47　　　　　　　　　图 3-1-48

【动作要领】弓步冲拳与马步反砸要连贯协调。

【攻防含义】承上式，当我用右拳斩击敌颈部时，敌欲回身左防，我急出左拳击打敌胸，左右两拳反砸敌头部。

29. 弓步勾手劈掌

左脚向左上前半步成左弓步，同时左拳向下、向右，右拳向上、向左经左拳外侧变勾手向后上方反勾，勾尖朝上，左拳由右小臂内侧向上变掌，向前立掌劈出，立达掌跟外沿，目视左掌（图3-1-49）。

图 3-1-49

【动作要领】左脚上半步为绕步，两拳绕环时两小臂在胸前交汇，右勾手肘关节伸直。

【攻防含义】敌右拳向我冲来，我绕走边锋避开，随后右手挂开敌左拳，同时以左掌迅速劈击敌头部。

30. 弓步上挫掌

右脚上步成右弓步，左掌变拳收于腰间，同时右勾手随右脚上步变掌经腰间向上方端挫，掌心向上，立达掌跟，目视右掌（图3-1-50）。

图 3-1-50

动作要领 端挫掌时,当右手经过右腰间时手心向下,向前上方时手臂外旋利用腰力端挫发劲。

攻防含义 接上式,敌退左脚避开我左劈掌,我迅疾上步端挫敌下颌。

31. 仆步搂手马步架打

(1) 身体重心后移,下蹲成右仆步,同时右掌经左肩向下、向右掌心领先搂于右脚背处,目视右掌(图 3-1-51)。

(2) 上动不停,重心前移,右掌变勾手向后搂挂,随即左脚上前一步成马步,勾手变拳经右向上架于头上方,拳心向上;同时左拳从右腰间向左冲出成立拳,力达拳面,目视左拳(图 3-1-52)。

图 3-1-51 　　　　　图 3-1-52

动作要领 重心后移与下蹲要连贯,搂手与上步架打要紧凑。

攻防含义 敌左脚踹我右腿,我后移下势化力,随后右手搂挂其脚踝后,迅速上步以左拳击打敌胸部。

32. 马步格挡弓步冲拳

左拳变掌,向下、向右、随身体左转向左格挡,掌心斜向后,右拳收抱于腰间,拳心向上,目视左掌(图 3-1-53);上动不停,右腿蹬直成左弓步,左掌变拳曲臂向后顶肘,拳与肩平,拳心向下,同时右拳由右腰间向前冲出成平拳,力达拳面,目视右拳(图 3-1-54)。

图 3-1-53　　　　　　　图 3-1-54

动作要领　弓步冲拳时，右脚蹬地转胯，拧腰顺肩。格挡与冲拳要连贯紧凑。

攻防含义　左小臂格开对方来拳，右拳击打对方胸部，左肘顶击后方来敌。

33. 并步击肘丁步反砸（流星赶月）

（1）左拳变掌，手心向下经右臂下方向前剔出成立掌，立达掌跟外沿，右拳回收于右腰间（图 3-1-55、图 3-1-56）；上动不停，身体左转，右脚向前上步，随之左脚跟步成并步半蹲，同时右臂曲臂反压肘，拳心向右，立达肘尖，同时左掌迎击右小臂，目视右肘（图 3-1-57）。

（2）右脚向右撤一小步，左脚随即向右脚靠拢半蹲成左丁步，同时右拳以肘关节为轴向左、向上、向右反砸，力达拳背，左掌附于右肘窝处，目视右拳（图 3-1-58）。

图 3-1-55　　　　　　　图 3-1-56

图 3-1-57　　　　　　　图 3-1-58

动作要领 剔掌、上步、压肘、反砸要协调连贯，一气呵成。

攻防含义 左掌剔开对方擒拿手，迅速上步以右肘击敌胸部，敌后退躲避，我迅疾跟步反砸其面部。

34. 反擒弓步冲拳（猛虎出山）

（1）左脚向左撤一步，身体左转成半马步，右掌变拳收于右腰间，拳心向上，同时左掌外旋向左横拿，掌心向左上方，目视左掌（图 3-1-59）。

（2）上动不停，右腿蹬直成左弓步，左掌变拳内旋屈肘向后平拉顶肘，拳心朝下，高与肩平；同时右拳由腰间向前冲出成平拳，力达拳面，目视右拳（图 3-1-60）。

图 3-1-59　　　　　　　　　图 3-1-60

动作要领 弓步冲拳时，右脚蹬地转胯，拧腰顺肩；反拿后拉与冲拳要连贯紧凑。

攻防含义 敌右拳袭我头部，我左掌外旋反拿住敌右腕，迅速内旋向后猛拉，右拳击打对方胸部，左肘顶击后方来敌。

35. 歇步勾手亮掌（老叟披衣）

左脚向前上步，身体右转，两腿交叉屈膝全蹲，右腿压于左大腿上，臀部贴近左小腿成歇步；同时左拳变掌向前、向下、向右，经右肩前向头顶上方架起成亮掌；同时右拳变掌向下、向后、向上、向左直臂绕行，经面部与左小臂交汇（左臂在内、右臂在外）后变勾手，向下、向后直臂上勾，勾尖朝上，目视右勾手（图 3-1-61）。

图 3-1-61

【动作要领】左掌绕行至右肩前时，须与右小臂交汇，两腿全蹲成歇步时，应与勾手亮掌协调一致。

【攻防含义】敌左脚踹我后背，我上步闪让，云手护住身体并钩挂敌腿。

36. 弓步冲拳里合腿（张飞片马）

（1）身体左后转成半马步，同时左掌变拳屈肘向左格挡，右勾手变拳抱于腰间；上动不停，右脚蹬直成左弓步，同时左拳屈臂向后顶肘，拳心朝下，高与肩平；同时右拳由腰间向前冲出成平拳，力达拳面，目视右拳（图3-1-62）。

（2）身体左转，重心前移，右拳收回至右腰间，右脚勾起直腿向右、向上、向左摆踢做里合腿，同时左拳变掌向前伸出，掌心迎击右前脚掌，击拍响亮，目视右脚（图3-1-63）。

图 3-1-62　　　　　　　　　图 3-1-63

【动作要领】右里合腿到达最高点时，前脚掌迅速内翻下压主动击打左掌心。

【攻防含义】左拳格开敌手后速出右拳击打敌胸，敌后闪避让，我急起右脚里合扇击其头部。

37. 并步合拳左震脚（农夫踩泥）

右脚下落，两腿微曲，同时左掌变拳屈肘于胸前，拳心向下，右拳同时屈肘伸向腹前拳心向上，两拳心相对，间隔半尺，目视右拳。上动不停，左脚提起，用全脚掌向右脚内侧屈膝半蹲向下震脚，目视前下方（图3-1-64）。

图 3-1-64

动作要领 震脚时，左脚垂直向下，踏于右脚内侧，沉实稳重，挺胸塌腰。

攻防含义 敌我近身相缠，我即以左脚用力踩跺敌之脚背，使其负痛而退。

38. 左弹腿（单边抄腿）

身体左转，右腿微屈，左腿屈膝提起，脚背绷直迅速向前弹出，力达脚背，目视左脚（图 3-1-65）。

图 3-1-65

动作要领 弹腿时，左腿提膝由屈变伸，顺势而发，脚背绷平。

攻防含义 敌欲进身攻我，我速起腿踢之，阻其攻势，令其不能接近自己，然后趁机反击。

39. 反擒弓步冲拳（猛虎出山）

（1）左脚向前落地成半马步，左拳变掌外旋向左横拿，掌心向左上方，目视左掌（图 3-1-66）。

（2）上动不停，右腿蹬直成左弓步，左掌变拳内旋屈肘向后平拉顶肘，拳心朝下，高与肩平；同时右拳由腰间向前冲出成平拳，力达拳面，目视右拳（图 3-1-67）。

图 3-1-66　　　　　图 3-1-67

动作要领 弓步冲拳时，右脚蹬地转胯，拧腰顺肩；反拿后拉与冲拳要连贯紧凑。

攻防含义 敌右拳袭我头部，我左掌外旋反拿住敌右腕迅速内旋向后猛拉，右拳击打对方胸部，左肘顶击后方来敌。

40. 虚步按亮掌（单手遮日）

身体重心后移至右腿，屈膝半蹲，左脚收回半步，脚背绷平，以脚尖内侧虚点地面成左虚步；同时右拳变掌向下、向后、向上直臂绕行架于头顶上方，掌心向上；左拳同时变掌向上、向右、向下按于右肩前成立掌，掌心向右，目视左方（图3-1-68）。

图 3-1-68

动作要领 身体重心后移成虚步，与按掌、亮掌、转头动作要协调一致。攻防含义：此招式为"格斗式"，静观对方之动态。

41. 退步穿掌并步按掌（拂落尘埃）

（1）左脚向后退步成右弓步，两掌向上、向两侧分开经两腰侧向前穿出，高与肩平，掌心向上，目视前方（图3-1-69）。

（2）右脚向右后撤步，左脚向右脚靠拢成并步，同时两掌直臂向下、向后，经体侧绕行至头两侧时，屈肘向腹前按掌，掌心向下，指尖相对，目视前方（图3-1-70、图3-1-71）。

图 3-1-69　　　　　图 3-1-70　　　　　图 3-1-71

动作要领 "退步前穿"、"并步按掌"动作要协调一致。

42. 收势

两掌自然下垂成立正姿势,目视前方。(图 3-1-72)

图 3-1-72

第二节 虎豹六合拳[①]

一、动作名称

1. 预备势
2. 并步抱拳（停车问路）
3. 震脚弹腿虚步双架
4. 分掌缠腕虚步抱拳
5. 绕上步并步抱拳
6. 提膝仆步穿掌
7. 弓步架冲拳
8. 闪身弓步劈拳
9. 穿掌舞花弓步搂手
10. 缠腕拐腿虚步亮掌
11. 绕步搂挂弓步劈掌
12. 绕步格挡马步下劈拳
13. 弓步架打马步架冲拳
14. 绕步格挡马步下劈拳
15. 弓步架打马步架冲拳
16. 转身仆步拍地（林间扑蝶）
17. 弓步冲拳（黑虎兜心）
18. 弓步双架（美人照镜）
19. 单拍腾空飞脚
20. 转身后撩踢（海底板）
21. 弓步上勾拳（铁僧上香）

[①] 演练：李碧琼

22. 闪身弓步劈拳（三轮炮捶）

23. 歇步双劈掌（白鹤亮膀）

24. 马步架打按撞拳（柱香朝天）

25. 剔手马步架打

26. 歇步下砍掌（童子拜佛）

27. 转身左右弓步架打（左、右高冲挑车）

28. 穿掌舞花左拦右冲拳（单刀直入）

29. 穿掌舞花右拦左冲拳（单刀直入）

30. 上步左格弓步掼拳（单峰贯耳）

31. 弓步冲拳马步架打

32. 上步左格弓步掼拳（单峰贯耳）

33. 弓步冲拳马步架打

34. 搂手劈拳右弹腿（浪子踢球）

35. 搂手劈拳左弹腿（浪子踢球）

36. 连环架冲马步架打（挂肘钻捶）

37. 轮臂弓步劈拳（宰手捶）

38. 穿掌舞花左虚步亮掌（丹凤展翅）

39. 穿掌舞花右虚步亮掌（丹凤展翅）

40. 左绕步格挡马步下劈拳（左滚捶）

41. 右绕步格挡马步下劈拳（右滚捶）

42. 绞花弓步端挫掌（白蛇吐信）

43. 搂手弓步横劈掌（金刀宰项）

44. 舞花右虚步挑掌

45. 云抹左虚步挑掌

46. 虚步抱拳左挑掌

47. 跃步左虚步挑掌（跃步单挑）

48. 上步震脚反压肘

49. 弓步顶肘

50. 插步双推掌

51. 转身提膝架劈拳

52. 穿掌舞花弓步搂手

53. 缠腕拐腿虚步亮掌

54. 上步格挡弓步反砸拳（劈宰翻花捶）

55. 弓马步连环冲拳（连环冲捶）
56. 上步格挡弓步反砸拳（劈宰翻花捶）
57. 弓马步连环冲拳（连环冲捶）
58. 转身劈拳弓步反砸拳（劈宰翻花捶）
59. 弓步连环冲拳（连环冲捶）
60. 退步插掌虚步双挑拳
61. 退步双穿并步按掌（拂落尘埃）
62. 收势

二、动作说明

1. 预备式

并步直立（脚尖、脚跟靠拢），两掌心向内贴于大腿外侧，目视前方（图 3-2-1）。

图 3-2-1

2. 并步抱拳（停车问路）

下肢不动，两掌变拳，屈肘抱于两腰侧，拳心向上，目视前方（图 3-2-2）。

图 3-2-2

3. 震脚弹腿虚步双架

（1）右脚提起向前、向右绕环震脚（图3-2-3、图3-2-4）。

（2）左脚提膝向前弹出，力达脚尖（图3-2-5、图3-2-6、图3-2-6附（侧面）），随后脚尖着地成左虚步，同时，两拳变掌由腰间向后、向下、向前，两手腕交叉（右外左内），上动不停，两掌以腕为轴向内、向下、向外绕环一周挑起架于胸前，两眼平视前方（图3-2-7）。

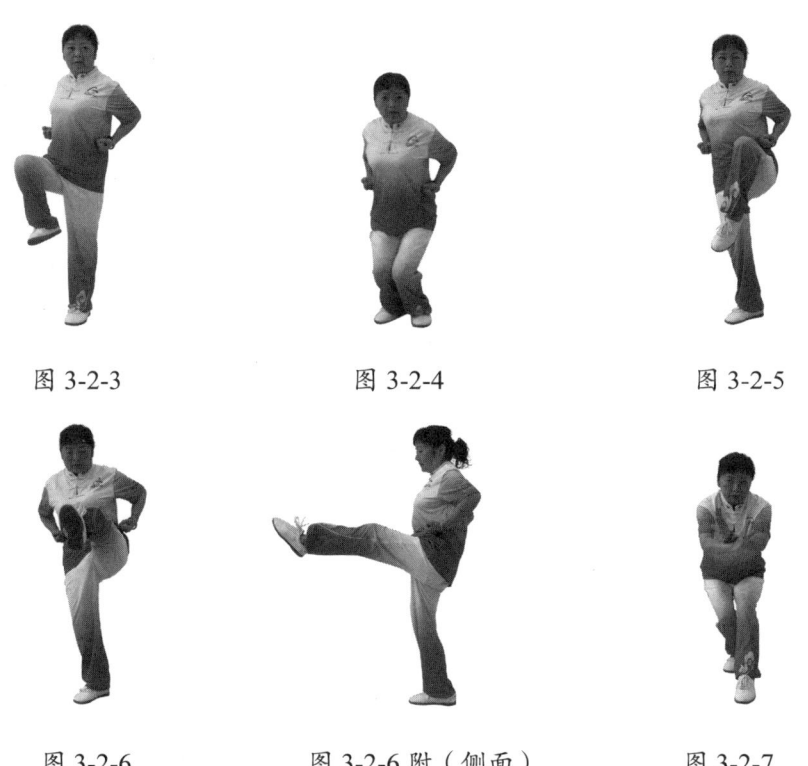

图 3-2-3　　　　　图 3-2-4　　　　　图 3-2-5

图 3-2-6　　　　图 3-2-6附（侧面）　　　　图 3-2-7

（动作要领）震脚时上体正直，身体微右转。虚步挑掌时，两腕交叉为右手在外，左手在内，挺胸塌腰。

（攻防含义）震脚吸引对方注意力于我左脚上，突起右脚弹踢敌裆部。敌后退劈拳击我头部，我双手上架封住来势。

4. 分掌缠腕虚步抱拳

双手立掌向左右两侧平摆成虚步分掌（图3-2-8），上动不停，两手外旋缠腕变拳（图3-2-9），随即拳心向上收回腰间成虚步抱拳（图3-2-10）。

图 3-2-8　　　　　图 3-2-9　　　　　图 3-2-10

【动作要领】挺胸塌腰，分掌缠腕连贯协调。

【攻防含义】两掌化开对方双惯拳，并缠腕擒拿对方腕部。敌后退闪开，我定势关注。

5. 绕上步并步抱拳

左脚提起向右、向前、向左画弧落于左前方（图 3-2-11）；上动不停，右脚提起向左、向前、向右画弧落于右前方（图 3-2-12）；上动不停，左脚提起向右、向前、向左画弧落于左前方（图 3-2-13）；上动不停，右脚向左脚靠拢成并步抱拳（图 3-2-14）。

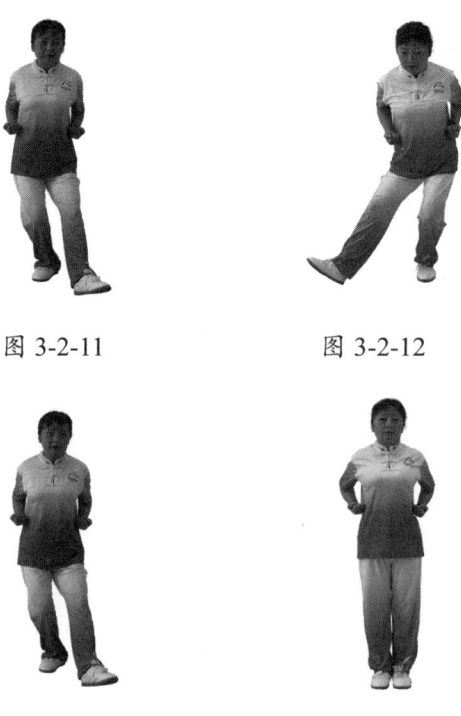

图 3-2-11　　　　　图 3-2-12

图 3-2-13　　　　　图 3-2-14

动作要领 两脚依次向前画弧上步时，动作要连贯、自然，上体保持正直。

攻防含义 划下地盘，不容侵犯。

6. 提膝仆步穿掌

（1）右脚向右撤一步，右拳变掌向上、向右、向下收于腰间，掌心向上；同时左拳变掌虎口领先向左、向上、向右上方按掌，掌心向右，指尖朝后（图3-2-15）；上动不停，右掌向上、向右，指尖领先经左手背上向右上方穿出，掌心斜向上，左手背沿右手臂滑向右腋下，掌心向下；左腿屈膝提起，脚背绷平，目视右掌（图3-2-16）。

（2）右腿屈膝全蹲，左脚向左沿地面穿出成仆步，全脚掌着地；同时左掌倒腕指尖领先经左大腿内侧向左脚背上穿出；右掌同时臂内旋变反勾手，勾尖朝上，目视左掌（图3-2-17）。

图 3-2-15　　　　图 3-2-16　　　　图 3-2-17

动作要领 两手弧线绕行时，眼随右手；提膝平衡，右腿挺直。

攻防含义 左掌按下对方来拳，右掌迅速插击敌眼睛。后方来敌侧踹我头部，我速下势避其锋芒。

7. 弓步架冲拳

身体左转，重心前移，右腿蹬直成左弓步，同时左掌变拳向上架于头上方，拳心向前，右手同时变拳经腰间向前冲出成平拳，高与肩平，力达拳面，目视右拳（图3-2-18）。

图 3-2-18

【动作要领】弓步架打时，架拳与冲拳要连贯顺畅。

【攻防含义】左拳架住敌劈拳，右拳迅速击打敌胸部。

8. 闪身弓步劈拳

身体重心后移，左腿蹬直，右腿微屈，两拳变掌，借上体右转闪身之势，右、左掌依次拍击左、右大腿（图 3-2-19）；上动不停，身体左转，右腿蹬直成左弓步，同时右掌变拳向后、向上直臂绕行向前劈击成立拳，力达拳轮，左掌同时翻腕向前伸出，掌心向上迎击右小臂，目视右拳（图 3-2-20）。

图 3-2-19　　　　　图 3-2-20

【动作要领】拍腿击响与弓步劈拳要一气呵成。

【攻防含义】敌左横拳击我头部，我速后闪避其锋芒，以击响转移其注意力，迅疾劈击敌头部。

9. 穿掌舞花弓步搂手

（1）左掌向下、向左抬肘指尖领先向右腋下穿出，同时右拳变掌向上、向右、向下、向左与左臂交汇（左臂在内，右臂在外）后，继续向上、向右、向下、向左平屈于胸前；同时左掌经右腋下穿出后继续向下、向左、向上、向右平屈于右臂上方（图 3-2-21）。

（2）上动不停，左掌经右臂内侧向下、向后变勾手向后上方勾起，勾尖朝上；同时右掌挑起立于左肩前，掌心向后，目视左勾手（图3-2-22）。

图 3-2-21　　　　　　图 3-2-22

动作要领　左掌向右腋下穿掌时，左肘向上抬起略高于肩；穿掌舞花需连贯绕行。

攻防含义　两臂胸前舞花护住身体，并勾挂敌踢来之腿。

10. 缠腕拐腿虚步亮掌

（1）右掌向前搂手缠腕后翻腕探掌，力达掌背（图3-2-23）；上动不停，身体重心移至左腿，右脚屈膝向后上方外拐。同时左掌经左肩前向右、向后拍击右脚外侧，左勾手变掌平摆于左方，目视右掌（图3-2-24）。

（2）上动不停，右脚落地，左脚向前伸出，脚尖点地成左虚步，同时左掌向上、向右、向下变勾手向后搂挂，勾尖朝上；右掌向后、向上抖腕架于头顶，掌心向上，目视左方（图3-2-25）。

图 3-2-23　　　　　　图 3-2-24　　　　　　图 3-2-25

动作要领　右拐腿时，右手拍脚要响亮；虚步亮掌要挺胸塌腰，勾手肘关节伸直。

攻防含义　敌从后偷袭，我拐腿勾击敌裆部，对方闪开避之，我随即以格斗式静观其动态。

11. 绕步搂挂弓步劈掌

（1）左脚向左前方绕上步，左勾手变掌经右肩前向左搂挂，掌心向左，虎口朝下；同时右掌向前、向下变勾手向后勾起，勾尖朝上，目视左掌（图3-2-26）。

（2）上动不停，右脚上步成右弓步，左掌变勾手向左向下向后搂挂，勾尖朝上；同时，右勾手变掌经右胸前时，小臂外旋，掌心翻向上，随后肘关节由屈变伸，右掌向右、向前横劈，掌心向上，力达掌跟外沿，目视右掌（图3-2-27）。

图 3-2-26　　　　　图 3-2-27

动作要领 绕步搂手与弓步横劈衔接紧凑，一气呵成。

攻防含义 敌左冲拳击我头部，我绕走边门向左搂挂后，迅速上步横劈敌颈部。

12. 绕步格挡马步下劈拳

（1）右脚向左前方上步，脚尖外展成绕步，同时左勾手变拳收回腰间，右掌变拳随绕步经下向左、向上、向右格挡，拳心向后，目视右拳（图3-2-28）。

（2）上动不停，左脚向右前方上一大步，身体随上步右转180°成马步，右拳收于腰间，拳心向上；同时左拳从左腰间经左肩前向上、向左、向下劈于左膝前，力达拳轮，目视左拳（图3-2-29）。

图 3-2-28　　　　　图 3-2-29

动作要领 绕步右格挡与马步下劈拳要连贯协调。

攻防含义 敌右势右冲拳击我头部，我绕走边门避其锋芒，并以右小臂格开敌拳，随即上左脚封敌退路，用左拳斩击敌颈部。

13. 弓步架打马步架冲拳

（1）右脚蹬直成左弓步，左拳向上滚格架于头上方，拳心向上，同时右拳由腰间向前冲出成立拳，力达拳面，目视右拳（图3-2-30）。

（2）上动不停，身体右转90°成马步，右拳向上架于头上方，拳心向上；同时左拳经左腰间向左冲出成立拳，力达拳面，目视左拳（图3-2-31）。

图 3-2-30　　　　　　图 3-2-31

动作要领　弓步架打与马步架冲拳要连贯协调。

攻防含义　敌右冲拳击我头部，我左臂向上架开，右拳击打敌胸部；敌随后左冲拳击我头部，我右臂向上架开，左拳击打敌胸部。

14. 绕步格挡马步下劈拳

（1）左脚向前方上步，脚尖外展成绕步，同时右拳收回腰间，拳心向上，左拳随绕步经下向右、向上、向左格挡，拳心向后，目视左拳（图3-2-32）。

（2）上动不停，右脚向左前方上一大步，身体随上步左转180°成马步，左拳收于腰间，拳心向上；同时右拳从右腰间经右肩前向上、向右、向下劈于右膝前，力达拳轮，目视右拳（图3-2-33）。

图 3-2-32　　　　　　图 3-2-33

【动作要领】绕步左格挡与马步下劈拳要连贯协调。

【攻防含义】敌左势左冲拳击我头部,我绕走边门避其锋芒,并以左小臂格开敌拳,随即上右脚封敌退路,用右拳斩击敌颈部。

15. 弓步架打马步架冲拳

(1)左脚蹬直成右弓步,右拳向上滚格架于头上方,拳心向上,同时左拳由腰间向前冲出成立拳,力达拳面,目视左拳(图3-2-34)。

(2)上动不停,身体左转90°,左拳向上架于头上方,拳心向上;同时右拳经右腰间向右冲出成立拳,力达拳面,目视右拳(图3-2-35)。

图 3-2-34　　　　　图 3-2-35

【动作要领】弓步架打与马步架冲拳要连贯协调。

【攻防含义】敌左冲拳击我头部,我右臂向上架开,左拳击打敌胸部;敌随后右冲拳击我头部,我左臂向上架开,右拳击打敌胸部。

16. 转身仆步拍地(林间扑蝶)

左脚向右上步,身体右转180°,右腿屈膝全蹲左腿伸直成左仆步,同时左拳变掌向下落于左腹前,右拳同时变掌向下经腹前与左掌相对,两掌随转身向上、向前、向下成仆步拍地,目视左方(图3-2-36)。

图 3-2-36

【动作要领】上步转身与仆步拍地要衔接紧凑。

攻防含义 敌从后横拳击我头部，我转身双掌格压。

17. 弓步冲拳（黑虎兜心）

右腿蹬直成左弓步，左掌经左脚背搂挂后变拳收抱于腰间，拳心向上，同时右掌变拳经腰间向前冲出成平拳，力达拳面，目视右拳（图3-2-37）。

图 3-2-37

动作要领 弓步冲拳要拧腰顺肩，力从腰发。

攻防含义 左手搂开敌下踹腿，右拳击打敌胸部。

18. 弓步双架（美人照镜）

右拳变掌回收于胸前，掌心朝前，左拳变掌向前上方经右手背穿出，向右、向左、向上直臂绕行至头顶上方时，掌心朝前，指尖向右；同时右掌由左向上、向右下绕行至腰间时掌心向内，指尖朝上，由下向上穿出，左掌随即下沉，指尖向右，两掌背相对（图3-2-38、图3-2-39）。

图 3-2-38　　　　图 3-2-39

动作要领 两手胸前绕行须画立圆。

攻防含义 双手绕环，上下相护，使敌不能近身。

19. 单拍腾空飞脚

（1）身体重心前移，两掌屈肘收回腰间，掌心向上，随即右掌变拳，向体前上方横掼拳，拳眼朝下，肘微屈。在右拳横掼的同时，左掌向前主动迎击右拳背击响，目视两手（图3-2-40）。

（2）上动不停，重心前移，左腿直立，右脚绷平向前摆踢，右拳变掌拍击右脚背，左掌变拳收回腰间（图3-2-41）。

（3）右脚向前落步，右掌变拳收回腰间；上动不停，左脚离地向前摆起。右脚蹬地起跳，身体腾空，右脚背绷平向前弹出；在起跳的同时，左掌在头上方迎击右手背，随即右掌在脸前迎击右脚背，左掌伸于左侧（图3-2-42～图3-2-44）。

图 3-2-40　　　　　图 3-2-41

图 3-2-42　　　图 3-2-43　　　图 3-2-44

动作要领 击拍响亮，动作连贯。

攻防含义 主动进攻，脚踢敌胸，敌如后退，我上步腾空脚踢敌面。

20. 转身后撩踢（海底板）

左脚落地直立，右脚向前落地后，上体右转，左脚向后屈膝撩踢；同时左掌迎击右手背，右掌随即向后下击拍左脚掌；左掌上举于身体左侧，目视左脚（图3-2-45）。

图 3-2-45

动作要领 击拍响亮，动作连贯。

攻防含义 敌从背后近身袭击，我速起后腿撩踢敌裆部，右掌拍击敌头。

21. 弓步上勾拳（铁僧上香）

左脚向前上一步成左弓步，右掌变拳经右侧下向前上方勾击，力达拳面；左掌下落迎击右小臂，目视右拳（图 3-2-46）。

图 3-2-46

动作要领 上左脚与右勾拳要协调一致。

攻防含义 敌右拳向我正面冲来，我左掌下压封住来势，借上步之势右拳勾击敌腹部。

22. 闪身弓步劈拳（三轮炮捶）

（1）身体重心后移，左腿蹬直，右腿微屈，右拳变掌臂内旋，掌心向下，借上体右转闪身之势，右、左掌依次拍击右、左大腿（图 3-2-47）。

（2）上动不停，身体左转，右腿蹬直成左弓步，同时右掌变拳向后、向上直臂绕行向前劈击成立拳，力达拳轮，左掌同时翻腕向前伸出，掌心向上迎击右小臂，目视右拳（图 3-2-48）。

图 3-2-47　　　　　　图 3-2-48

【动作要领】拍腿击响与弓步劈拳要一气呵成。

【攻防含义】敌左横拳击我头部，我速后闪避其锋芒，以击响转移其注意力，迅疾劈击敌头部。

23. 歇步双劈掌（白鹤亮膀）

右脚向前上一步，身体左转 90°，同时右拳变掌向下、向左，两小臂腹前交叉，右臂在外，左臂在内；上动不停，左脚向右后方插步，屈膝全蹲成歇步，同时两掌向前、向上经头顶向左右两侧分掌下劈成立掌，肘微屈，掌高与肩平，目视右掌（图 3-2-49）。

图 3-2-49

【动作要领】上步、插步与双劈掌要连贯协调。

【攻防含义】双掌劈击两侧敌头部。

24. 马步架打按撞拳（柱香朝天）

（1）身体左转成马步，同时左掌向下经胸前向上架于头顶，右掌变拳经腰间向右冲出成立拳，目视右拳（图 3-2-50）。

（2）左腿蹬直成右弓步，左掌虎口领先向右、向下按掌，掌心向右，指尖朝后，同时右拳经右腰侧向右上方、从左掌背上方穿出，拳心斜向后上方，力达拳面，右掌顺势滑向右腋下，掌心向下，目视右拳（图 3-2-51）。

图 3-2-50　　　　　　图 3-2-51

🔵 动作要领　架掌时,左掌须经胸、面部上架;按掌与撞拳要连贯紧凑,配合密切。

🔵 攻防含义　左掌架开敌右劈拳,右拳击打敌胸部;敌左拳向我面部冲来,我右掌下按化之,迅疾以右拳撞击敌下颌。

25. 剔手马步架打

（1）右拳回拉收于右腰间,同时左掌顺着右臂下沿向前剔出,掌心向下。力达掌外沿,目视左掌（图 3-2-52）。

（2）上动不停,左掌向上架于头上方,掌心向上,同时身体左转90°成马步,右拳从右腰间向右冲出成立拳,力达拳面,目视右拳（图 3-2-53）。

图 3-2-52　　　　　　图 3-2-53

🔵 动作要领　剔掌时身体重心微后移,右腿用力蹬地,右拳回拉与剔掌协调配合,随后马步架打要连贯紧凑。

🔵 攻防含义　敌右手抓住我右手腕,我迅速回拉以左剔掌解脱,随后左掌向上架住对方左劈拳,迅疾右冲拳攻击敌胸部。

26. 歇步下砍掌（童子拜佛）

两腿直立，右拳变掌向上、向左、向下，左掌向右、向下，两臂经胸前交叉于腹前向两侧、向上举至头顶变勾手，勾顶朝前，勾尖朝下，同时左脚向右后方插步，两眼平视前方（图3-2-54）；上动不停，两腿屈膝全蹲成歇步，两勾手变掌向前下方坎击地面，目视右掌（图3-2-55）。

图 3-2-54　　　　　图 3-2-55

动作要领　歇步时，臀部下坐贴近左小腿。

攻防含义　双臂向两侧挂开对方双掼拳，迅疾向下砍劈敌肩颈部。

27. 转身左右弓步架打（左、右高冲挑车）

（1）身体向左后转180°，同时右掌变拳抱于腰间，左掌向上、向前摆至左前方；上动不停左脚向后撤一步，身体左转90°成左弓步，同时左掌随转体向下、向左、向上变拳架于头顶上方，拳心向上；右拳从腰间向右冲出成立拳，力达拳面，目视右拳（图3-2-56）。

（2）上体右转，左腿蹬直成右弓步，同时右拳向左、向下、向右、向上架于头顶上方，拳心向上；左拳经左腰间向左冲出成立拳（图3-2-57）。

图 3-2-56　　　　　图 3-2-57

【动作要领】 弓步架打时，冲拳的方向与两脚的方向成十字。

【攻防含义】 上架保护头部，冲拳击敌胸部。

28. 穿掌舞花左拦右冲拳（单刀直入）

（1）身体左转，重心右移，左拳变掌屈肘，指尖领先向右腋下穿出，同时右拳变掌向右、向下、向左与左臂交汇（左臂在内，右臂在外）后，继续向上、向右、向下变拳抱于腰间，右脚同时向左前方上步，左掌经右腋下穿出后继续向下、向左、向前平摆，虎口朝下，掌心向前，目视左掌（图 3-2-58、图 3-2-59）。

（2）上动不停，身体稍左转，两腿屈膝半蹲成马步，右拳向右冲出成立拳，左掌收于右肩前成立掌，掌心向右，目视右拳（图 3-2-60）。

图 3-2-58　　　　图 3-2-59　　　　图 3-2-60

【动作要领】 左掌下穿时，左肘部略高于肩，上步与拦掌、抱拳要同时，连贯顺畅。

【攻防含义】 两臂胸前舞花护住身体，左掌向右拦开对方的直拳，右拳击打敌胸部。

29. 穿掌舞花右拦左冲拳（单刀直入）

（1）身体右转，同时右脚向右撤一步，右拳屈肘变掌，掌心朝内，指尖领先向在腋下穿出，同时左掌经腹前向右、向左与右臂交汇（右臂在内，左臂在外）后，继续向上、向左、向下变拳抱于腰间，左脚同时向右前方上步，右掌经左腋下穿出后继续向下、向右、向前平摆，虎口朝下，掌心向前，目视右掌（图 3-2-61）。

（2）上动不停，身体稍左转，两腿屈膝半蹲成马步，左拳向左冲出成立拳，右掌收于左肩前成立掌，掌心向左，目视左拳（图 3-2-62）。

图 3-2-61　　　　　图 3-2-62

【动作要领】右掌下穿时，右肘部略高于肩，上步与拦掌、抱拳要同时，连贯顺畅。

【攻防含义】两臂胸前舞花护住身体，右掌向左拦开对方的直拳，左拳击打敌胸部。

30. 上步左格弓步掼拳（单峰贯耳）

（1）左脚向左前方绕上一小步成左弓步，同时右拳收抱于腰间，左拳同时变掌虎口领先向下经腹前向上、向左格挡，掌心向上，目视左掌（图3-2-63）。

（2）上动不停，右脚上前一步成右弓步，左拳收抱于腰间，同时右拳从腰间向后、向右、向前掼拳，力达拳面，拳眼斜向下，目视右拳（图3-2-64）。

图 3-2-63　　　　　图 3-2-64

【动作要领】右弓步掼拳时，拳从腰间向前上方画弧摆击，肘微屈。
【攻防含义】左臂格开对方来拳，迅疾上步右摆拳击敌左太阳穴。

31. 弓步冲拳马步架打

（1）弓步不变，左拳向前冲出成平拳，力达拳面，同时右拳收抱于腰间，目视左拳（图3-2-65）。

（2）上动不停，身体左转成马步，左拳向上架于头上方，拳心向上，同时右拳从腰间向右冲出成立拳，力达拳面，目视右拳（图3-2-66）。

图 3-2-65　　　　　　图 3-2-66

动作要领　右弓步冲拳与马步架打要衔接紧凑，一气呵成。

攻防含义　我左拳击敌胸部，敌右格左劈拳向我头部劈来，我迅疾上架并用右拳击打对方面部。

32. 上步左格弓步掼拳（单峰贯耳）

（1）右脚向右前方绕上一步成左弓步，同时左拳收抱于腰间，右拳同时变掌虎口领先向下经腹前向上、向右格挡，掌心向上，目视右掌（图3-2-67）。

（2）上动不停，左脚上前一步成左弓步，右拳收抱于腰间，同时左拳从腰间向后、向左、向前掼拳，力达拳面，拳眼斜向下，目视左拳（图3-2-68）。

图 3-2-67　　　　　　图 3-2-68

动作要领　左弓步掼拳时，拳从腰间向前上方画弧摆击，肘微屈。

攻防含义　右臂格开对方来拳，迅疾上步左摆拳击敌右太阳穴。

33. 弓步冲拳马步架打

（1）弓步不变，右拳向前冲出成平拳，力达拳面，同时左拳收抱于腰间，目视右拳（图 3-2-69）。

（2）上动不停，身体右转，右拳向上架于头上方，拳心向上，同时左拳从腰间向左冲出成立拳，力达拳面，目视左拳（图 3-2-70）。

图 3-2-69　　　　　　　　图 3-2-70

动作要领　左弓步冲拳与马步架打要衔接紧凑，一气呵成。

攻防含义　我右拳击敌胸部，敌左格右劈拳向我头部劈来，我迅疾上架并用左拳击打对方面部。

34. 搂手劈拳右弹腿（浪子踢球）

（1）重心后移，右拳变掌向下、向右、向上、向左搂手，同时右拳收于腰间（图 3-2-71）；上动不停，右拳向后、向上、向前、向左下方轮臂劈出，力达拳轮，同时左掌曲臂收于右肩前成立掌，掌心向右，目视前方（图 3-2-72）。

（2）重心前移，身体左转，右腿屈膝提起，右脚迅疾向前上方弹出，脚背绷平，力达脚背，目视右脚（图 3-2-73）。

图 3-2-71　　　　　图 3-2-72　　　　　图 3-2-73

动作要领　闪身搂手、弓步冲拳、弹踢腿要衔接紧凑，一气呵成。

攻防含义　左手搂开对方来拳，右拳劈击敌头，敌低头躲过，我迅疾起右腿弹踢敌面部。

35. 搂手劈拳左弹腿（浪子踢球）

（1）右脚向右前方落地，右拳变掌向上、向右、搂手，同时左拳收于腰间（图3-2-74）；上动不停，左拳向上、向前、向右下方轮臂劈出，力达拳轮，同时右掌曲臂收于左肩前成立掌，掌心向左，目视前方（图3-2-75）。

（2）上动不停，左腿屈膝提起，左脚迅疾向前上方弹出，脚背绷平，力达脚背，目视左脚（图3-2-76）。

图3-2-74　　　　　　图3-2-75　　　　　　图3-2-76

动作要领 闪身搂手、弓步冲拳、弹踢腿要衔接紧凑，一气呵成。

攻防含义 右手搂开对方来拳，左拳劈击敌头，敌低头躲过，我迅疾起左腿弹踢敌面部。

36. 连环架冲马步架打（挂肘钻捶）

（1）左脚向前落地，左拳向前、向上架于头上方，拳心向上，右脚向前上步，身体左转成马步，同时右掌变拳经腰间向左冲出成立拳（图3-2-77）。

（2）上动不停，身体右转成右弓步，同时右拳向上架于头上方，左拳同时向下经腰间向前冲出成立拳（图3-2-78）。

（3）上动不停，身体左转成马步，左拳向上架于头上方，拳心向上，同时右拳向下经腰间向右冲出成立拳，力达拳面，目视右拳（图3-2-79）。

图3-2-77　　　　　　图3-2-78　　　　　　图3-2-79

动作要领 连环架打不停顿，必须连贯紧凑。

攻防含义 不断架开对方乱拳，连续击打其胸部。

37. 轮臂弓步劈拳（宰手捶）

（1）身体重心右移，左腿蹬直，右拳收于腰间，左拳变掌直臂向下、向右、向上、向左轮臂绕环一周（图3-2-80）。

（2）上动不停，右腿蹬直，身体左转成左弓步，同时右拳向下、向后、向上、向前劈拳，力达拳轮，左掌掌心向上迎击右小臂，目视右拳（图3-2-81）。

图 3-2-80　　　　　　图 3-2-81

动作要领 轮臂时，以肩关节为轴直臂绕环，随后弓步劈拳须连贯紧凑。

攻防含义 敌左横拳击我头部，我速后闪避其锋芒，轮臂虚晃一掌，以右拳迅疾劈击敌头部。

38. 穿掌舞花左虚步亮掌（丹凤展翅）

（1）右脚向前收半步，左掌掌心向内经左胸前指尖领先向右腋下穿出，同时右拳变掌向左、向上、向右、向下、向左与左臂交汇（左臂在内，右臂在外）后，继续向上、向右、向下、向左平屈于胸前；同时左掌经右腋下穿出后继续向下、向左、向上、向右平屈于右臂上方（图3-2-82）。

（2）上动不停，身体重心移至右脚，左脚背绷平，脚尖内侧点地成左虚步，同时，左掌经右臂内侧向下、向后变勾手向上勾挂，勾尖朝上；右掌同时经左臂外侧向上架于头顶上方，目视前方（图3-2-83）。

图 3-2-82　　　　　　图 3-2-83

动作要领　左掌向右腋下穿掌时,左肘向上抬起略高于肩;穿掌舞花需连贯绕行。

攻防含义　两臂胸前舞花护住身体,并勾挂敌腿。

39. 穿掌舞花右虚步亮掌（丹凤展翅）

（1）左脚向左撤一步,右掌掌心向内指尖领先向左腋下穿出,同时左勾手变掌曲臂向前、向右与右臂交汇（右臂在内,左臂在外）后,继续向上、向左、向下、向右平屈于胸前;同时右掌经左腋下穿出后继续向下、向右、向上、向左平屈于左臂上方（图 3-2-84）。

（2）上动不停,身体重心移至左脚,右脚背绷平,脚尖内侧点地成右虚步,同时,右掌经左臂内侧向下、向后变勾手向上勾挂,勾尖朝上;左掌同时经右臂外侧向上架于头顶上方,目视前方（图 3-2-85）。

图 3-2-84　　　　　　图 3-2-85

动作要领　右掌向左腋下穿掌时,右肘向上抬起略高于肩;穿掌舞花需连贯绕行。

攻防含义　两臂胸前舞花护住身体,并勾挂敌腿。

40. 左绕步格挡马步下劈拳（左滚捶）

（1）右脚向左前方上步，脚尖外展成绕步，同时左掌变拳收于腰间，右勾手变拳随绕步经下向左、向上、向右格挡，拳心向后，目视右拳（图3-2-86）。

（2）上动不停，左脚向右前方上一大步，身体随上步右转180°成马步，右拳收于腰间，拳心向上；同时左拳从左腰间经左肩前向上、向左、向下、向右，小臂滚格后向上、向左、向下劈于左膝前，力达拳轮，目视左拳（图3-2-87）。

图 3-2-86　　　　　　图 3-2-87

【动作要领】绕步右格挡与小臂绕环马步下劈拳要连贯协调。

【攻防含义】敌右势右冲拳击我头部，我绕走边门避其锋芒，并以右小臂格开敌右拳，随即上左脚封敌退路，用左小臂滚格挂开对方左冲拳后，顺势劈拳斩击敌颈部。

41. 右绕步格挡马步下劈拳（右滚捶）

（1）左脚向右前方上步，脚尖外展成绕步，同时右拳收回腰间，拳心向上，左拳随绕步经下向右、向上、向左格挡，拳心向后，目视左拳（图3-2-88）。

（2）上动不停，右脚向左前方上一大步，身体随上步左转180°成马步，左拳收于腰间，拳心向上；同时右拳从右腰间经右肩前向上、向右、向下、向左，小臂滚格后向上、向右、向下劈于右膝前，力达拳轮，目视右拳（图3-2-89）。

图 3-2-88　　　　　　图 3-2-89

【动作要领】绕步左格挡与小臂绕环马步下劈拳要连贯协调。

攻防含义 敌左势左冲拳击我头部，我绕走边门避其锋芒，并以左小臂格开敌左拳，随即上右脚封敌退路，用右小臂滚格挂开对方右冲拳后，顺势劈拳斩击敌颈部。

42. 绞花弓步端挫掌（白蛇吐信）

（1）身体右转，左脚向前上步，同时左拳变掌，由腰间向前伸出，掌心向上；右拳同时变掌向上、向左、向下与左手腕交叉置于胸前（左掌在下，右掌在上）掌心向下；上动不停，两掌跟贴紧，以手腕为轴，顺时针旋转360°，变右掌在下、左掌在上，同时身体重心后移，目视左掌（图3-2-90）。

（2）上动不停，右腿蹬直成左弓步，同时左掌变勾手向下、向后、向上勾挂，勾尖朝上，右掌同时经腰间向前上方端挫，掌心向上，力达掌跟外沿，目视右掌（图3-2-91）。

图 3-2-90　　　　图 3-2-91

动作要领 上步绞花手接弓步端挫掌要连贯协调，一气呵成。

攻防含义 敌右拳劈我头部，我以"阴阳手"接住，以绞花手法右臂外旋敌小臂，左掌下压扳肘将其制服。敌后退摆脱，我搂开敌小臂，右掌迅疾端挫其下颌。

43. 搂手弓步横劈掌（金刀宰项）

（1）左脚后退一步成右弓步，同时右掌变勾手向后搂挂，勾尖朝上；左勾手同时变掌经腰间前、向上、小臂外旋，掌心朝上向前横劈，力达掌跟外沿，目视左掌（图3-2-92）。

（2）右脚后退一步成左弓步，同时左掌变勾手向后搂挂，勾尖朝上；右勾手同时变掌经腰间前、向上、小臂外旋，掌心朝上向前横劈，力达掌跟外沿，目视右掌（图3-2-93）。

（3）左脚后退一步成右弓步，同时右掌变勾手向后搂挂，勾尖朝上；左勾手同时变掌经腰间前、向上、小臂外旋，掌心朝上向前横劈，力达掌跟外沿，目视左掌（图3-2-94）。

图3-2-92　　　　　　　图3-2-93　　　　　　　图3-2-94

动作要领　向后勾挂为直臂勾手；向前横劈时，手臂由屈变伸旋臂发力。

攻防含义　敌连续横弹腿踢我腰部，我连续退步搂挂横劈敌颈部。

44. 舞花右虚步挑掌

（1）左脚向左前方上一小步，左掌指尖领先曲臂向右腋下穿出，同时右勾手变掌向下、向前、向上、向左与左臂交汇（左臂在内，右臂在外）后，继续向上、向右绕至右肩前掌心向前，目视右掌（图3-2-95）；上动不停，右掌继续向右、向下，向左绕至左下方，同时左掌经右腋下穿出后继续向下、向左、向上绕至右上方（图3-2-96）。

（2）上动不停，身体重心移至左脚，右脚向左前方伸出，脚尖内侧点地成右虚步，同时右掌向前、向上挑起成立掌，掌心向左；左掌在右挑掌的同时向下置于右肘关节内侧成立掌，掌心向右，目视右掌（图3-2-97）。

图3-2-95　　　　　　　图3-2-96　　　　　　　图3-2-97

动作要领　左掌向右腋下穿掌时，左肘向上抬起略高于肩；穿掌舞花需连贯绕行。

攻防含义　两臂胸前舞花护住身体，虚步格斗式静观敌动态。

45. 云抹左虚步挑掌

（1）右脚向右撤一步，右掌心翻向上，同时左掌掌心向下经右小臂上方向右、向前平抹，右掌同时向左绕至腹前（图 3-2-98）；上动不停，左掌继续向左、向下、向右绕至右腹前，掌心向右，右掌同时向右、向上、向左绕至左上方，掌心向左（图 3-2-99）。

（2）上动不停，身体重心移至右脚，左脚向右前方伸出，脚尖内侧点地成左虚步，同时左掌向前、向上挑起成立掌，掌心向右；右掌在左挑掌的同时向下置于左肘关节内侧成立掌，掌心向左，目视左掌（图 3-2-100）。

图 3-2-98　　　　图 3-2-99　　　　图 3-2-100

动作要领 云抹时，两掌心相对交错划平圆后立即变立圆绕行。

攻防含义 两臂胸前绕行护住身体，虚步格斗式静观敌动态。

46. 虚步抱拳左挑掌

两脚保持不变，右掌变拳收抱于腰间，左掌向上、经右肩前向下、向前、向上挑起成立掌，目视左掌（图 3-2-101）。

图 3-2-101

动作要领 挺胸塌腰，不要前俯后仰。

攻防含义 虚步格斗式静观敌动态。

47. 跃步左虚步挑掌（跃步单挑）

左脚上前一步，右脚向前提膝，左脚蹬地跳起，右脚向前落地，随后左脚尖内侧向前点地成虚步，同时左掌向上，经右肩前向下、向前、向上挑起成立掌，目视左掌（图3-2-102、图3-2-103）。

图 3-2-102　　　　图 3-2-103

动作要领 向上跃步腾空时，回头目视后方。

攻防含义 敌右扫堂腿攻我下盘，我向上跃起躲过，虚步格斗式静观敌动态。

48. 上步震脚反压肘

左脚上前半步，身体左转，右脚随即提起向左脚内侧并步震脚，屈膝半蹲，同时右臂曲臂反压肘，拳心向右，立达肘尖，同时左掌迎击右拳背，目视右肘（图3-2-104）。

图 3-2-104

动作要领 上步并步震脚时，右脚掌垂直向下用力踏地，上体保持正直。

攻防含义 震脚分散对方注意力，迅速以右肘击敌胸部。

49. 弓步顶肘

右脚向右撤一步成右弓步，同时右臂屈肘向右顶出，拳与肩平，拳心向下，力达肘尖，左掌同时助推右拳面，目视右肘（图3-2-105、图3-2-105附（反面））。

图 3-2-105　　　　　　图 3-2-105 附（反面）

动作要领　弓步保持上体正直，顶肘时大小臂在一个平面上。

攻防含义　承上式，敌退右脚避开我压击肘，我即上右脚封敌退路，并以右肘顶击敌胸部。

50. 插步双推掌

左脚上前一步，身体右转，右拳变掌臂伸直，与左掌同时向下、向右摆至与肩齐平，左掌心向后、右掌心向前，目视右掌（图 3-2-106）；上动不停，右脚向左后方插步，同时两掌向上、经面部向左推出成立掌，力达掌跟外沿，目视左掌（图 3-2-107）。

图 3-2-106　　　　　　图 3-2-107

动作要领　上步双摆与插步推掌，动作要连贯自然，衔接紧凑。

攻防含义　上步右转臂右摆，诱敌深入，突然插步猛推其胸部。

51. 转身提膝架劈拳

身体右转，两掌随转体直臂向上、向下、向右绕行至与肩平时，左脚蹬地提起，脚背绷平成提膝平衡，同时右掌变拳向上架于头顶上方，左掌同时变拳向上、向左劈击，拳眼朝上，力达拳轮，目视左拳（图 3-2-108）。

图 3-2-108

_{动作要领} 转身双摆与提膝劈拳，动作要连贯自然，衔接紧凑。

_{攻防含义} 两臂双摆护住腰腹，提膝让过对方的勾踢腿，速以左拳劈击敌头。

52. 穿掌舞花弓步搂手

（1）左掌向下、向左抬肘指尖领先向右腋下穿出，同时右拳变掌向上、向右、向下、向左与左臂交汇（左臂在内，右臂在外）后，继续向上、向右、向下、向左平屈于胸前；同时左掌经右腋下穿出后继续向下、向左、向上、向右平屈于右臂上方（图 3-2-109）。

（2）上动不停，左掌经右臂内侧向下、向后变勾手向后上方勾起，勾尖朝上；同时左掌挑起立于左肩前，掌心向后，目视前方（图 3-2-110）。

图 3-2-109　　　图 3-2-110

_{动作要领} 左掌向右腋下穿掌时，左肘向上抬起略高于肩；穿掌舞花需连贯绕行。

_{攻防含义} 两臂胸前舞花护住身体，并勾挂敌踢来之腿。

53. 缠腕拐腿虚步亮掌

（1）右掌向前搂手缠腕后翻腕探掌，力达掌背（图 3-2-111）；上动不停，身体重心移至左腿，右脚屈膝向后上方外拐。同时左掌经左肩前向右、向后拍击右脚外侧，左勾手变掌平摆于左上方，目视右掌（图3-2-112）。

图 3-2-111　　　　　图 3-2-112

（2）上动不停，右脚落地，左脚向前伸出，脚尖点地成左虚步，同时左掌向上、向右、向下变勾手向后搂挂，勾尖朝上；右掌向后、向上抖腕架于头顶，掌心向上，目视左方（图3-2-113、图3-2-113附）。

图 3-2-113　　　　　图 3-2-113 附（反面）

动作要领　右拐腿时，右手拍击要响亮；虚步亮掌要挺胸塌腰，勾手肘关节伸直。

攻防含义　敌从后偷袭，我拐腿勾击敌裆部，对方闪开避之，我随即以格斗式静观其动态。

54. 上步格挡弓步反砸拳（劈宰翻花捶）

左脚上步成弓步，右拳收于腰间，同时左勾手变拳向左上方格挡（图3-2-114）；上动不停，右脚上步成马步，左拳收抱于腰间，右拳从腰间向后、向上、向前、向下劈于右膝前，力达拳轮，目视右拳（图3-2-115）；上动不停，右拳继续向下、向左、向上、向右上方反砸，力达拳背，同时左腿蹬直成右弓步，目视右拳（图3-2-116）。

图 3-2-114　　　　　图 3-2-115　　　　　图 3-2-116

动作要领　上步格挡与马步劈拳要衔接紧凑。

攻防含义　敌右拳向我冲来，我以左小臂格开，迅疾上步劈击敌裆部；敌低头护裆，我立即反砸其头部。

55. 弓马步连环冲拳（连环冲捶）

右弓步不变，左拳从腰间向前冲出成立拳，力达拳面，同时右拳抱于腰间，目视左拳（图 3-2-117）；上动不停，左拳收抱于腰间，右拳从腰间向右冲出成立拳，力达拳面，目视右拳（图 3-2-118）。

图 3-2-117　　　　　　　图 3-2-118

动作要领　弓步冲拳要拧腰顺肩，弓步、马步转换要快速、连贯。

攻防含义　连续击打敌胸部。

56. 上步格挡弓步反砸拳（劈宰翻花捶）

右脚向右前方绕上步成弓步，左拳收于腰间，同时右拳向下、向左、向上、向右上方格挡（图 3-2-119）；上动不停，左脚上步成马步，右拳收抱于腰间，左拳从腰间向后、向上、向前、向下劈于左膝前，力达拳轮（图 3-2-120）；上动不停，左拳继续向下、向右、向上、向左上方反砸，力达拳背，同时右腿蹬直成左弓步，目视左拳（图 3-2-121）。

图 3-2-119　　　　图 3-2-120　　　　图 3-2-121

动作要领 上步格挡与马步劈拳要衔接紧凑。

攻防含义 敌左拳向我冲来，我以右小臂格开，迅疾上步劈击敌裆部；敌低头护裆，我立即反砸其头部。

57. 弓马步连环冲拳（连环冲捶）

左弓步不变，同时左拳抱于腰间，右拳从腰间向前冲出成立拳，力达拳面，目视右拳（图 3-2-122）；上动不停，左脚蹬转成马步，同时右拳收抱于腰间，左拳从腰间向左冲出成立拳，力达拳面，目视左拳（图 3-2-123）。

图 3-2-122　　　　　图 3-2-123

动作要领 弓步冲拳要拧腰顺肩，弓步、马步转换要快速、连贯。

攻防含义 连续击打敌胸部。

58. 转身劈拳弓步反砸拳（劈宰翻花捶）

（1）右脚向右上步，左拳收于腰间，右拳向右上方格挡（图 3-2-124），身体右转 180°，左拳随转身从左腰侧向上、向左、向下劈于左膝前成立拳，力达拳轮，右拳抱于腰间，目视左拳（图 3-2-125）。

（2）上动不停，左拳继续向下、向右、向上、向左上方反砸，力达拳背，同时右腿蹬直成左弓步，目视左拳（图 3-2-126）。

图 3-2-124　　　　　图 3-2-125　　　　　图 3-2-126

【动作要领】上步格挡与马步劈拳要衔接紧凑。

【攻防含义】敌左拳从背后向我头部冲来，我以右小臂格开，迅疾退步劈击敌裆部；敌低头护裆，我立即反砸其头部。

59. 弓步连环冲拳（连环冲捶）

左弓步不变，左拳抱于腰间，右拳从腰间向前冲出成立拳，力达拳面，目视右拳（图 3-2-127）；上动不停，左弓步不变，同时右拳收抱于腰间，左拳从腰间向左冲出成立拳，力达拳面，目视左拳（图 3-2-128）。

图 3-2-127　　　　　　　图 3-2-128

【动作要领】弓步冲拳要拧腰顺肩，弓步、马步转换要快速、连贯。

【攻防含义】连续击打敌胸部。

60. 提膝震脚砸拳

（1）身体重心移至左脚，右脚屈膝提起，脚背绷平，脚尖朝下，同时左拳变掌置于腹前，掌心朝上，右拳同时向前、向上举至头顶右上方，拳心向左，目视前方（图 3-2-129）。

（2）右脚全脚掌向左脚内侧用力踏地并步震脚，同时右拳外旋向下砸向左掌心，力达拳背，目视前下方（图 3-2-130）。

图 3-2-129　　　　　图 3-2-130

动作要领　提膝膝盖高于腰，右拳上举臂伸直。

攻防含义　用力踩踏敌脚背，敌负痛低头，我迅疾下砸其后颈部。

61. 退步插掌虚步双挑拳

（1）右脚向后退一步成左弓步，同时左掌变拳抱于腰间，右拳变掌指尖领先经腰间向前下方插出，掌心斜向左上方，目视右掌（图3-2-131）。

（2）右掌回收至胸前掌心向前，左掌掌心向上经右掌背穿出后向右、向左、向上直臂绕行至头顶上方时，掌心朝前，指尖向右，同时右掌由左向上、向右经腰间向左掌背上穿出，掌心向内，指尖朝上，同时左掌下沉，指尖向右，两手交叉，掌背相对（图3-2-132）；上动不停，身体重心移至右脚，左脚尖内侧点地成左虚步，同时两掌变拳，胸前依次逆时针绕挑两周后，左拳向前挑起成立拳，右拳置于左肘内侧，两拳眼均朝上，目视左拳（图3-2-133）。

图 3-2-131　　　　　图 3-2-132　　　　　图 3-2-133

动作要领　退步与插掌要协调一致，虚步时，挺胸塌腰。

攻防含义　双手架住对方劈拳，后闪解脱，格斗式静观敌动态。

62. 退步双穿并步按掌（拂落尘埃）

（1）右脚尖外展，身体右转90°，同时左脚尖向前点地，双拳同时由左向前摆至前方成左虚步挑拳（图3-2-134），上动不停，左脚向后退步成右弓步，同时两拳变掌经腰间向前穿出，高与肩平，掌心向上，目视前方（图3-2-135）。

图 3-2-134　　　　图 3-2-135

（2）右脚向右后撤步，左脚向右脚靠拢成并步，同时两掌直臂向下、向后，经体侧绕行至头两侧时，屈肘向腹前按掌，掌心向下，指尖相对，目视前方（图3-2-136、图3-2-137）。

图 3-2-136　　　　图 3-2-137

动作要领 退步前穿、并步按掌动作要协调一致。

63. 收势

两掌自然下垂成立正姿势，目视前方（图3-2-138）。

图 3-2-138

第三节 二路练步拳[1]

一、动作名称

1. 预备势
2. 直立抱拳（停车问路）
3. 跃步分掌虚步双架（金剪双架）
4. 分掌缠腕虚步抱拳
5. 虚步格挡弓步劈拳
6. 望月平衡架挑拳
7. 上步格挡并步抱拳
8. 舞花穿掌提膝仆步穿拳
9. 弓步架冲拳
10. 闪身弓步劈拳（三轮炮捶）
11. 舞花穿掌弓步反勾手
12. 缠腕拐腿虚步亮掌
13. 跟步挑掌弓步下劈掌
14. 提膝亮掌插步下劈掌
15. 上步闪身通臂手
16. 弓步前穿震脚推掌
17. 右挂弓步架冲拳
18. 左挂弓步架冲拳
19. 穿掌舞花左踹退
20. 穿掌舞花右踹退
21. 绕步格挡马步下劈拳

[1] 演示：邓勇

22. 弓步冲拳马步反砸拳（六合反盖）

23. 绕步格挡马步下劈拳

24. 弓步冲拳马步反砸拳

25. 右下挂拳马步架打

26. 弓步穿掌单拍脚

27. 腾空飞脚

28. 转身后撩踢（海底板）

29. 弓步上勾拳（铁僧上香）

30. 闪身弓步劈拳（三轮炮捶）

31. 右摆莲腿

32. 左摆莲腿弓步冲拳

33. 提膝架拳

34. 并步上冲拳

35. 并步上架弓步栽拳

36. 并步上冲拳

37. 震脚弓步反靠臂

38. 上步撩掌歇步冲拳

39. 弓步左右反靠臂

40. 轮臂转身马步架栽拳

41. 云抹右虚步挑掌

42. 弓步惯拳弓步下截拳（右）

43. 云抹左虚步挑掌

44. 弓步惯拳弓步下截拳（左）

45. 闪身劈掌弓步劈拳

46. 转身里合后蹬脚

47. 提膝震脚砸拳

48. 轮臂砍掌仆步勾顶砸

49. 轮臂跳转仆步搂手弓步冲拳

50. 虚步架掌提膝勾手架掌

51. 行步云手单拍脚

52. 后撩腾空摆莲腿

53. 虚步架栽拳

54. 上步舞花并步按穿掌

55. 仆步穿拳马步架打

56. 穿掌舞花并步按穿掌

57. 仆步穿拳弓步架冲拳

58. 闪身并步震脚砸拳

59. 穿掌虚步推按掌

60. 退步穿掌并步按掌

61. 收势

二、动作说明

1. 预备式

自然直立，两掌心向内贴于大腿外侧，目视前方（图 3-3-1）。

图 3-3-1

2. 直立抱拳（停车问路）

下肢不动，两掌变拳，屈肘抱于两腰侧，拳心向上，目视左方（图 3-3-2）。

图 3-3-2

3. 跃步分掌虚步双架（金剪双架）

（1）右脚上前一步蹬地向上跳起，左脚随之向上提膝，同时右拳变掌经额前向左右两侧分掌（图 3-3-3、图 3-3-4）。

（2）右脚落地，左脚随之向前脚尖内侧点地成左虚步，同时两掌经腰侧向前伸出两手交叉成立掌，目视前方（图 3-3-5～图 3-3-7）。

图 3-3-3　　　　　　图 3-3-4

图 3-3-5　　　　图 3-3-6　　　　图 3-3-7

【动作要领】①上左脚跃步时，左脚垂直向上用力蹬地。②虚步挑掌时，两腕交叉为右手在外，左手在内，挺胸塌腰。

【攻防含义】敌用右扫腿攻我下盘，我向上跃起避过；敌起身左劈拳击我头部，我双手上架封住来势。

4. 分掌缠腕虚步抱拳

两掌以腕为轴向内、向下、向外绕环一周，立掌向左右两侧平摆成虚步分掌（图 3-3-8），上动不停，两手外旋缠腕变拳（图 3-3-9），随即拳心向上收回腰间成虚步抱拳（图 3-3-10）。

图 3-3-8　　　　　　图 3-3-9　　　　　　图 3-3-10

动作要领　分掌缠腕须连贯协调；虚步要挺胸塌腰。

攻防含义　两掌化开对方双掼拳，并缠腕擒拿对方腕部。敌后退闪开，我定势关注。

5. 虚步格挡弓步劈拳

（1）左虚步不变，右拳从腰间向前、向上、向左格挡，拳心向后，拳与头平，目视右拳（图 3-3-11）；上动不停，右拳收于腰间，左拳从腰间向前、向上、向右格挡，拳心向后，拳与头平，目视右拳（图 3-3-12）。

（2）上动不停，左脚上前一步成左弓步，同时右拳向后、向上、向前劈出成立拳，力达拳轮，左拳同时收于右腋下，拳心朝下，目视右拳（图 3-3-13）。

图 3-3-11　　　　　　图 3-3-12　　　　　　图 3-3-13

动作要领　左右挂肘时，以腰带臂，上臂发力；劈拳时，肘关节伸直。

攻防含义　敌右拳向我冲来，我用右小臂格开；敌左拳向我冲来，我用左小臂格开，迅疾以右拳劈其头部。

6. 望月平衡架挑拳

左脚蹬地,重心后移至右脚,左腿向后上方挑摆,脚背绷平,膝关节微屈,同时左拳向下、向左、向上架于头顶,拳心向前,右拳向下、向后挑起成立拳,拳眼朝上,目视右拳(图 3-3-14、图 3-3-14 附(反面))。

图 3-3-14　　　　图 3-3-14 附(反面)

动作要领 向后上方摆踢与架挑拳要连贯协调,支撑腿挺直。

攻防含义 对方从后向我扑来,我以左脚向后挑踢其裆部。

7. 上步格挡并步抱拳

(1)左脚向前落地,右拳屈臂向上、向左格挡(图 3-3-15);上动不停,右拳收于腰间,右脚上步,左拳屈臂向上、向右格挡(图 3-3-16);上动不停,左拳收于腰间,左脚上步,右拳屈臂向上、向左格挡(图 3-3-17)。

(2)上动不停,右脚向左脚靠拢,右拳抱于腰间成并步抱拳,目视前方(图 3-3-18)。

图 3-3-15　　　　图 3-3-16

图 3-3-17　　　　　　　图 3-3-18

动作要领　左右格挡时，以腰带臂，上臂发力；上三步三格挡要连贯自然。

攻防含义　敌右拳向我冲来，我用右小臂格开；敌左拳向我冲来，我用左小臂格开。

8. 舞花穿掌提膝仆步穿拳

（1）左拳变掌，向左抬肘指尖领先向右腋下穿出，同时右拳变掌直臂向左与左臂交汇（左臂在内，右臂在外）后，继续向上、向右、向下收于腰间，掌心向上；同时左掌经右腋下穿出后继续向下、向左、向上，虎口领先经头顶按于右前方，目视左掌（图3-3-19）；上动不停，左脚提膝，小腿外拐，脚背绷平，脚尖正对左方，右掌同时从左掌背上向右上方穿出，掌心斜向上，力达掌尖，同时右掌收于右腋下，掌心朝下，目视右掌（图3-3-20）。

图 3-3-19　　　　　　　图 3-3-20

（2）下肢不动，右掌变拳，两臂向后，经两侧向前、向右摆至右上方时，左掌拍击右拳背（图3-3-21）；上动不停，右腿屈膝全蹲，左脚向左沿地面穿出成仆步，全脚掌着地；同时左掌变拳，前面领先经左大腿内侧向左脚背上穿出；右拳同时收抱于腰间，目视左拳（图3-3-22）。

图 3-3-21　　　　图 3-3-22

【动作要领】两手弧线绕行时，眼随右手；提膝平衡，右腿挺直。

【攻防含义】①左掌按下对方来拳，右掌迅速插击敌眼睛，同时左脚提起随时踹击后方来敌。②后方来敌侧踹我头部，我速下势避其锋芒。

9. 弓步架冲拳

右脚蹬直成左弓步，左拳向上滚格架于头上方，拳心向上，同时右拳由腰间向前冲出成平拳，力达拳面，目视右拳（图3-3-23）。

图 3-3-23

【动作要领】弓步右腿挺直，冲拳时，拧腰顺肩。

【攻防含义】敌右冲拳击我头部，我左臂向上架开，右拳击打敌胸部。

10. 闪身弓步劈拳（三轮炮捶）

（1）身体重心后移，左腿蹬直，右腿微屈，同时两拳变掌，左掌向下拍击右手背，随后两掌心向下，借上体右转闪身之势，右掌、左掌依次拍击右大腿、左大腿（图3-3-24）。

（2）上动不停，身体左转，右腿蹬直成左弓步，同时右掌变拳向后、向上直臂绕行向前劈击成立拳，力达拳轮，左掌同时翻腕向前伸出，掌心向上迎击右小臂，目视右拳（图3-3-25）。

图 3-3-24　　　　　　　图 3-3-25

动作要领　拍腿击响与弓步劈拳要一气呵成。

攻防含义　敌左横拳击我头部，我速后闪避其锋芒，以击响转移其注意力，迅疾劈击敌头部。

11. 舞花穿掌弓步反勾手

（1）左弓步不变，左掌心翻向下，向左抬肘指尖领先向右腋下穿出，同时右拳变掌直臂向左与左臂交汇（左臂在内，右臂在外）后，继续向上、向右、向下收于腰间，掌心朝上，同时左掌经右腋下穿出后继续向下、向左、向上，虎口领先按于右前方（图 3-3-26）；上动不停，右掌经左手背向前穿出，掌心向上，左掌收于右腋下，掌心朝下，目视右掌（图 3-3-27）。

（2）上动不停，左弓步不变，右掌向下、向后、向上、向前直臂绕环一周后按于左前方，虎口朝下，掌心朝前，同时左掌收于左腰间，掌心朝上（图 3-3-28、图 3-3-28 附（反面））；上动不停，左掌经右手背向前穿出，掌心向上，右掌收于左腋下，掌心朝下，目视左掌（图 3-3-29）。

（3）上动不停，左弓步不变，左掌向下、向后、向上直臂绕环后，屈臂置于右臂上方（图 3-3-30）；上动不停，左掌向左、向下、向后搂挂成反勾手，勾尖朝上，同时右掌立于左肩前，掌心朝左，目视勾尖（图 3-3-31、图 3-3-31 附（反面））。

图 3-3-26　　　　　　　图 3-3-27

图 3-3-28　　　　图 3-3-28 附（反面）　　　　图 3-3-29

图 3-3-30　　　　图 3-3-31　　　　图 3-3-31 附（反面）

【动作要领】舞花穿掌、轮臂按穿、轮臂搂挂要连贯紧凑、一气呵成。

【攻防含义】两臂胸前舞花、左右轮臂护住身体，左掌按下对方右冲拳，右掌插击敌眼睛；右掌按下对方左冲拳，左掌插击敌眼睛；敌右边退攻我下盘，我左勾手搂挂防守。

12. 缠腕拐腿虚步亮掌

（1）右掌向前搂手缠腕后翻腕探掌，力达掌背（图 3-3-32）；上动不停，身体重心移至左腿，右脚屈膝向后上方外拐。同时右掌经左肩前向右、向后拍击右脚外侧，左勾手变掌平摆于左上方，目视右掌（图 3-3-33）。

（2）上动不停，右脚落地，左脚向前伸出，脚尖点地成左虚步，同时左掌向上、向右、向下变勾手向后搂挂，勾尖朝上；右掌向后、向上抖腕架于头顶，掌心向上，目视左方（图 3-3-34）。

图 3-3-32　　　　图 3-3-33　　　　图 3-3-34

动作要领 右拐腿时，右手拍击要响亮；虚步亮掌要挺胸塌腰，勾手肘关节伸直。

攻防含义 敌从后偷袭，我拐腿勾击敌裆部，对方闪开避之，我随即以格斗式静观其动态。

13. 跟步挑掌弓步下劈掌

（1）左脚上前半步，身体右转，左勾手变掌置于胸前，同时右掌向左、向下两臂胸前交叉，掌心均向内（图3-3-35）；上动不停，左脚蹬地向左跳起，右脚跟部落地，随后左脚向前落地，同时左掌向下、向左上方挑起成立掌，右掌变勾手向右后反勾，勾尖朝上目视左掌（图3-3-36）。

（2）上动不停，身体左转，右脚向前上步成右弓步，同时右勾手变掌经右肩前向上、向前下方劈出，掌心向左，力达掌跟外沿，左掌同时立于右肩前，掌心朝右，目视右掌（图3-3-37）。

图 3-3-35　　　　　图 3-3-36　　　　　图 3-3-37

动作要领 跳跟步与勾手挑掌协调一致。

攻防含义 敌右拳向我冲来，我左掌向上挑挂，随后上步右掌劈其裆部。

14. 提膝亮掌插步下劈掌

（1）身体重心移至右脚，左脚屈膝提起，小腿外拐，脚背绷平，脚尖正对左方，同时两掌向下经两侧向左右分掌，左掌向左挑起成立掌，右掌在头上方亮掌，目视右方（图3-3-38）。

（2）左脚向左落地，随即右脚向左后方插步，同时左掌向左下方劈出，力达掌跟外沿，左掌同时摆至右肩前，掌心向右，目视右掌（图3-3-39）。

　　图 3-3-38　　　　　　　图 3-3-39

动作要领　提膝与亮掌，插步与劈掌要协调一致。

攻防含义　两手化开敌冲来的双拳，同时左脚提起随时踹击后方来敌；随后插步砍劈敌裆部。

15. 上步闪身通臂手

　　右脚向前上步，左掌掌背与右手腕相靠交叉向前伸出，两掌心斜向上（图3-3-40）。上动不停，左脚向前上步，两掌举至前上方，随后身体重心后移，身体右转，左腿蹬直，右腿微屈，同时两掌心向下，借上体右转闪身之势，右、左掌依次拍击右、左大腿（图3-3-41）。

　　图 3-3-40　　　　　　　图 3-3-41

动作要领　上步叉手与闪身拍腿要协调、连贯。

攻防含义　上步虚晃，闪身避让。

16. 弓步前穿震脚推掌

（1）身体左转，右脚蹬直成左弓步，左掌曲臂举至胸前，掌心向下，同时右掌经腰间从左手背上向前穿出，掌心向上，左掌收于右腋下目视右掌（图3-3-42）。

（2）身体重心前移，左腿直立，右脚向前提膝，随后向左脚内侧并步震脚，屈膝半蹲，同时左掌向前推出成立掌，力达掌跟外沿，右拳同时经左手背回拉抱于腰间（图3-3-43、图3-3-44）。

图 3-3-42　　　　　　　图 3-3-43　　　　　　　图 3-3-44

(动作要领) 弓步穿掌要拧腰顺肩；震脚与推掌要同时完成。

(攻防含义) 右掌戳敌眼睛，敌抓我右臂，我左剔右拉解脱，左掌顺势推击其胸部。

17. 右挂弓步架冲拳

（1）右脚向右前方撤一步，同时右拳从腰间向右、向上、向左、向下经右膝前绕环一周后继续向右、向上架于头顶上方（图 3-3-45）。

（2）上动不停，左脚向前上步成左弓步，同时左拳向前立拳冲出成顺弓步冲拳，力达拳面，拳眼朝上，目视左拳（图 3-3-46）。

图 3-3-45　　　　　　　图 3-3-46

(动作要领) 右脚撤步与右下挂拳要协调一致，弓步成型与左冲拳要同时完成。

(攻防含义) 敌左脚向我裆部踢来，我以右小臂向右挂开，迅疾上步左拳击打敌胸部。

18. 左挂弓步架冲拳

（1）左脚向左前方撤一步，同时左拳向左、向上、向右、向下经左膝前绕环一周后继续向左、向上架于头顶上方（图 3-3-47）。

（2）上动不停，右脚向前上步成右弓步，同时右拳向前立拳冲出成顺弓步冲拳，

力达拳面，拳眼朝上，目视右拳。（图 3-3-48）

　　图 3-3-47　　　　　图 3-3-48

动作要领　左脚撤步与左下挂拳要协调一致，弓步成型与右冲拳要同时完成。

攻防含义　敌右脚向我裆部踢来，我以左小臂向左挂开，迅疾上步右拳击打敌胸部。

19. 穿掌舞花左踹腿

（1）右脚向后收半步，脚尖外展，同时左拳变掌，指尖领先向右腋下穿出至右腹前，掌心向下，同时右拳变掌向下、向左与左臂交汇（左臂在内，右臂在外）后，继续向上平举于头前，掌心向前，眼随右手（图 3-3-49）；上动不停，右掌向上、向右、向下、向左绕环一周置于左胸前，掌心向左，同时左掌向下、向左、向上、向右绕环一周置于右小臂上，掌心向右，眼随右手（图 3-3-50）。

　　图 3-3-49　　　　　图 3-3-50

（2）上动不停，身体右转成捶步，同时右掌经左臂内侧向上架于头顶上方，左掌同时变勾手向下、向左、向后、向上直臂反勾，勾尖朝上，目视左方（图 3-3-51）；上动不停，身体重心移至右脚，左脚屈膝提起，随后向左上方踹出，力达脚掌，脚尖朝前，目视左脚（图 3-3-52、图 3-3-52 附（反面））。

图 3-3-51　　　　　　图 3-3-52　　　　　图 3-3-52 附（反面）

动作要领　穿掌舞花与勾手亮掌连贯紧凑；侧踹腿前右脚先外展脚尖、向右转身，提膝踹腿一气呵成。

攻防含义　两臂胸前舞花护住身体，勾手挂开对方右冲拳，随即左脚踹击其胸部。

20. 穿掌舞花右踹腿

（1）左脚向前落地，脚尖外展，身体左转，同时右掌指尖领先向左腋下穿出至右腹前，掌心向下，同时左勾手变掌向下、向右与右臂交汇（右臂在内，左臂在外）后，继续向上平举于头前，掌心向前，目视左手（图 3-3-53）；上动不停，左掌向上、向左、向下、向右绕环一周置于右胸前，掌心向右，同时右掌向下、向右、向上、向左绕环一周置于左小臂上，掌心向左，眼随右手（图 3-3-54）。

（2）上动不停，身体左转成插步，同时左掌经右臂内侧向上架于头顶上方，右掌同时变勾手向下、向右、向后、向上直臂反勾，勾尖朝上，目视右方（图 3-3-55）；上动不停，身体重心移至左脚，右脚屈膝提起，随后向右上方踹出，力达脚掌，脚尖朝前，目视右脚（图 3-3-56）。

图 3-3-53　　　　　　　　图 3-3-54

图 3-3-55　　　　　图 3-3-56

动作要领　穿掌舞花与勾手亮掌连贯紧凑；侧踹腿前左脚先外展脚尖，向左转身，提膝踹腿一气呵成。

攻防含义　两臂胸前舞花护住身体，勾手挂开对方左冲拳，随即右脚踹击其胸部。

21. 绕步格挡马步下劈拳

（1）右脚向左前方落地，脚尖外展成绕步，同时左掌变拳收回腰间，右勾手变拳随绕步经下向左、向上、向右格挡，拳心向后，目视右拳（图 3-3-57）。

（2）上动不停，左脚向右前方上一大步，身体随上步右转 180° 成马步，右拳收于腰间，拳心向上；同时左拳从左腰间经左肩前向上、向左、向下劈于左膝前，力达拳轮，目视左拳（图 3-3-58）。

图 3-3-57　　　　　图 3-3-58

动作要领　绕步右格挡与马步下劈拳要连贯协调。

攻防含义　敌右势右冲拳击我头部，我绕走边门避其锋芒，并以右小臂格开敌拳，随即上左脚封敌退路，用左拳斩击敌颈部。

22. 弓步冲拳马步反砸拳（六合反盖）

（1）身体左转，右腿蹬直成左弓步，右拳向前冲出成平拳，同时左拳经右臂下方收于右腋下，拳心向下，目视右拳（图 3-3-59）。

（2）上动不停，身体右转成马步，双拳右上左下胸前交叉，经面部向上，在头顶向左右两侧分开反砸拳，拳心斜向上，力达拳背，目视右拳（图 3-3-60）。

图 3-3-59　　　　　图 3-3-60

【动作要领】弓步冲拳与马步反砸要连贯协调。

【攻防含义】承上式，当我用左拳斩击敌颈部时，敌欲回身右防，我急出右拳击打敌胸，左右两拳反砸敌头部。

23. 绕步格挡马步下劈拳

（1）左脚向左前方上步，脚尖外展成绕步，同时右拳收回腰间，左拳随绕步经下向右、向上、向左格挡，拳心向后，目视左拳（图 3-3-61）。

（2）上动不停，右脚向左前方上一大步成马步，身体随上步左转180°成马步，左拳收于腰间，拳心向上；同时右拳从右腰间经右肩前向上、向右、向下劈于右膝前，力达拳轮，目视右拳（图 3-3-62）。

图 3-3-61　　　　　图 3-3-62

动作要领 绕步左格挡与马步下劈拳要连贯协调。

攻防含义 敌左势左冲拳击我头部,我绕走边门避其锋芒,并以左小臂格开敌拳,随即上右脚封敌退路,用左拳斩击敌颈部。

24. 弓步冲拳马步反砸拳

(1) 身体右转,左腿蹬直成右弓步,左拳向前冲出成平拳,同时右拳经右臂下方收于左腋下,拳心向下,目视左拳(图 3-3-63)。

(2) 上动不停,身体左转成马步,双拳左上右下胸前交叉,经面部向上、在头顶向左右两侧分开反砸拳,拳心斜向上,力达拳背,目视右拳(图 3-3-64)。

图 3-3-63　　　　　图 3-3-64

动作要领 弓步冲拳与马步反砸要连贯协调。

攻防含义 承上式,当我用右拳斩击敌颈部时,敌欲回身左防,我急出左拳击打敌胸,左右两拳反砸敌头部。

25. 右下挂拳马步架打

右脚尖外展,身体稍右转,左拳收于腰间,拳心向上,同时右拳向左、向下、经右膝前向右下方挂出,拳心向后(图 3-3-65);上动不停,左脚上前一步,身体右转成马步,右拳向右、向上架于头顶上方,拳心向上,左拳同时从腰间向左冲出成立拳,拳眼朝上,力达拳面,目视左拳(图 3-3-66)。

图 3-3-65　　　　　图 3-3-66

动作要领 弓步右挂与马步架打要连贯协调、一气呵成。
攻防含义 敌左脚踹我腰部，我以右拳挂开，迅疾上步以左拳击敌胸部。

26. 弓步穿掌单拍脚

（1）右脚蹬直成左弓步，同时左拳变掌旋腕下按，掌心向前，虎口朝下，右拳经右腰间变掌向前上方穿出，架于右掌背上，掌心斜向上，目视右掌（图3-3-67）。

（2）上动不停，身体重心前移，两掌屈肘收回腰间，掌心向上，随即右掌变拳，向体前上方横掼拳，拳眼朝下，肘微屈。在右拳横掼的同时，左掌向前主动迎击右拳背击响，目视两手（图3-3-68）；上动不停，左腿直立，右脚绷平向前摆踢，右拳变掌拍击右脚背，左掌变拳收回腰间（图3-3-69）。

图 3-3-67　　　　　图 3-3-68　　　　　图 3-3-69

动作要领 击响时，右拳背主动迎击左掌心，并与单拍脚衔接紧凑。
攻防含义 左掌下按对方冲来的直拳，右掌插击敌眼睛，随即右脚踢敌面部。

27. 腾空飞脚

右脚向前落步，右掌变拳收回腰间；上动不停，左脚离地向前摆起，右脚蹬地起跳，身体腾空，右脚背绷平向前弹出；在起跳的同时，左掌在头上方迎击右手背，随即右掌在额前迎击右脚背，左掌伸于左侧（图3-3-70～图3-3-72）。

图 3-3-70　　　　　图 3-3-71　　　　　图 3-3-72

动作要领 击响时，右掌背主动迎击左掌心，并与右拍脚衔接紧凑。

攻防含义 主动进攻，左脚虚踢敌胸，敌惊后退，右脚迅疾腾空踢击敌面。

28. 转身后撩踢（海底板）

左脚落地直立，右脚向前落地后，上体右转，左脚向后屈膝撩踢；同时左掌迎击右手背，右掌随即向后下击拍左脚掌；左掌上举于身体左侧，目视左脚（图3-3-73、图3-3-74）。

图 3-3-73　　　　　　图 3-3-74

动作要领 击拍响亮，动作连贯。

攻防含义 敌从背后近身袭击，我速起后腿撩踢敌裆部，右掌拍击敌头。

29. 弓步上勾拳（铁僧上香）

左脚向前上一步成左弓步，右掌变拳经右侧下向前上方勾击，力达拳面；左掌下落迎击右小臂，目视右拳（图3-3-75）。

图 3-3-75

动作要领 上左脚与右勾拳要协调一致。

攻防含义 敌右拳向我正面冲来，我左掌下压封住来势，借上步之势右拳勾击敌腹部。

30. 闪身弓步劈拳（三轮炮捶）

（1）身体重心后移，左腿蹬直，右腿微屈，右拳变掌臂内旋，掌心向下，借上体右转闪身之势，右、左掌依次拍击右、左大腿（图3-3-76）。

（2）上动不停，身体左转，右腿蹬直成左弓步，同时右掌变拳向后、向上直臂绕行向前劈击成立拳，力达拳轮，左掌同时翻腕向前伸出，掌心向上迎击右小臂，目视右拳（图3-3-77）。

图 3-3-76　　　　　图 3-3-77

动作要领 拍腿击响与弓步劈拳要一气呵成。

攻防含义 敌左横拳击我头部，我速后闪避其锋芒，以击响转移其注意力，迅疾劈击敌头部。

31. 右摆莲腿

右脚上前一步与左脚靠拢成并步直立，右拳变掌与左掌同时向下、向左右两侧分开，向上绕至额前时，左掌心拍击右掌背（图3-3-78）；同时右脚直腿向左、向上，经额前时，左右掌依次拍击右脚背后，继续向右、向下落在左脚内侧地面，两掌置于左右肩上方，目视前方（图3-3-79、图3-3-80）。

图 3-3-78　　　图 3-3-79　　　图 3-3-80

动作要领 两掌击响与额前依次拍脚，要协调连贯、一气呵成；摆腿至最高点时，要挺髋送胯。

攻防含义 扇击对方右面部。

32. 左摆莲腿弓步冲拳

上动不停，右脚踏实成并步直立，两掌同时运行至额前时，左掌心拍击右掌背（图3-3-81）；同时左脚直腿向右、向上，经额前时，右掌、左掌依次拍击左脚背后，继续向左、向下落至左后方，随后右脚后退一步成左弓步，同时左掌变勾手随左脚落地向下、向后、向上钩挂，勾尖朝下，右掌变拳同时随右脚退步之际，经右腰间向前冲出成平拳，力达拳面，目视右拳（图3-3-82、图3-3-83）。

图 3-3-81　　　　图 3-3-82　　　　图 3-3-83

动作要领 两掌击响与额前依次拍脚，要协调连贯；摆腿至最高点时，要挺髋送胯。退左脚勾挂与退右脚冲拳，要一气呵成。

攻防含义 扇击对方左面部，对方后闪避开，随即右腿弹踢我裆部，我向后落步的同时，左手勾挂化解，并迅疾右冲拳击敌胸部。

33. 提膝架拳

身体重心移至右脚，上体左转，左脚屈膝向前提起成提膝平衡，脚背绷平，脚尖朝下，右拳向下、向右、向上架于头顶上方，拳心朝前，同时左勾手变拳经下向上、向右、向下按于右胸前，拳心向下，目视左方（图3-3-84）。

图 3-3-84

【动作要领】向前提膝时,膝盖高过腰部。
【攻防含义】两臂绕摆护住胸腰,提膝让过对方的勾踢腿,静观敌动态。

34. 并步上冲拳

左脚向左落步,右脚向左脚靠拢成并步,同时右拳向右、向下经腰间向上冲出,力达拳面,拳心向左,左拳同时变掌向下、向左、向上、向右按于右肩前成立掌,掌心朝右,目视前方(图 3-3-85)。

图 3-3-85

【动作要领】两脚并步、左按掌与右上冲拳须同时完成。
【攻防含义】两臂绕摆护住胸腰,静观敌动态。

35. 并步上架弓步栽拳

(1)并步保持不变,左掌经面部向上架于头顶上方,同时右拳向下收抱于腰间,目视左掌(图 3-3-86)。

(2)上动不停,左脚向左撤一步,身体左转成左弓步,同时右拳向上、向前,经右耳侧向下落于左膝前成栽拳,力达拳面,拳心向后;左掌同时变拳,拳心向上,目视右拳(图 3-3-87)。

图 3-3-86　　　　　图 3-3-87

【动作要领】弓步栽拳时，右拳经右耳侧弧线下栽。
【攻防含义】左掌防上，右拳栽击敌裆部。

36. 并步上冲拳

右脚向左脚靠拢成并步，同时右拳经腰间向上冲出，力达拳面，拳心向左，左拳同时变掌向下、向右按于右肩前成立掌，掌心朝右，目视右拳（图 3-3-88）。

图 3-3-88

【动作要领】两脚并步、左按掌与右上冲拳须同时完成。
【攻防含义】格斗式，静观敌动态。

37. 震脚弓步反靠臂

（1）右脚提起，右拳屈臂下落至左胸前（图 3-3-89）；上动不停，右脚踏地震脚，同时左脚提离地面，两臂左掌右拳腹前交叉（右臂在外、左臂在内），目视右拳（图 3-3-90）。

（2）左脚向左上步成左弓步，同时右拳经前向右、向后反靠臂成立拳，力达小臂外侧，拳眼朝上；左拳同时经前向左、向后反靠臂成立拳，力达小臂外侧，拳眼朝上，目视左拳（图 3-3-91）。

图 3-3-89　　　　图 3-3-90　　　　图 3-3-91

动作要领 震脚时,两脚换跳要同时完成;弓步成型与反靠臂须同时完成。
攻防含义 震脚分散对方注意力,随即攻击左右来敌胸、面部。

38. 上步撩掌歇步冲拳

(1)右拳变掌向下、向前、向上、向后绕环一周,左拳同时变掌回收于右肩前成立掌;上动不停,右脚向前提起,同时右掌继续向下、向前撩出,立达掌跟,掌心向上,左掌立掌附于右肘内侧,目视右掌(图3-3-92)。

(2)上动不停,右脚向前落地,脚尖外展,身体右转,屈膝全蹲成歇步,同时右掌变拳收于右腰间,左掌变拳向前冲出成平拳,力达拳面,目视左拳(图3-3-93)。

图 3-3-92　　　　图 3-3-93

动作要领 右臂绕环时须直臂绕行,左掌始终附于右肩前。
攻防含义 绕环护胸腰,右掌撩敌裆部,左拳击打敌腹部。

39. 弓步左右反靠臂

左脚向左上步,两拳在腹前交叉(右臂在外、左臂在内),右腿蹬直成左弓步,同时右拳经前、向右、向后反靠臂成立拳,力达前臂外侧,拳眼朝上;左拳同时经前向左、向后反靠臂成立拳,力达前臂外侧,拳眼朝上,目视左拳(图3-3-94)。

图 3-3-94

动作要领 弓步成型与前后反靠臂须同时完成。

攻防含义 攻击左右来敌胸、面部。

40. 轮臂转身马步架栽拳

（1）左拳向下、向左、向上，向右轮臂一周，身体右转，右脚向后退一步，同时左拳收抱于腰间（图 3-3-95）。

（2）上动不停，身体右转成马步，同时右拳继续向下、向右、向上架于头顶上方，拳心向上，左拳同时从腰间向左、向上、向右、向下，向左膝盖上栽出（距膝盖约 1cm），拳心朝左，目视左方（图 3-3-96）。

图 3-3-95　　　　　　　　　图 3-3-96

动作要领 轮臂转身与马步架栽拳要衔接紧凑。

攻防含义 轮臂转身反砸敌头部，敌向我腰部横踢，我以左小臂格防。

41. 云抹右虚步挑掌

（1）左脚向左撤一步，左掌心翻向上，同时右掌掌心向下经左小臂上方向左、向前平抹，左掌同时向右绕至腹前（图 3-3-97）；上动不停，右掌继续向右、向下、向左绕至左腹前，掌心向左，左掌同时向左、向上、向右绕至右上方，掌心向右（图 3-3-98）。

（2）上动不停，身体重心移至左脚，右脚向左前方伸出，脚尖内侧点地成右虚步，同时右掌向前、向上挑起成立掌，掌心向左；左掌在右挑掌的同时向下置于右肘关节内侧成立掌，掌心向右，目视右掌（图 3-3-99）。

图 3-3-97　　　　　图 3-3-98　　　　　图 3-3-99

动作要领 "云抹"时,两掌心相对交错划平圆后立即变立圆绕行。
攻防含义 两臂胸前绕行护住身体,虚步格斗式静观敌动态。

42. 弓步掼拳弓步下截拳(右)

(1)右脚上前一步成右弓步,同时两掌向下、经腰间向两侧分掌,右掌变拳向右、向前、向上、向左掼拳,力达拳背,拳眼朝下,左掌同时向左、向前、向上迎击右拳背,目视右拳(图 3-3-100)。

(2)上动不停,右臂外旋,右拳向右、向左下劈出,力达拳轮,同时左臂外旋,左掌向左、向右下迎击右小臂,目视右拳(图 3-3-101)。

图 3-3-100　　　　图 3-3-101

动作要领 "上掼""下截"须以腰带臂、力从腰发,上下迎击声音脆响。
攻防含义 我右掼拳击敌头部,敌后闪,并用右脚踢我裆部,我迅疾以右拳截击敌腿。

43. 云抹左虚步挑掌

(1)右脚向右撤一步,右掌心翻向上,同时左掌掌心向下经右小臂上方向右、向前平抹,右掌同时向左绕至腹前(图 3-3-102);上动不停,左掌继续向左、向下、向右绕至右腹前,掌心向右,右掌同时向右、向上、向左绕至左上方,掌心向右(图 3-3-103)。

(2)上动不停,身体重心移至右脚,左脚向右前方伸出,脚尖内侧点地成左虚步,同时左掌向前、向上挑起成立掌,掌心向右;右掌在左挑掌的同时向下置于左肘关节内侧成立掌,掌心向左,目视左掌(图 3-3-104)。

图 3-3-102　　　　　图 3-3-103　　　　　图 3-3-104

动作要领　"云抹"时，两掌心相对交错划平圆后立即变立圆绕行。

攻防含义　两臂胸前绕行护住身体，虚步格斗式静观敌动态。

44. 弓步掼拳弓步下截拳（左）

（1）左脚上前一步成左弓步，同时两掌向下，经腰间向两侧分掌，左掌变拳向左、向前、向上、向右掼拳，力达拳背、拳眼朝下，右掌同时向右、向前、向上迎击左拳背，目视左拳（图 3-3-105）。

（2）上动不停，左臂外旋，左拳向左、向右下劈出，力达拳轮，同时右臂外旋，右掌向右、向左下迎击左小臂，目视左拳（图 3-3-106）。

图 3-3-105　　　　　　　图 3-3-106

动作要领　"上掼""下截"须以腰带臂、力从腰发，上下迎击声音脆响。

攻防含义　我左掼拳击敌头部，敌后闪，并用左脚踢我裆部，我迅疾以左拳截击敌腿。

45. 闪身劈掌弓步劈拳

（1）身体重心后移，左腿蹬直成右弓步，左拳变掌，向下、向右、向上、向前劈掌，力达掌跟外沿，右掌同时变拳收于腰间，拳心向上，目视左掌（图 3-3-107）。

（2）上动不停，右腿蹬直成左弓步，同时右拳向下、向后、向上、向前直臂劈出，力达拳轮，左掌同时迎击右小臂，目视右拳（图 3-3-108）。

图 3-3-107　　　　　　　图 3-3-108

动作要领　闪身劈掌与弓步劈拳要衔接紧凑、一气呵成，左掌迎击右小臂声音响亮。

攻防含义　敌向我横拳袭来，我闪身避过后左掌劈敌头部，随后右拳再次劈击敌头部。

46. 转身里合后蹬脚

（1）身体重心前移，左脚尖外展，右脚向右、向上、向左扫摆，同时右拳变掌收抱于腰间，左掌向下、向左、向上迎击右前脚掌（图 3-3-109）；上动不停，身体左转180°，右脚随转体向左、向下落于左脚内侧，左掌置于腹前，掌心向下（图 3-3-110）。

图 3-3-109　　　　　　　图 3-3-110

（2）上动不停，屈膝半蹲，右拳向前置于膝前，拳心向上，左掌变拳置于右拳上方，拳心向下，两拳心相对，目视前下方（图 3-3-111）；上动不停，身体重心移至右脚，左脚由屈变伸向后上方蹬出，力达脚掌，目视前下方（图 3-3-112）。

图 3-3-111　　　　　　　图 3-3-112

【动作要领】里合腿扫摆至最高点时,脚内翻,前脚掌下压,主动拍击左手掌心,击拍响亮。

【攻防含义】右脚扇击对方左面部,敌低头躲过,我左脚迅疾后蹬其颈部。

47. 提膝震脚砸拳

(1)左脚向后落步,身体左转180°,左拳变掌随转体向上、向左、向下轮臂摆至腹前,掌心向上,同时右脚屈膝提起,脚背绷平,右拳同时向后、向上举至头顶,拳心向左,目视左掌(图3-3-113)。

(2)右脚向左脚内侧地面下踏震脚,屈膝半蹲,右拳外旋,拳背领先向下砸于左掌心,力达拳背,目视前下方(图3-3-114)。

图 3-3-113　　　　图 3-3-114

【动作要领】提膝膝盖高于腰,右拳上举臂伸直。

【攻防含义】用力踩踏敌脚背,敌负痛低头,我迅疾下砸其后颈部。

48. 轮臂砍掌仆步勾顶砸

(1)左脚向左撤一步,右拳变掌直臂向左、向上、向右(身体右转)、向下、向后、向上、轮臂绕环,同时左掌向左、向上、向右绕环(图3-3-115);上动不停,身体左转,右掌从后随转体向前平摆后继续向左上方砍掌,立达掌跟,左掌同时随转体向左后方平摆(图3-3-116);上动不停,身体右转,右拳收抱于腰间,左掌同时由后随转体向右前方砍掌,立达掌跟,目视左掌(图3-3-117)。

(2)上动不停,身体左转,右拳直臂向上、向右、向下时,左腿屈膝全蹲,右腿伸直成右仆步,同时右掌变勾手,臂内旋,勾顶领先砸于右脚弓内侧,力达勾顶,勾尖朝上,左掌同时向下、向左变勾手摆至左上方,勾尖朝上,目视右勾手(图3-3-118、图3-3-119)。

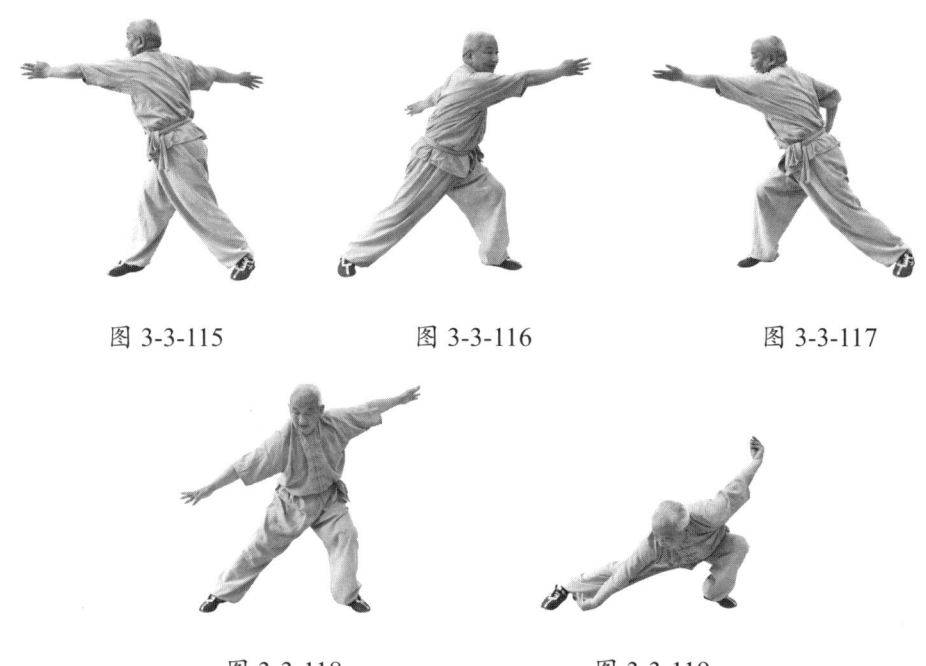

图 3-3-115　　　　　图 3-3-116　　　　　图 3-3-117

图 3-3-118　　　　　　　　图 3-3-119

动作要领 轮臂时，身体左右拧转，以腰带臂画立圆。

攻防含义 两臂左右立圆绕环护住身体，敌右腿踢我裆部，我勾顶反砸其脚踝。

49. 轮臂跳转仆步搂手弓步冲拳

右脚收半步，右勾手变掌向下、向左轮臂，同时左勾手变掌，屈臂抬肘指尖领先向右腋下穿出（图 3-3-120）；上动不停，右脚提离地面，左脚蹬地跳起，身体右转，同时向上、向右、向下变拳抱于腰间，左掌向上举至头顶（图 3-3-121），右脚落地屈膝全蹲，随后左脚向左擦地伸出成左仆步，同时左掌经右肩前向下、向前、向左脚背上搂出，掌心向左，目视左掌（图3-3-122）；上动不停，右脚蹬直成左弓步，同时左掌变拳收于腰间，拳心朝上，右拳同时向前冲出成平拳，拳心朝下，力达拳面，目视右拳（图 3-3-123）。

图 3-3-120　　　　　图 3-3-121

图 3-3-122　　　　　图 3-3-123

动作要领　轮臂与跳转身要协调配合，搂手与弓步冲拳须衔接紧凑。

攻防含义　敌前扫腿向我袭来，我跳起躲过；敌右脚踹我膝关节，我左手搂挂后迅疾右冲拳击打其胸部。

50. 虚步架掌提膝勾手架掌

（1）身体重心后移，左脚收半步脚尖内侧点地成左虚步，左抱拳不变，同时右拳变掌向下、向后、向上架于头顶上方，掌心向上，目视前方（图3-3-124）。

（2）左脚屈膝提起，脚背绷平，同时右掌变勾手向下、向后勾挂，勾尖朝上，左拳变掌经胸前架于头顶上方，掌心向上，目视前方（图3-3-125）。

图 3-3-124　　　　　图 3-3-125

动作要领　虚步挺胸塌腰，提膝膝盖过腰。

攻防含义　上架护头，下勾护腰。

51. 行步云手单拍脚

（1）左脚向前上一步，屈膝半蹲成行步，两掌在胸前（右掌顺时针，左掌逆时针）依次绕环一周，目视前方（图3-3-126）；上动不停，右脚向前上第二步，屈膝半蹲成行步，两掌在胸前（右掌顺时针，左掌逆时针）依次绕环一周，目视前方（图

3-3-127）；上动不停，左脚向前上第三步，屈膝半蹲成行步，两掌在胸前（右掌顺时针，左掌逆时针）依次绕环一周，目视前方（图 3-3-128）；上动不停，右脚向前上第四步，屈膝半蹲成行步，两掌在胸前（右掌顺时针，左掌逆时针）依次绕环一周，目视前方（图 3-3-129）。

（2）上动不停，左脚向前上第五步，身体重心前移，右掌变拳，拳背与左掌心相护迎击（图 3-3-130），随后右脚向前上方直腿摆踢，脚背绷平，力达脚背，同时右拳变掌迎击右脚背，左掌变拳收抱于腰间，拳心向上，目视右脚（图 3-3-131）。

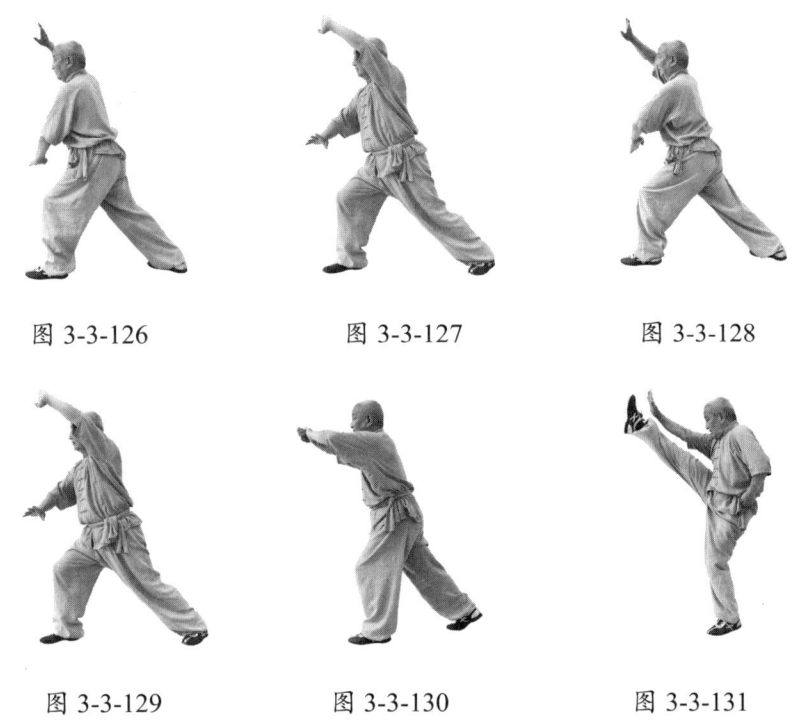

图 3-3-126　　　　　图 3-3-127　　　　　图 3-3-128

图 3-3-129　　　　　图 3-3-130　　　　　图 3-3-131

【动作要领】 行步微降重心，五步衔接紧凑，云手与行步配合协调。

【攻防含义】 云手护胸腹，主动紧逼对方，近身后迅疾起腿踢击敌裆部。

52. 后撩腾空摆莲腿

（1）左脚蹬地跳起，空中屈膝向后上方撩踢，力达脚掌，右脚下落，同时右掌向下、向后拍击左脚内侧，左掌屈臂架于额前，目视左脚（图 3-3-132）。

（2）上动不停，右脚落地后迅速蹬地跳起，身体右转180°，同时右脚向左、向上、向右、向下弧线摆腿，左掌、右掌同时在左脚经过面部时依次击拍右脚背（图 3-3-133、图 3-3-134）。

图 3-3-132　　　　　图 3-3-133　　　　　图 3-3-134

【动作要领】腾空后撩、腾空摆莲须在空中完成，击拍要清脆响亮。

【攻防含义】敌从后向我扑来，我左脚撩踢敌裆部，随即跳转身以右脚摆击敌头面部。

53. 虚步架栽拳

右脚向后落地，左脚尖内侧向前点地成左虚步，同时右掌变拳向下、向后、向上，架于头顶上方，拳心向上，左掌同时变拳向右、向下、向左膝盖上栽出（距膝盖约 1cm），拳心朝左，目视前方（图 3-3-135）。

图 3-3-135

【动作要领】虚步要挺胸塌腰，架掌与栽拳须同时完成。

【攻防含义】敌向我腰部横踢，我以左小臂格防。

54. 上步舞花并步按穿掌

身体左转，右脚向前上一步，同时左拳变掌，掌心向内经左胸前指尖领先向右腋下穿出，同时右拳变掌向右、向下、向左与左臂交汇（左臂在内，右臂在外）后，继续向上、向右、向下，收于腰间，掌心向上；同时左掌经右腋下穿出后继续向下、向左、向上，虎口领先向右按掌；上动不停，左脚向右脚内侧靠拢成并步，同时右掌经左手背向右上方上穿出掌心斜向上，左掌收于右腋下，掌心向下，目视右掌（图3-3-136～图3-3-138）。

图 3-3-136　　　　　图 3-3-137　　　　　图 3-3-138

【动作要领】上步舞花与并步按穿掌要协调连贯。

【攻防含义】舞花护胸腹，左掌下按对方来拳，右掌迅疾插击对方眼睛。

55. 仆步穿拳马步架打

（1）右掌变拳经腰间向右上方掼拳，左掌迎击右拳背（图3-3-139）；上动不停，右腿屈膝全蹲，左脚向左擦地伸出成左仆步，同时右拳收于腰间，左掌同时变拳经腹前、大腿内侧向左下方穿出成立拳，拳眼朝上，力达拳面，目视左拳（图3-3-140）。

（2）身体左转，右脚上前一步成马步，同时左拳向上架于头顶上方，拳心向上，右拳同时向右冲出成平拳，拳心朝下，力达拳面，目视右拳（图3-3-141）。

图 3-3-139　　　　　图 3-3-140　　　　　图 3-3-141

【动作要领】仆步要挺胸塌腰，冲拳从腰间发力。

【攻防含义】下势避开对方踹腿，上步架住敌右劈拳，以右拳击打敌胸部。

56. 穿掌舞花并步按穿掌

左拳变掌,掌心向内经左胸前指尖领先向右腋下穿出,同时右拳变掌向右、向下、向左,与左臂交汇(左臂在内,右臂在外)后,继续向上、向右、向下,收于腰间,掌心向上;同时左掌经右腋下穿出后继续向下、向左、向上,虎口领先向右按掌;上动不停,左脚向右脚内侧靠拢成并步,同时右掌经左手背向右上方上穿出掌心斜向上,左掌收于右腋下,掌心向下,目视右掌(图3-3-142~图3-3-144)。

图 3-3-142　　　　图 3-3-143　　　　图 3-3-144

动作要领 穿掌舞花与并步按穿掌要协调连贯。

攻防含义 舞花护胸腹,左掌下按对方来拳,右掌迅疾插击对方眼睛。

57. 仆步穿拳弓步架冲拳

(1)右掌变拳经腰间向右上方掼拳,左掌迎击右拳背(图3-3-145);上动不停,右腿屈膝全蹲,左脚向左擦地伸出成左仆步,同时右拳收于腰间,左掌同时变拳经腹前、大腿内侧向左下方穿出成立拳,拳眼朝上,力达拳面,目视左拳(图3-3-146)。

(2)身体左转,右腿蹬直成左弓步,同时左拳向上架于头顶上方,拳心向上,右拳同时向前冲出成平拳,拳心朝下,力达拳面,目视右拳(图3-3-147)。

图 3-3-145　　　　图 3-3-146　　　　图 3-3-147

动作要领 仆步要挺胸塌腰，冲拳从腰间发力。

攻防含义 下势避开对方踹腿，左拳架住敌右劈拳，以右拳击打敌胸部。

58. 闪身并步震脚砸拳

（1）身体重心后移，左腿蹬直，右腿微屈，同时两拳变掌，左掌拍击右小臂后右掌领先向下，借上体右转后坐之势，右掌、左掌依次拍击右大腿、左大腿（图3-3-148）。

（2）上动不停，身体左转，重心移至左脚，右脚屈膝提起，脚背绷平，同时左掌置于腹前，掌心向上，右掌同时变拳向前、向上举至头右侧，拳心向前，目视左掌（图3-3-149）；右脚向左脚内侧地面下踏震脚，屈膝半蹲，右拳外旋，拳背领先向下砸于左掌心，力达拳背，目视前下方（图3-3-150）。

图 3-3-148　　　　　图 3-3-149　　　　　图 3-3-150

动作要领 拍小臂与拍大腿须击拍响亮。提膝时膝盖高于腰，砸拳时须挺胸塌腰。

攻防含义 敌左横拳击我头部，我速后闪避其锋芒，随后用力踩踏敌脚背，敌负痛低头，我迅疾下砸其后颈部。

59. 穿掌虚步推按掌

（1）并步保持不变，右拳变掌经左掌心向上、向前穿出，掌心向上，同时左掌收于右腋下，掌心向上（图3-3-151）。

（2）右脚向后退一步，两掌变拳，胸前依次逆时针绕挑两周后，左脚脚尖内侧点地成左虚步，同时左拳变掌向前推出成立掌，掌心向右，右拳同时变掌收按于右肘内侧成立掌，掌心向左，目视左掌（图3-3-152）。

图 3-3-151　　　　　图 3-3-152

【动作要领】虚步时，挺胸塌腰。

【攻防含义】承上式，敌缩头躲我砸拳，我迅疾插击敌眼睛，敌后退闪开，我格斗式静观敌动态。

60. 退步穿掌并步按掌

（1）身体右转，左脚向后退步成右弓步，同时两拳变掌经腰间向前穿出，高与肩平，掌心向上，目视前方（图3-3-153）。

（2）右脚向右后撤步，左脚向右脚靠拢成并步，同时两掌直臂向下，向后，经体侧绕行至头两侧时，屈肘向腹前按掌，掌心向下，指尖相对，目视前方（图3-3-154、图3-3-155）。

图 3-3-153　　　　图 3-3-154　　　　图 3-3-155

【动作要领】退步前穿、并步按掌动作要协调一致。

61. 收势

两掌自然下垂成立正姿势，目视前方（图 3-3-156）。

图 3-3-156

第四节 综合六合拳[①]

一、动作名称

1. 预备式
2. 并步抱拳（停车问路）
3. 弓步双架掌（金剪双架）
4. 并步对拳（停车问路）
5. 提膝上冲拳（青龙探爪）
6. 仆步穿掌（白猿伏地）
7. 弓步架冲拳（马上挽弓）
8. 闪身弓步劈拳（三轮炮）
9. 穿掌舞花弓步搂手（金花盘头）
10. 缠腕外拐虚步亮掌（白鹤亮翅）
11. 绕步格挡马步下劈拳（拦路斩蛟）
12. 弓马步连环拳（小鬼扯钻）
13. 弓步冲拳马步反砸拳（六合反盖）
14. 插步勾手马步劈拳
15. 弓马步连环拳（小鬼扯钻）
16. 左绕步格挡马步下劈拳（左滚捶）
17. 弓马步连环拳（小鬼扯钻）
18. 插步勾手马步劈拳
19. 弓马步连环拳（小鬼扯钻）
20. 弓步冲拳后撩踢（海底板）

---

① 演示：唐禄中

21. 弓步上勾拳（铁僧上香）

22. 闪身弓步劈拳（三轮炮）

23. 左右摆莲腿（顺风摆莲）

24. 左右弓步冲拳（锦鸡抖翎）

25. 弓步栽拳（金刚捣臼）

26. 提膝冲拳（铁炮冲天）

27. 弓步左右反靠臂（樵夫担柴）

28. 歇步推掌（童子拜佛）

29. 弓步左右反靠臂（樵夫担柴）

30. 虚步架栽拳（行者打虎）

31. 右虚步凤眼捶（手挥琵琶）

32. 右弓步惯拳下截拳（指上打下）

33. 右虚步凤眼捶（手挥琵琶）

34. 左弓步惯拳下截拳（指上打下）

35. 上步鞭拳里合腿（张飞片马）

36. 俯身后蹬腿（怒龙抢珠）

37. 提膝震脚砸拳（海底捞月）

38. 仆步抡劈（飞燕拍翅）

39. 弓马步连环拳（小鬼扯钻）

40. 虚步凤眼捶（手挥琵琶）

41. 左转鞭拳弓马步连环拳（银蟒绞柱、小鬼扯钻）

42. 右转鞭拳弓马步连环拳（银蟒绞柱、小鬼扯钻）

43. 上步旋风脚（旋风扫叶）

44. 仆步穿掌（白猿伏地）

45. 弓步架冲拳（马上挽弓）

46. 穿掌舞花左虚步亮掌（白鹤展翅）

47. 单飞后撩摆莲腿（三不落）

48. 虚步架栽拳（行者打虎）

49. 仆步穿掌（燕子穿帘）

50. 马步架打（马上挽弓）

51. 左外摆腿（顺风摆莲）

52. 左弓步冲拳（锦鸡抖翎）

53. 退步云手（狮子摇头）

54. 绞花虚步双勾手（白鹤抖翅）

55. 虚步分掌（凤凰展翅）
56. 左右马步架打（横架金梁）
57. 绕步格挡马步下劈拳（拦路斩蛟）
58. 弓步架打上勾拳（蟒蛇钻洞）
59. 弓步栽拳（河边插柳）
60. 弓马步连环拳（小鬼扯钻）
61. 左右绕步格挡马步下劈拳（拦路斩蛟）
62. 弓马步连环拳（小鬼扯钻）
63. 马步下劈弓步反靠臂
64. 左右绕步格挡马步下劈拳（拦路斩蛟）
65. 绞花弓步端挫掌（白蛇吐信）
66. 退步端挫掌（白蛇吐信）
67. 左弓步挑掌右弹腿
68. 右弓步挑掌左弹腿
69. 上步震脚反压肘
70. 弓步顶肘（流星赶月）
71. 插步双推（老僧推碑）
72. 转身提膝架劈拳
73. 穿掌舞花左虚步亮掌（白鹤展翅）
74. 提膝震脚砸拳（金刚捣臼）
75. 退步穿掌虚步挑拳（老道稽首）
76. 退步穿掌并步对拳（拂落尘埃）
77. 收势（猛虎归山）

二、动作说明

1. 预备式

自然直立，两掌心向内贴于大腿外侧，目视前方（图3-4-1）。

图 3-4-1

2. 并步抱拳（停车问路）

下肢不动，两掌变拳，屈肘抱于两腰侧，拳心向上，目视左方（图3-4-2）。

图 3-4-2

3. 弓步双架掌（金剪双架）

左脚上前一步成左弓步；两拳变掌由腰间向下、向前，两手腕交叉（右外左内）上架。目视前方（图3-4-3）。

图 3-4-3

动作要领 左腿曲膝，右腿蹬直，上体不要前俯后仰。

攻防含义 敌起身左劈拳击我头部，我双手上架封住来势。

4. 并步对拳（停车问路）

（1）右脚上前一步；两掌经下向两侧分开，掌心向前；目视正前方（图3-4-4）。

（2）随后左脚向右脚靠拢成并步，同时两掌变拳经上向下按于腹前，拳面相对；目视前方（图3-4-5）。

图 3-4-4　　　　图 3-4-5

5. 提膝上冲拳（青龙探爪）

左脚屈膝提起，脚背绷直，脚尖朝下，同时，右拳变掌向左、向上、向右、向下绕行至腰间变拳向上冲出，力达拳面，拳心向左，左拳同时变掌向下、向左、向上、向右按于右肩前成立掌，掌心朝右，目视前方（图3-4-6）。

图 3-4-6

动作要领　两手弧线绕行时，眼随右手；提膝平衡，右腿挺直。

攻防含义　提膝防敌人右腿攻击。

6. 仆步穿掌（白猿伏地）

右腿屈膝全蹲，左脚向左沿地面穿出成仆步，全脚掌着地；同时右拳收抱于腰间，拳心向上；左掌经左大腿内侧向左脚背上穿出，虎口朝上；目视左掌（图3-4-7）。

图 3-4-7

动作要领 成仆步时身略前俯。
攻防含义 来敌侧踹我头部，我速下势避其锋芒。

7. 弓步架冲拳

右脚蹬直成左弓步，左拳向上滚格架于头上方，拳心向上，同时右拳由腰间向前冲出成平拳，力达拳面，目视右拳（图3-4-8）。

图 3-4-8

动作要领 弓步右腿挺直，冲拳时，拧腰顺肩。
攻防含义 敌右冲拳击我头部，我左臂向上架开，右拳击打敌胸部。

8. 闪身弓步劈拳（三轮炮）

（1）身体重心后移，左腿蹬直，右腿微屈，同时两拳变掌，左掌向下拍击右手背，随后两掌心向下，借上体右转闪身之势，右、左掌依次拍击右大腿、左大腿（图3-4-9）。

（2）上动不停，身体左转，右腿蹬直成左弓步，同时右掌变拳向后、向上直臂绕行向前劈击成立拳，力达拳轮，左掌同时翻腕向前伸出，掌心向上迎击右小臂，目视右拳（图3-4-10）。

图 3-4-9　　　　　　　　　图 3-4-10

动作要领　拍腿击响与弓步劈拳要一气呵成。

攻防含义　敌左横拳击我头部，我速后闪避其锋芒，以击响转移其注意力，迅疾劈击敌头部。

9. 穿掌舞花弓步搂手（金花盘头）

（1）左掌向下、向左抬肘指尖领先向右腋下穿出，同时右拳变掌向上、向右、向下、向左与左臂交汇（左臂在内，右臂在外）后，继续向上、向右、向下，向左平屈于胸前；同时左掌经右腋下穿出后继续向下、向左、向上，向右平屈于右臂上方（图 3-4-11）。

（2）上动不停，左掌经右臂内侧向下、向后变勾手向后上方勾起，勾尖朝上；同时右掌挑起立于左肩前，掌心向后，目视左勾手（图 3-4-12）。

图 3-4-11　　　　　　　　　图 3-4-12

动作要领　左掌向右腋下穿掌时，左肘向上抬起略高于肩；穿掌舞花需连贯绕行。

攻防含义　两臂胸前舞花护住身体，并勾挂敌踢来之腿。

10. 缠腕外拐虚步亮掌（白鹤亮翅）

（1）右掌向前搂手缠腕后翻腕探掌，力达掌背（图 3-4-13）；上动不停，身体重心移至左腿，右脚屈膝向后上方外拐。同时左掌经左肩前向右、向后拍击右脚外侧，左勾手变掌平摆于左上方，目视右掌（图 3-4-14）。

（2）上动不停，右脚落地，左脚向前伸出，脚尖点地成左虚步，同时左掌向上、向右、向下变勾手向后搂挂，勾尖朝上；右掌向后、向上抖腕架于头顶，掌心向上，目视左方（图 3-4-15）。

图 3-4-13　　　　　图 3-4-14　　　　　图 3-4-15

【动作要领】右拐腿时，右手拍击要响亮；虚步亮掌要挺胸塌腰，勾手肘关节伸直。

【攻防含义】敌从后偷袭，我拐腿勾击敌裆部，对方闪开避之，我随即以格斗式静观其动态。

11. 绕步格挡马步下劈拳（拦路斩蛟）

（1）左脚向左前方上步，脚尖外展成绕步，同时右掌变拳收回腰间，左勾手变拳随绕步经下向右、向上、向左格挡，拳心向后，目视左拳（图 3-4-16）。

（2）上动不停，右脚向左前方上一大步，身体随上步左转180°下蹲成马步，左拳收于腰间，拳心向上；同时右拳从右腰间经右肩前向上、向右、向下劈于右膝前，力达拳轮，目视右拳（图 3-4-17）。

图 3-4-16　　　　　图 3-4-17

【动作要领】绕步格挡与马步下劈拳要连贯协调。

【攻防含义】敌左势左冲拳击我头部,我绕走敌人左侧外避其锋芒,并以左小臂格开敌左拳,随即上右脚封敌退路,用右拳斩击敌颈部。

12. 弓马步连环拳(小鬼扯钻)

(1)身体右转,左脚蹬直成右弓步,右拳向上架于头上方,左拳经腰间向前立拳冲出,拳眼朝上,目视左拳(图 3-4-18)。

(2)上动不停,身体左转成马步,同时,左拳向上架于头上方,右拳经腰间向右立拳冲出,拳眼朝上,目视右拳(图 3-4-19)。

图 3-4-18　　　　　　　　图 3-4-19

【动作要领】弓马步连环架冲拳须随腰转动,弓步与马步转换要清晰。

【攻防含义】连续防对方的右、左冲拳,同时连续攻击对方。

13. 弓步冲拳马步反砸拳(六合反盖)

(1)身体右转,左腿蹬直成右弓步,左拳向前冲出成平拳,同时右拳经左臂下方收于左腋下,拳心向下,目视左拳(图 3-4-20)。

(2)上动不停,身体左转成马步,双拳左上右下胸前交叉,经面部向上、在头顶向左右两侧分开反砸拳,拳心斜向上,力达拳背,目视右拳(图 3-4-21)。

图 3-4-20　　　　　　　　图 3-4-21

【动作要领】弓步右挂与马步架打要连贯协调、一气呵成。

【攻防含义】敌左脚踹我腰部，我以右拳挂开，迅疾上步以左拳击敌胸部。

14. 插步勾手马步劈拳

（1）左脚向右后方插步，身体左转，右拳经上向左、向下变勾手向后上方勾挂，勾尖向上；同时，左拳变掌经下向上置于左胸前，掌心向前；目视右勾手（图3-4-22）。

（2）身体向左后转，重心左移，随后右脚向前上步成马步；同时左拳随转体向左上方格挡，右拳随即经上向下劈于右膝前，立达拳轮；目视右拳（图3-4-23、图3-4-24）。

图 3-4-22　　　　　图 3-4-23　　　　　图 3-4-24

【动作要领】勾手与转身格劈要连贯协调。

【攻防含义】勾手挂开对方来腿，转身格挡敌左冲拳，并顺势劈击敌颈部。

15. 弓马步连环拳（小鬼扯钻）

（1）身体右转，左脚蹬直成右弓步，右拳向上架于头上方，左拳经腰间向前立拳冲出，拳眼朝上，目视左拳（图3-4-25）。

（2）上动不停，身体左转成马步，同时，左拳向上架于头上方，右拳经腰间向右立拳冲出，拳眼朝上，目视右拳（图3-4-26）。

图 3-4-25　　　　　图 3-4-26

动作要领 弓马步连环架冲拳须随腰转动，弓步与马步转换要清晰。
攻防含义 连续防对方的右、左冲拳，同时连续攻击对方。

16. 左绕步格挡马步下劈拳（左滚捶）

（1）右脚向左前方上步，脚尖外展成绕步，同时左掌变拳收于腰间，右勾手变拳随绕步经下向左、向上、向右格挡，拳心向后，目视右拳（图3-4-27）。

（2）上动不停，左脚向右前方上一大步，身体随上步右转180°成马步，右拳收于腰间，拳心向上；同时左拳从左腰间经左肩前向上、向左、向下、向右，小臂滚格后向上、向左、向下劈于左膝前，力达拳轮，目视左拳（图3-4-28）。

图 3-4-27　　　　　图 3-4-28

动作要领 绕步右格挡与小臂绕环马步下劈拳要连贯协调。
攻防含义 敌右势右冲拳击我头部，我绕走边门避其锋芒，并以右小臂格开敌右拳，随即上左脚封敌退路，用左小臂滚格挂开对方左冲拳后，顺势劈拳斩击敌颈部。

17. 弓马步连环拳（小鬼扯钻）

（1）身体左转，右脚蹬直成左弓步，左拳向上架于头上方，右拳经腰间向前立拳冲出，拳眼朝上，目视右拳（图3-4-29）。

（2）上动不停，身体右转成马步，同时，右拳向上架于头上方，左拳经腰间向左立拳冲出，拳眼朝上，目视左拳（图3-4-30）。

图 3-4-29　　　　　图 3-4-30

[动作要领] 弓马步连环架冲拳须随腰转动，弓步与马步转换要清晰。
[攻防含义] 连续防对方的右、左冲拳，同时连续攻击对方。

18. 插步勾手马步劈拳

（1）右脚向左后方插步，身体右转，左拳经上向右、向下变勾手向后上方勾挂，勾尖向上；同时，右拳变掌经下向上置于右胸前，掌心向前；目视左勾手（图3-4-31）。

（2）身体向右后转，重心右移，随后左脚向前上步成马步；同时右拳随转体向右上方格挡，左拳随即经上向下劈于右膝前，立达拳轮；目视右拳（图3-4-32、图3-4-33）。

图 3-4-31　　　　图 3-4-32　　　　图 3-4-33

[动作要领] 勾手与转身格劈要连贯协调。
[攻防含义] 勾手挂开对方来腿，转身格挡敌左冲拳，并顺势劈击敌颈部。

19. 弓马步连环拳（小鬼扯钻）

（1）身体左转，右脚蹬直成左弓步，左拳向上架于头上方，右拳经腰间向前平拳冲出，拳心朝下，目视右拳（图3-4-34）。

（2）上动不停，身体右转成马步，同时，右拳向上架于头上方，左拳经腰间向右立拳冲出，拳眼朝上，目视左拳（图3-4-35）。

图 3-4-34　　　　图 3-4-35

【动作要领】弓马步连环架冲拳须随腰转动，弓步与马步转换要清晰。
【攻防含义】连续防对方的右、左冲拳，同时连续攻击对方。

20. 弓步冲拳后撩踢（海底板）

身体左转，右脚蹬直成弓步，同时右拳经腰间向前冲出成平拳，左拳收抱于左腰间，目视右拳（图3-4-36）；随即，上体右转，左脚向后屈膝撩踢；同时，两手在头顶分掌，右掌随即向后、向下击拍左脚掌；左掌下落于身体左侧，目视左脚（图3-4-37）。

图 3-4-36

图 3-4-37

【动作要领】击拍响亮，动作连贯。
【攻防含义】右拳击打前方敌胸，敌若从背后近身袭击，我速起后腿撩踢敌裆部，右掌拍击敌头。

21. 弓步上勾拳（铁僧上香）

左脚向前上一步成左弓步，右掌变拳经右侧下向前上方勾击，力达拳面；左掌下落迎击右小臂，目视右拳（图3-4-38）。

图 3-4-38

动作要领 上左脚与右勾拳要协调一致。

攻防含义 敌右拳向我正面冲来，我左掌下压封住来势，借上步之势右拳勾击敌腹部。

22. 闪身弓步劈拳（三轮炮）

（1）身体重心后移，左腿蹬直，右腿微屈，同时两拳变掌，左掌向下拍击右手背，随后两掌心向下，借上体右转闪身之势，右、左掌依次拍击右、左大腿（图3-4-39）。

（2）上动不停，身体左转，右腿蹬直成左弓步，同时右掌变拳向后、向上直臂绕行向前劈击成立拳，力达拳轮，左掌同时翻腕向前伸出，掌心向上迎击右小臂，目视右拳（图3-4-40）。

图 3-4-39　　　　　　图 3-4-40

动作要领 拍腿击响与弓步劈拳要一气呵成。

攻防含义 敌左横拳击我头部，我速后闪避其锋芒，以击响转移其注意力，迅疾劈击敌头部。

23. 左右摆莲腿（顺风摆莲）

（1）重心上起，右拳变掌与左掌同时向下、向左右两侧分开，向上绕至额前时，左掌心拍击右掌背（图3-4-41）；同时右脚直腿向左、向上、经额前时，左右掌依次拍击右脚背后，继续向右、向下落在左脚内侧地面，两掌置于左右肩上方；目视前方（图3-4-42、图3-4-43）。

（2）上动不停，两掌同时运行至额前时，左掌心拍击右掌背，同时左脚直腿向右、向上，经额前时，右左掌依次拍击左脚背，目视前方（图3-4-44）。

图 3-4-41　　　　　　　图 3-4-42

图 3-4-43　　　　　　　图 3-4-44

【动作要领】两掌击响与额前依次拍脚，要协调连贯、一气呵成；摆腿至最高点时，要挺髋送胯。

【攻防含义】扇击对方左、右面部。

24. 左右弓步冲拳（锦鸡抖翎）

（1）左脚落地，身体左转成左弓步，左拳向上架于头顶左上方，右拳向右立拳冲出，拳眼朝上；目视右拳（图3-4-45）。

（2）身体右转，左脚蹬直成右弓步，右拳向上架于头顶右上方，左拳向左立拳冲出，拳眼朝上；目视左拳（图3-4-46）。

图 3-4-45　　　　　　　图 3-4-46

25. 弓步栽拳（金刚捣臼）

上动不停，身体左转成左弓步，同时右拳向上、向前，经右耳侧向下落于左膝前成栽拳，力达拳面，拳心向后；左拳向上架于头顶，拳心向上，目视右拳（图 3-4-47）。

图 3-4-47

动作要领 弓步栽拳时，右拳经右耳侧弧线下栽。

攻防含义 左拳防上，右拳栽击敌裆部。

26. 提膝冲拳（铁炮冲天）

身体右转，重心移于右腿，右腿伸直，左脚屈膝提起；右拳经左向上、向右绕行至右腰侧，随即向上冲拳，左拳变掌经右向下按于右肩前；目视左方（图3-4-48）。

图 3-4-48

动作要领 右腿站直，左膝里扣脚面绷直。

攻防含义 提膝防敌人踢裆部。

27. 弓步左右反靠臂（樵夫担柴）

左脚向左落步，右脚向左脚前盖步，随后左脚向前上一步成左弓步，同时两拳经腹前交叉（右臂在外、左臂在内）后，右拳向左、向后反靠臂成立拳，力达前臂外侧，拳眼朝上；左拳同时向右、向后反靠臂成立拳，力达前臂外侧，拳眼朝上，目视左拳（图3-4-49、图3-4-50）。

图 3-4-49　　　　　　　图 3-4-50

动作要领　弓步成型与前后反靠臂须同时完成。

攻防含义　攻击左右来敌胸、面部。

28. 歇步推掌（童子拜佛）

右脚向左前方盖步，屈膝全蹲成歇步，同时两手经胸前交叉后，左掌向前推出，力达掌根外沿，右掌变拳经左手背回拉抱于腰间；目视左掌（图3-4-51、图3-4-52）。

图 3-4-51　　　　　　　图 3-4-52

动作要领　坐成歇步与推掌要同时完成。

攻防含义　敌抓我左臂，我右手前拍击敌手，左掌顺势推击其胸部。

29. 弓步左右反靠臂（樵夫担柴）

重心上起，左脚向左上步，右脚向左脚前盖步，随后左脚前上一步成左弓步，同时两拳经腹前交叉（右臂在外、左臂在内）后，右拳向左、向后反靠臂成立拳，力达前臂外侧，拳眼朝上；左拳同时向右、向后反靠臂成立拳，力达前臂外侧，拳眼朝上，目视左拳（图3-4-53、图3-4-54）。

图 3-4-53　　　　　图 3-4-54

【动作要领】弓步成型与前后反靠臂须同时完成。
【攻防含义】攻击左右来敌胸、面部。

30. 虚步架栽拳（行者打虎）

身体右转，右脚向后退一步，左脚尖内侧向前点地成左虚步，同时右拳向后、向上架于头顶上方，拳心向上，左拳同时向右、向下、向左膝盖上栽出（距膝盖约1cm），拳心朝左；目视前方（图 3-4-55）。

图 3-4-55

【动作要领】虚步要挺胸塌腰，架拳与栽拳须同时完成。
【攻防含义】敌向我腰部横踢，我以左小臂格防。

31. 右虚步凤眼捶（手挥琵琶）

左脚向左撤一步，右脚向前脚尖点地成右虚步；同时，左手变凤眼拳，由内向下、向左、向上绕环，护于胸前，右手经右向下、向前变凤眼拳上挑；目视右手（图 3-4-56～图 3-4-58）。

图 3-4-56　　　　　　图 3-4-57　　　　　　图 3-4-58

32. 右弓步掼拳下截拳（指上打下）

（1）右脚上前一步成右弓步，同时两掌向下、经腰间向两侧分掌，右掌变拳向右、向前、向上、向左掼拳，力达拳背，拳眼朝下，左掌同时向左、向前、向上迎击右拳背，目视右拳（图 3-4-59）。

（2）上动不停，右臂外旋，右拳向右、向左下劈出，力达拳轮，同时左臂外旋，左掌向左、向右下迎击右小臂，目视右拳（图 3-4-60）。

图 3-4-59　　　　　　　　　图 3-4-60

【动作要领】"上掼""下截"须以腰带臂、力从腰发；上下迎击声音脆响。

【攻防含义】我右掼拳击敌头部，敌后闪，并用右脚踢我裆部，我迅疾以右拳截击敌腿。

33. 右虚步凤眼捶（手挥琵琶）

右脚向右撤一步，左脚向前脚尖点地成左虚步；同时，右手变凤眼捶由内向下、向右、再向上绕环，护于胸前，左手经左向下、向前变凤眼捶上挑；目视左手（图 3-4-61）。

图 3-4-61

34. 左弓步掼拳下截拳（指上打下）

（1）左脚上前一步成左弓步，同时两掌向下、经腰间向两侧分掌，左掌变拳向左、向前、向上、向右掼拳，力达拳背、拳眼朝下，右掌同时向右、向前、向上迎击左拳背，目视左拳（图3-4-62）。

（2）上动不停，左臂外旋，左拳向左、向右下劈出，力达拳轮，同时右臂外旋，右掌向右、向左下迎击左小臂，目视左拳（图3-4-63）。

图 3-4-62　　　　图 3-4-63

动作要领　"上掼""下截"须以腰带臂、力从腰发；上下迎击声音脆响。

攻防含义　我右掼拳击敌头部，敌后闪，并用右脚踢我裆部，我迅疾以右拳截击敌腿。

35. 上步鞭拳里合腿（张飞片马）

（1）左脚向右前方绕上步，同时左拳经右向左前方鞭击，右拳收抱于右腰间；目视左拳（图3-4-64）。

（2）上动不停，身体重心前移，左脚尖外展，右脚向右、向上、向左里合扫摆，同时右拳变掌收抱于腰间，左掌向下、向左、向上迎击右前脚掌（图3-4-65）。

（3）上动不停，身体左转180°，右脚随转体向左、向下落于左脚内侧，左掌置于腹前，掌心向下；目视右脚（图3-4-66）。

图 3-4-64　　　　　　　图 3-4-65　　　　　　　图 3-4-66

动作要领　里合腿扫摆至最高点时，脚内翻，前脚掌下压，主动拍击左手掌心，击拍响亮。

攻防含义　鞭拳击打敌头部，敌后退躲闪，我以右脚扇击对方左面部。

36. 俯身后蹬腿（怒龙抢珠）

上动不停，屈膝半蹲，右拳向前置于膝前，拳心向上，左掌变拳置于右拳上方，拳心向下，两拳心相对，目视前下方（图3-4-67）；上动不停，身体重心移至右脚，左脚由屈变伸向后上方蹬出，力达脚掌；目视前下方（图3-4-68）。

图 3-4-67　　　　　　　　　图 3-4-68

动作要领　右脚落地与左脚后蹬须衔接紧凑、迅疾连贯。
攻防含义　承上式，敌低头躲过我里合腿，我左脚迅疾后蹬其颈部。

37. 提膝震脚砸拳（海底捞月）

（1）左脚向后落步，身体左转180°，左拳变掌随转体向上、向左、向下轮臂摆至腹前，掌心向上，同时右脚屈膝提起，脚背绷平，右拳同时向后、向上举至头顶，拳心向左，目视左掌（图3-4-69）。

（2）右脚向左脚内侧地面下踏震脚，屈膝半蹲，右拳外旋，拳背领先向下砸于左掌心，力达拳背，目视前下方（图3-4-70）。

图 3-4-69　　　　　　　图 3-4-70

动作要领　提膝膝盖高于腰，右拳上举臂伸直。

攻防含义　用力踩踏敌脚背，敌负痛低头，我迅疾下砸其后颈部。

38. 仆步抡劈（飞燕拍翅）

右脚向右撤一步，身体左转，右拳随转体经下向左轮臂，同时，左拳向右腋下穿出（图 3-4-71）；随后，左脚屈膝全蹲成右仆步，同时，右掌直臂经左、向上、向右（身体右转）、向下、向后、向上、轮臂绕环，同时左拳向左、向上、向前绕环后，右拳下砸于右脚前，左拳握于左腰侧；目视右拳（图 3-4-72、图 3-4-73）。

图 3-4-71　　　　　　图 3-4-72　　　　　　图 3-4-73

动作要领　轮臂时，身体左右拧转，以腰带臂画立圆。

攻防含义　两臂左右立圆绕环护住身体。

39. 弓马步连环拳（小鬼扯钻）

（1）重心前移，左脚蹬直成右弓步，右拳向上架于头上方，左拳经腰间向前立拳冲出，拳眼朝上，目视左拳（图 3-4-74）。

（2）上动不停，身体左转成马步，同时，左拳向上架于头上方，右拳经腰间向右立拳冲出，拳眼朝上，目视右拳（图 3-4-75）。

图 3-4-74

图 3-4-75

40. 虚步凤眼捶（手挥琵琶）

右脚后退一步，身体右转，左脚向右前方上步，脚尖点地成左虚步；右手变凤眼拳从右向左，再向右绕平圆后收回左胸前，左手变凤眼拳与右手反方向绕转从胸前击向前方；目视左手（图 3-4-76）。

图 3-4-76

41. 左转鞭拳弓马步连环拳（银蟒绞柱、小鬼扯钻）

（1）左脚绕行上步，左拳向左格挡；随即身体左转，右脚向前上步，右拳随转体向前上方掼拳，立达拳眼；目视右拳（图 3-4-77、图 3-4-78）。

（2）上动不停，左脚退后一步，随即向左后转身，左拳随转身向左鞭击；紧接着右脚上前一步，右拳随转体向前上方掼拳，立达拳眼；目视右拳（图 3-4-79、图 3-4-80）。

（3）身体右转，左脚蹬直成右弓步，右拳收抱于右腰间，左拳经腰间向前平拳冲出，拳心朝下，目视左拳（图 3-4-81）。

（4）上动不停，身体左转成马步，同时，左拳向上架于头上方，右拳经腰间向右立拳冲出，拳眼朝上，目视右拳（图 3-4-82）。

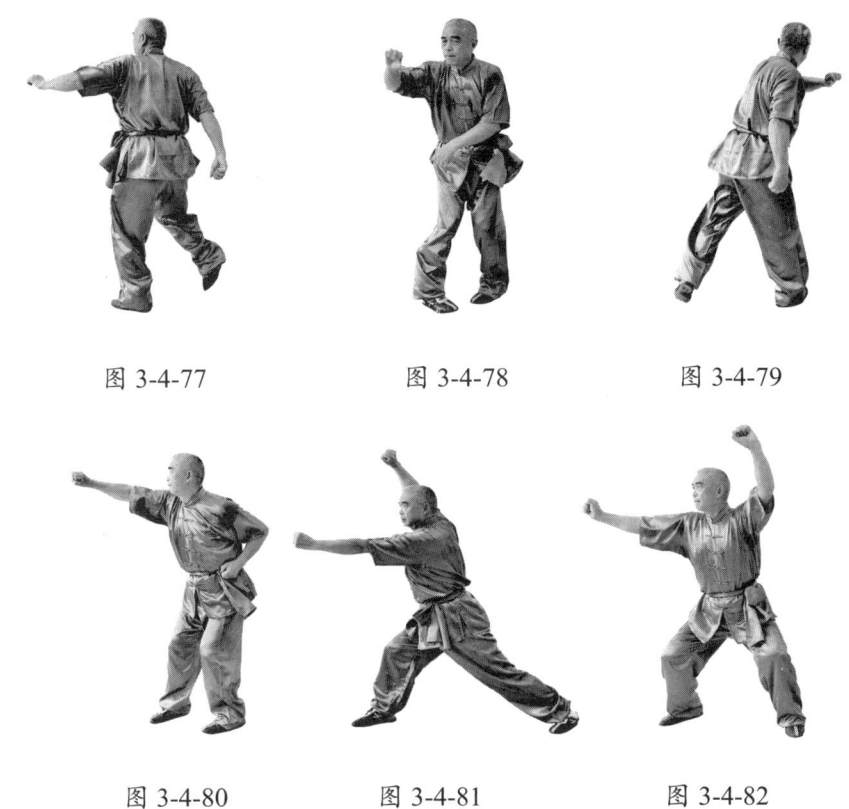

图 3-4-77　　　　　图 3-4-78　　　　　图 3-4-79

图 3-4-80　　　　　图 3-4-81　　　　　图 3-4-82

动作要领 上步掼拳与转身鞭拳须衔接紧凑、连贯协调。弓马步连环架冲拳须随腰转动，弓步与马步转换要清晰。

攻防含义 连续防对方的右冲拳、左冲拳，同时连续攻击对方。

42. 右转鞭拳弓马步连环拳（银蟒绞柱、小鬼扯钻）

该动与 41 动相同，唯方向相反。

43. 上步旋风脚（旋风扫叶）

身体左转，右脚向前上一步，脚尖内扣，随即右脚蹬地跳起，左腿向左上方摆动，上体随着向左上方翻转，两臂也向左上方抢摆，身体在空中旋转一周，右腿做里合腿，左手在面前迎击前脚掌，左腿自然下垂（图 3-4-83～图 3-4-85）。

图 3-4-83　　　　　　图 3-4-84　　　　　　图 3-4-85

【动作要领】旋风脚踏跳时，上体应保持直立，头上顶。

【攻防含义】右腿上提转移对方注意力，右脚迅疾扫击其面部。

44. 仆步穿掌（白猿伏地）

左、右脚先后落地，右腿屈膝全蹲，左脚向左沿地面穿出成仆步，全脚掌着地；同时左掌前面领先经左大腿内侧向左脚背上穿出；右掌直臂举于右上方，虎口朝上；目视左掌（图3-4-86）。

图 3-4-86

【动作要领】仆步形成，左掌前穿同时进行。

【攻防含义】左方来敌侧踹我头部，我速下势避其锋芒。

45. 弓步架冲拳（马上挽弓）

右脚蹬直成左弓步，左拳向上滚格架于头上方，拳心向上，同时右拳由腰间向前冲出成平拳，力达拳面；目视右拳（图3-4-87）。

图 3-4-87

动作要领 弓步右腿挺直,冲拳时,拧腰顺肩。

攻防含义 敌右冲拳击我头部,我左臂向上架开,右拳击打敌胸部。

46. 穿掌舞花左虚步亮掌(白鹤展翅)

(1)右脚向前收半步,左拳变掌,掌心向内经左胸前指尖领先向右腋下穿出,同时右拳变掌向左、向上、向右、向下、向左与左臂交汇(左臂在内,右臂在外)后,继续向上、向右、向下,向左平屈于胸前;同时左掌经右腋下穿出后继续向下、向左、向上、向右,平屈于右臂上方(图 3-4-88)。

(2)上动不停,身体重心移至右脚,左脚背绷平,脚尖内侧点地成左虚步,同时,左掌经右臂内侧向下、向后变勾手向上勾挂,勾尖朝上;右掌同时经左臂外侧向上架于头顶上方,目视前方(图 3-4-89)。

图 3-4-88　　　图 3-4-89

动作要领 左掌向右腋下穿掌时,左肘向上抬起略高于肩;穿掌舞花需连贯绕行。

攻防含义 两臂胸前舞花护住身体,并勾挂敌腿。

47. 单飞后撩摆莲腿（三不落）

（1）左脚向前上一步，随即右脚向前上步，屈膝半蹲行步前进五步，同时两掌在胸前（右掌顺时针，左掌逆时针）依次绕环五周，目视前方（图3-4-90、图3-4-91）。

图 3-4-90　　　　　图 3-4-91

（2）当左脚向前上第五步时，身体重心前移，右掌变拳，拳背与左掌心相护迎击（图3-4-92），随后右脚向前上方直腿摆踢，脚背绷平，力达脚背，同时右拳变掌迎击右脚背，左掌变拳收抱于腰间，拳心向上，目视右脚（图3-4-93）。

图 3-4-92　　　　　图 3-4-93

（3）左脚蹬地跳起，空中屈膝向后上方撩踢，力达脚掌，右脚下落，同时右掌向下、向后拍击左脚内侧，左掌屈臂架于额前，目视左脚（图3-4-94）。

（4）上动不停，右脚落地后迅速蹬地跳起，身体右转180°，同时右脚向左、向上、向右、向下弧线摆腿，左右掌同时在左脚经过面部时依次击拍右脚背（图3-4-95）。

图 3-4-94　　　　　图 3-4-95

【动作要领】 行步云手，手脚要配合协调；"三不落"是指拍击三响声要在空中进行。

【攻防含义】 云手进步是左右拨开围攻之敌，三不落击打前后之敌。

48. 虚步架栽拳（行者打虎）

右脚向后落地，左脚尖内侧向前点地成左虚步，同时右掌变拳向下、向后、向上架于头顶上方，拳心向上，左掌同时变拳向右、向下、向左膝盖上栽出（距膝盖约1cm），拳心朝左，目视前方（图3-4-96）。

图 3-4-96

49. 仆步穿掌（燕子穿帘）

（1）身体左转，右脚上前一步，同时，左拳变掌向前探出，随转身经下向左、向上、向右按掌，右掌变拳收于腰间；目视左掌（图3-4-97）。

（2）身体左转，右腿屈膝全蹲，左脚向左沿地面穿出成仆步，全脚掌着地；同时，右拳变掌经左手背向右上方穿出，虎口朝上，左掌同时经左大腿内侧向左脚背上穿出；目视左掌（图3-4-98）。

图 3-4-97　　　　　图 3-4-98

动作要领　转身两手绕环，左掌下穿，要连贯协调一致。
攻防含义　身下俯躲避敌人攻击。

50. 马步架打（马上挽弓）

重心前移，身体左转，右脚上步成马步，左掌变拳向上架于头上方，右掌变拳经腰间向右立拳冲出，拳眼朝上，目视右拳（图 3-4-99）。

图 3-4-99

动作要领　重心前移成马步冲拳须拧腰顺肩。
攻防含义　左手架开敌方来拳，迅疾以右拳击打敌胸部。

51. 左外摆腿（顺风摆莲）

身体右转，左脚向右脚靠拢，两拳变掌，左掌心拍击右掌背（图 3-4-100）；随后，左脚直腿向右、向上做外摆腿，当脚摆至经额前时，右左掌依次拍击左脚背，目视前方（图 3-4-101）。

图 3-4-100　　　　图 3-4-101

动作要领　两掌击响与额前依次拍脚，要协调连贯；摆腿至最高点时，要挺髋送胯。

攻防含义　扇击对方左面部。

52. 左弓步冲拳（锦鸡抖翎）

左脚落地，身体左转成左弓步，左掌变拳向上架于头顶左上方，右拳向右立拳冲出，拳眼朝上；目视右拳（图 3-4-102）。

图 3-4-102

动作要领　弓步右腿挺直，冲拳时，拧腰顺肩。
攻防含义　敌右冲拳击我头部，我左臂向上架开，右拳击打敌胸部。

53. 退步云手（狮子摇头）

左右脚屈膝半蹲连续退步（共退七步）；同时两掌在胸前依次绕环（右掌顺时针，左掌逆时针），目视前方（图 3-4-103、图 3-4-104）。

图 3-4-103　　　　　图 3-4-104

动作要领　退步云手，手脚要协调配合。
攻防含义　左右拨开围攻之敌。

54. 绞花虚步双勾手（白鹤抖翅）

退第七步后，身体左转180º，随即左脚向前上一步，身体左转成左虚步，同时，两手掌跟相靠，以腕为轴，在头面部顺时针旋转做绞花手，随后两手经下向两侧变勾手上举，右勾手略高于头，勾尖朝下，左勾手略高于肩勾尖朝下；目视前方（图3-4-105～图3-4-107）。

图 3-4-105　　　　　图 3-4-106　　　　　图 3-4-107

55. 虚步分掌（凤凰展翅）

重心上起，随即再下蹲成左虚步，同时双勾手变掌，经腹前交叉，在头顶向左右分掌，左掌心向上，与肩同高，右掌心斜向上举至右上方，目视左掌（图3-4-108）。

图 3-4-108

动作要领 腹前交叉与重心上起、左右分掌与虚步定型要协调一致。

攻防含义 格斗式,定势关注。

56. 左右马步架打(横架金梁)

(1)左脚向左后方撤一步,同时左掌向左、向上、向右、向下经左膝前左下挂,继续向左、向上变拳架于头顶上方;目视左前方(图3-4-109)。

(2)上动不停,右脚向前上步成马步,同时右拳向前立拳冲出成马步冲拳,力达拳面,拳眼朝上,目视右拳(图3-4-110)。

图 3-4-109　　　图 3-4-110

(3)右脚向右后方撤一步,同时右拳从腰间向右、向上、向左、向下经右膝前右下挂后继续向右、向上架于头顶上方(图3-4-111)。

(4)上动不停,左脚向前上步成马步,同时左拳向前立拳冲出成马步冲拳,力达拳面,拳眼朝上,目视左拳(图3-4-112)。

图 3-4-111　　　　　图 3-4-112

动作要领　右脚撤步与右下挂拳要协调一致,马步成型与左冲拳要同时完成。

攻防含义　敌左脚向我裆部踢来,我以右小臂向右挂开,迅疾上步左拳击打敌胸部。

57. 绕步格挡马步下劈拳（拦路斩蛟）

（1）左脚向左前方上步,脚尖外展成绕步,同时右拳收回腰间,拳心向上,左拳随绕步经下向右、向上、向左格挡,拳心向后,目视左拳（图 3-4-113）。

（2）上动不停,右脚向左前方上一大步,身体随上步左转180°成马步,左拳收于腰间,拳心向上;同时右拳从右腰间经右肩前向上、向右、向下劈于右膝前,力达拳轮,目视右拳（图 3-4-114）。

图 3-4-113　　　　　图 3-4-114

动作要领　绕步左格挡与马步下劈拳要连贯协调。

攻防含义　敌左势左冲拳击我头部,我绕走边门避其锋芒,并以左小臂格开敌拳,随即上右脚封敌退路,用右拳斩击敌颈部。

58. 弓步架打上勾拳（蟒蛇钻洞）

（1）身体右转，左脚蹬直成右弓步，同时，右拳向上架于头顶上方，左拳经腰间向前立拳冲出，目视左拳（图 3-4-115）。

（2）左脚向前上一步成左弓步，右拳经右大腿外侧向前上方勾击，力达拳面；左掌下落迎击右小臂，目视右拳（图 3-4-116）。

图 3-4-115　　　　　　图 3-4-116

【动作要领】上左脚与右勾拳要协调一致。

【攻防含义】敌右拳向我正面冲来，我左掌下压封住来势，借上步之势右拳勾击敌腹部。

59. 弓步栽拳（河边插柳）

左脚向左撤一小步成左弓步，同时向右、向下、向后、向上，经右耳侧向下落于左膝前成栽拳，力达拳面，拳心向后；左掌同时变拳经下向左架于头上方，拳心向上，目视右拳（图 3-4-117）。

图 3-4-117

【动作要领】弓步栽拳时，右拳经右耳侧弧线下载。

【攻防含义】左掌防上，右拳栽击敌裆部。

60. 弓马步连环拳（小鬼扯钻）

（1）右脚上前一步，左脚蹬直成右弓步，同时右拳向上架于头上方，左拳经腰间向前立拳冲出，拳眼朝上，目视左拳（图3-4-118）。

（2）上动不停，身体左转成马步，同时，左拳向上架于头上方，右拳经腰间向右立拳冲出，拳眼朝上，目视右拳（图3-4-119）。

图 3-4-118　　　　　　　　图 3-4-119

动作要领　弓马步连环架冲拳须随腰转动，弓步与马步转换要清晰。

攻防含义　连续防对方的右、左冲拳，同时连续攻击对方。

61. 左右绕步格挡马步下劈拳（拦路斩蛟）

（1）右脚向右前方上步，脚尖外展成绕步，同时左掌变拳收回腰间，右勾手变拳随绕步经下向左、向上、向右格挡，拳心向后，目视右拳（图3-4-120）。

（2）上动不停，左脚向右前方上一大步，身体随上步右转180°成马步，右拳收于腰间，拳心向上；同时左拳从左腰间经左肩前向上、向左、向下劈于左膝前，力达拳轮，目视左拳（图3-4-121）。

图 3-4-120　　　　　　　　图 3-4-121

（3）左脚向左前方上步，脚尖外展成绕步，同时右拳收回腰间，左拳随绕步经下向右、向上、向左格挡，拳心向后，目视左拳（图3-4-122）。

（4）上动不停，右脚向左前方上一大步成马步，身体随上步左转180°成马步，左拳收于腰间，拳心向上；同时右拳从右腰间经右肩前向上、向右、向下劈于右膝前，力达拳轮，目视右拳（图3-4-123）。

图 3-4-122　　　　　图 3-4-123

【动作要领】绕步格挡与马步下劈拳要连贯协调。

【攻防含义】敌冲拳击我头部，我绕走边门避其锋芒，并以小臂格开敌拳，随即上步封敌退路，并迅疾斩击敌颈部。

62. 弓马步连环拳（小鬼扯钻）

（1）左脚蹬直成右弓步，同时右拳向上架于头上方，左拳经腰间向前立拳冲出，拳眼朝上，目视左拳（图3-4-124）。

（2）上动不停，身体左转成马步，同时，左拳向上架于头上方，右拳经腰间向右立拳冲出，拳眼朝上，目视右拳（图3-4-125）。

图 3-4-124　　　　　图 3-4-125

动作要领 弓马步连环架冲拳须随腰转动,弓步与马步转换要清晰。
攻防含义 连续防对方的右、左冲拳,同时连续攻击对方。

63. 马步下劈弓步反靠臂

(1)身体左转,右脚上前一步成马步,同时,右拳经上向前、向下劈于右膝前,左拳同时经腰间向左格挡后收抱于腰间;目视右拳(图3-4-126)。

(2)上动不停,右脚蹬直成左弓步,两拳在腹前交叉(右臂在外、左臂在内),随后,右左腿蹬直成右弓步,同时,右拳经前向右、向后反靠臂成立拳,力达前臂外侧,拳眼朝上;左拳同时经前向左、向后反靠臂成立拳,力达前臂外侧,拳眼朝上,目视左拳(图3-4-127、图3-4-128)。

图 3-4-126　　　　图 3-4-127　　　　图 3-4-128

动作要领 弓步成型与反靠臂须同时完成。
攻防含义 攻击左右来敌胸、面部。

64. 左右绕步格挡马步下劈拳(拦路斩蛟)

该动作说明、动作要领、攻防含义均与61动相同,仅路线为从左至右行进。

65. 绞花弓步端挫掌(白蛇吐信)

(1)重心上起,身体右转,同时,两拳变掌,两掌跟贴紧,以手腕为轴,顺时针旋转360°做绞花手,目视左掌(图3-4-129)。

(2)上动不停,右腿提膝震脚,左脚同时提起向前落步成左弓步,同时左掌变勾手向下、向后、向上勾挂,勾尖朝上,右掌同时经腰间向前上方端挫,掌心向上,力达掌跟外沿,目视右掌(图3-4-130)。

图 3-4-129　　　　　　图 3-4-130

动作要领　绞花手提膝震脚接弓步端挫掌要连贯协调，一气呵成。

攻防含义　敌右拳劈我头部，我"阴阳手"接住，以绞花手法右臂外旋敌小臂，左掌下压扳肘将其制服。敌后退摆脱，我搂开敌小臂，右掌迅疾端挫其下颌。

66. 退步端挫掌（白蛇吐信）

（1）左脚向后退一步成右弓步，右掌变勾手向后搂挂，勾尖向上，左掌同时经腰间向前上方端挫，掌心向上，力达掌跟外沿，目视左掌（图3-4-131）。

（2）右脚向后退一步成左弓步，左掌变勾手向后搂挂，勾尖向上，右勾手变掌同时经腰间向前上方端挫，掌心向上，力达掌跟外沿，目视右掌（图3-4-132）。

（3）左脚向后退一步成右弓步，右掌变勾手向后搂挂，勾尖向上，左掌同时经腰间向前上方端挫，掌心向上，力达掌跟外沿，目视左掌（图3-4-133）。

图 3-4-131　　　　　　图 3-4-132　　　　　　图 3-4-133

动作要领　退步和向前挫掌要同时进行。

攻防含义　勾手挂开对方来拳，迅疾以掌跟端挫其下颌。

67. 左弓步挑掌右弹腿

（1）左脚向左前方上步成左弓步，同时右勾手变掌经腰间向左前方挑出成立掌，左掌按于右肘内侧，目视右掌（图 3-4-134）。

（2）上动不停，两手保持不变，右脚向前上方弹踢，目视右脚（图 3-4-135）。

图 3-4-134　　　　　图 3-4-135

动作要领　弓步挑掌与弹踢腿须衔接紧凑。

攻防含义　挑开对方来拳，迅疾弹踢其裆部。

68. 右弓步挑掌左弹腿

（1）右脚向右前方落步成右弓步，同时左掌经腰间向右前方挑出成立掌，右掌按于左肘内侧，目视左掌（图 3-4-136）。

（2）上动不停，两手保持不变，左脚向前上方弹踢（图 3-4-137）。

图 3-4-136　　　　　图 3-4-137

动作要领　弓步挑掌与弹踢腿须衔接紧凑。

攻防含义　挑开对方来拳，迅疾弹踢其裆部。

69. 上步震脚反压肘

左脚向前落步,身体左转,右脚随之提起向左脚内侧并步震脚,屈膝半蹲,同时右臂曲臂反压肘,拳心向右,立达肘尖,同时左掌迎击右拳背,目视右肘(图3-4-138)。

图 3-4-138

(动作要领) 上步并步震脚时,右脚掌垂直向下用力踏地,上体保持正直。
(攻防含义) 震脚分散对方注意力,迅速以右肘击敌胸部

70. 弓步顶肘(流星赶月)

右脚向右撤一步成右弓步,同时右臂屈肘向右顶出,拳与肩平,拳心向下,力达肘尖,左掌同时助推右拳面,目视右肘(图3-4-139)。

图 3-4-139

(动作要领) 弓步保持上体正直,顶肘时大小臂在一个平面上。
(攻防含义) 承上式,敌退右脚避开我压击肘,我即上右脚封敌退路,并以右肘顶击敌胸部。

71. 插步双推（老僧推碑）

身体右转，左脚上前一步，右拳变掌臂伸直，与左掌同时向下、向右摆至与肩齐平，左掌心向后，右掌心向前，目视右掌（图 3-4-140）；上动不停，右脚向左后方插步，同时两掌向上，经面部向左推出成立掌，力达掌跟外沿，目视左掌（图 3-4-141）。

图 3-4-140　　　　　图 3-4-141

动作要领　上步双摆与插步推掌，动作要连贯自然，衔接紧凑。
攻防含义　上步右转臂右摆，诱敌深入，突然插步猛推其胸部。

72. 转身提膝架劈拳

身体右转，两掌随转体直臂向上、向下、向右绕行至与肩平时，左脚蹬地提起，脚背绷平成提膝平衡，同时右掌变拳向上架于头顶上方，左掌同时变拳向上、向左劈击，拳眼朝上，力达拳轮，目视左拳（图 3-4-142）。

图 3-4-142

动作要领 转身双摆与提膝劈拳，动作要连贯自然，衔接紧凑。
攻防含义 两臂双摆护住腰腹，提膝让过对方的勾踢腿，速以左拳劈击敌头。

73. 穿掌舞花左虚步亮掌（白鹤展翅）

（1）右脚向前收半步，左拳变掌，掌心向内经左胸前指尖领先向右腋下穿出，同时右拳变掌向左、向上、向右、向下、向左与左臂交汇（左臂在内，右臂在外）后，继续向上、向右、向下、向左平屈于胸前；同时左掌经右腋下穿出后继续向下、向左、向上、向右平屈于右臂上方（图3-4-143）。

（2）上动不停，身体重心移至右脚，左脚背绷平，脚尖内侧点地成左虚步，同时，左掌经右臂内侧向下、向后变勾手向上勾挂，勾尖朝上；右掌同时经左臂外侧向上架于头顶上方，目视前方（图3-4-144）。

图 3-4-143　　　　图 3-4-144

动作要领 左掌向右腋下穿掌时，左肘向上抬起略高于肩；穿掌舞花需连贯绕行。
攻防含义 两臂胸前舞花护住身体，并勾挂敌腿。

74. 提膝震脚砸拳（金刚捣臼）

（1）身体重心移至左脚，右脚屈膝提起，脚背绷平，脚尖朝下，同时左拳变掌置于腹前，虎口朝下，右拳同时向前、向上举至头顶右上方，拳心向右，目视前方（图3-4-145）。

（2）右脚全脚掌向左脚内侧用力踏地并步震脚，同时右拳外旋向下砸向左掌心，力达拳背，目视前下方（图3-4-146）。

图 3-4-145　　　　图 3-4-146

动作要领　提膝膝盖高于腰，

攻防含义　用力踩踏敌脚背，敌负痛低头，我迅疾下砸其后颈部。

75. 退步穿掌虚步挑拳（老道稽首）

（1）右脚向后退一步，右拳变掌经左掌心上向前穿出，掌心向上，同时左掌收于右腋下，掌心向上（图3-4-147）。

（2）右脚向后退一步，两掌变拳，胸前依次逆时针绕挑两周后，左脚脚尖内侧点地成左虚步，同时左拳变掌向前推出成立掌，掌心向右，右拳同时变掌收按于右肘内侧成立掌，掌心向左，目视左掌（图3-4-148）。

图 3-4-147　　　　图 3-4-148

动作要领　虚步时，挺胸塌腰。

攻防含义　承上式，敌缩头躲我砸拳，我迅疾插击敌眼睛，敌后退闪开，我格斗式静观敌动态。

76. 退步穿掌并步对拳（拂落尘埃）

（1）身体右转，左脚随转体向右移成左虚步挑拳，随即左脚向后退步成右弓步，同时两拳变掌经腰间向前穿出，高与肩平，掌心向上，目视前方（图3-4-149、

图 3-4-150）。

（2）右脚向右后撤步，左脚向右脚靠拢成并步，同时两掌变拳直臂向下、向后，经体侧绕行至头两侧时，屈肘向腹前对拳，拳心向下，拳面相对，目视前方（图 3-4-151、图 3-4-152）。

图 3-4-149　　　　　图 3-4-150

图 3-4-151　　　　　图 3-4-152

动作要领 退步前穿、并步按掌动作要协调一致。

77. 收势（猛虎归山）

两掌自然下垂成立正姿势，目视前方（图 3-4-153）。

图 3-4-153

第四章
罗汉功

"罗汉功"源自少林第一精妙内功罗汉功,相传是由少林韦陀门释光大师授于喻家少林六合拳创始人喻祯麟的内功秘法,后由喻祯麟在家族中传习。喻家少林六合拳第八代掌门刘朝贵先生在继承喻家先师的技法基础上,推陈出新、深思凝练,不仅将罗汉养生功发扬光大,而且逐渐将其规范成一套具有养医特点的健身养生功法体系。该功法不仅延续了少林武术"禅武合一"的修行要诀,而且融入了"经络循行"和"身心调试"的中医理论,彰显"体医结合、防患未然"的健身养生新理念,是一种能增强体质、预防疾病和延年益寿的运动良方。

根据"罗汉功"的功法内容和功效价值,罗汉功功法体系可以分为"经络操"(操)、"桩功"(桩)和"罗汉正气功"(功)三个部分。练习者可根据自己的身体实际情况进行选择和自由组合练习,同时每个部分也可独立成章单独演练。

"罗汉功"功法特点具有多元化的特征,总的来讲可以概括为以下四个方面。第一,提倡运动养生和治未病的观念,其主张通过运动来强健体魄、防患未然、养生治病,即在呼吸运动和意念活动基础上突出"身体运动",这也是罗汉养生功区别于其他传统养生术的根本所在。第二,强调身体运动、呼吸运动及自我按摩相结合,形成了科学规范的调身、调吸、调心的健身养生理论与方法。第三,方法质朴、易学易练。在练习中,以多样式的身体动作,通过对关节和筋骨的旋转、开合、屈伸等外柔内力,提升机体的柔韧和灵敏性,强健体魄,动作设计科学合理。第四,在练功原则上,以动为主,动静结合;以内为主,内外兼修;以形为主,形神合一,以养为主、养医结合,体现出深邃的哲学意涵和中国养生智慧。

第一节 基本动作、经络操与桩功[①]

一、手型与步型

1. 空心拳

四指并拢,向内卷屈松握,拇指第一指节压于食指与中指的第一指节上(图4-1-1)。

图 4-1-1

2. 八字掌

五指自然伸直,拇指与食指形成八字,掌心内凹(图4-1-2)。

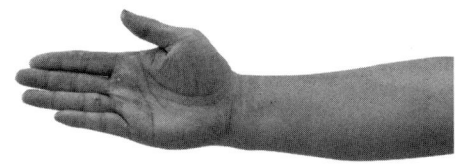

图 4-1-2

---

① 演示:刘朝贵、童国军、赵通足

3. 龙爪手

拇指弯曲外展，其余四指用力张开，第2、3节指骨弯曲，掌心内凹（图4-1-3）。

图 4-1-3

4. 弓步

两脚前后分开距离约三脚长。前脚脚尖微内扣，斜向前方，屈膝半蹲，膝部与脚尖垂直；后退挺膝伸直，脚尖内扣；两脚全脚掌着地（图4-1-4）。

图 4-1-4

要点 上体正直，臀部收敛，前脚踩，后脚蹬。

5. 马步

两脚左右分开，距离约三脚长脚尖稍外展，屈膝半蹲，膝部与脚尖垂直，上体正直，收腹敛臀（图4-1-5）。

图 4-1-5

要点 膝盖与脚尖在一条垂线上，收腹，立腰。

二、经络操

1. 活络指腕

开步站立，两手置于胸前，十指相对掌心空出，用力按压；左掌竖立，右手辅助用力向后压腕，左右交替进行（图4-1-6～图4-1-8）。

图 4-1-6　　　　　图 4-1-7　　　　　图 4-1-8

要点 用力适中，速度均匀，节奏缓慢，眼向前平视。

2. 罗汉抖脚

一脚直立支撑，另一脚提起以踝关节为圆心放松转动（顺、逆时针），左右脚交替进行；直立时尽力保持身体平衡，通过单腿直立和踝关节运动，提高对脚趾的控制力，增强本体感觉（图4-1-9～图4-1-11（侧面左））。

图 4-1-9　　图 4-1-10（侧面右）　图 4-1-11（侧面左）

要点 要求两眼平视前方，不可低头弓腰；速度均衡，左右脚顺、逆时针各三十次。

3. 罗汉搅腿

一脚直立支撑，另一只脚提膝，以膝关节为轴沿水平转动（顺、逆时针），左右脚交替进行（图 4-1-12～图 4-1-14）。

图 4-1-12　　　　图 4-1-13（侧面）　　　　图 4-1-14

要点　放松踝、膝、髋关节，保持身体直立，控制平衡；速度均衡，左右脚各顺、逆时针三十次。

4. 罗汉转丹田

自然直立，左脚向左缓撤一步与肩同宽，意守丹田（从脚部算起，用身高的长度乘以 0.618 的位置即脐下三寸的关元穴），然后以意领气，以丹田为圆心，顺时针、逆时针转动（图 4-1-15～图 4-1-16）。转丹田能防止早衰，健身延年。

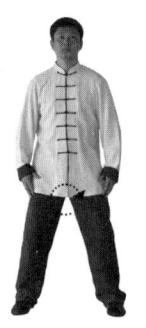 

图 4-1-15　　　　图 4-1-16

要点　松腰、敛臀、圆档、沉肩、提肛；速度均衡，顺、逆时针各三十次。

5. 罗汉转膻中

自然直立，左脚向左缓撤一步与肩同宽，意守膻中（平第四肋间，两乳头连线的中点），然后以意领气以膻中穴为圆心，顺、逆时针转动（图 4-1-17～图 4-1-18）。

缓解胸部、腹部疼痛,治疗心悸、呼吸困难、咳嗽等疾病。

图 4-1-17　　　　　图 4-1-18

要点 速度均衡,自然呼吸,吞吐有节,顺、逆时针各三十次。

6. 罗汉托天

两脚与肩同宽,两手上托经胸前十指交叉内旋向上托起至两手心朝上(吸),两臂继续上托,肘关节伸直,舒胸展体略有停顿;身体后仰(吐),牵拉身体前侧(图 4-1-19～图 4-1-20 附(侧面))。

 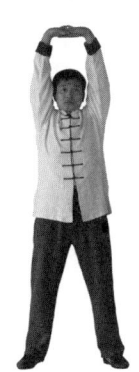 

图 4-1-19　　　图 4-1-20　　　图 4-1-20 附(侧面)

重点 呼吸、动作、意念协调配合,放松肩部和膀臂肌肉;速度均衡,重复六次,上吸下吐。

7. 罗汉固肾腰

接上式动作,两掌下按至胸前,经膻中穴后穿于后背,两掌沿后背顺势沿膀胱经下至足跟,再向前攀足尖,意守涌泉穴;稍停后,随吸气,缓缓直腰,手提至头顶,两掌掌心相对(图 4-1-21～图 4-1-26)。此势的动作重点在腰部,腰为肾之府,长期运动腰部可起到和带脉,通任督的作用,具有强肾、醒脑、明目的功效。

图 4-1-21　　　　图 4-1-22　　　　图 4-1-23

图 4-1-24　　　　图 4-1-25　　　　图 4-1-26

 患有高血压、脑血管硬化者，腰椎有疾者操作时头不宜过低。

8. 罗汉深蹲

两脚开立成马步（三脚半的距离），脚尖外展，双手抱头，下蹲身体保持直立，两眼平视前方，下蹲时保持大腿与地面平行（图 4-1-27 ～图 4-1-29）。

  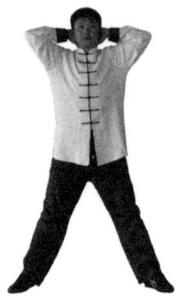

图 4-1-27　　　　图 4-1-28　　　　图 4-1-29

要点 速度均衡，下蹲吸气，上升呼气，量次三十次。

9. 罗汉脱衣

两脚开立蹲成马步（三脚半的距离），脚尖稍内扣，双手自然下垂于体侧，上肢做左右摆动，在摆动时，上肢放松，髋关节正对前方（图4-1-30～图4-1-32）。此动作源于古法养生术，能疏通身体各关节，放松肢体，通畅经络。

图 4-1-30　　　　　图 4-1-31　　　　　图 4-1-32

要点 高马步站姿，两脚尖内扣，颈部放松。练习量次，身体左右抖动各三十次。

三、桩功练习

1. 静桩

并步直立，左脚向左缓撤一步，与肩同宽，两膝微屈，两手心向内，在胸前成抱球状（图4-1-33～图4-1-35）。

图 4-1-33　　　　　图 4-1-34　　　　　图 4-1-35

要点 下颌微收，含胸拔背，两手心正对膻中穴（两乳头之间中心点），气沉丹田，精神集中，呼吸自然，眼向前平视。

2. 开合桩

开步站立，两手向前上方缓慢平举，手心向下，然后微微屈膝下蹲，同时两手心相对向中间挤压（图 4-1-36～图 4-1-38）；随后重心上起，两手同时向两侧拉开，犹如抱一大球状（图 4-1-39～图 4-1-41）。随后两手心相对再向中间挤压、拉开，如此反复数次。

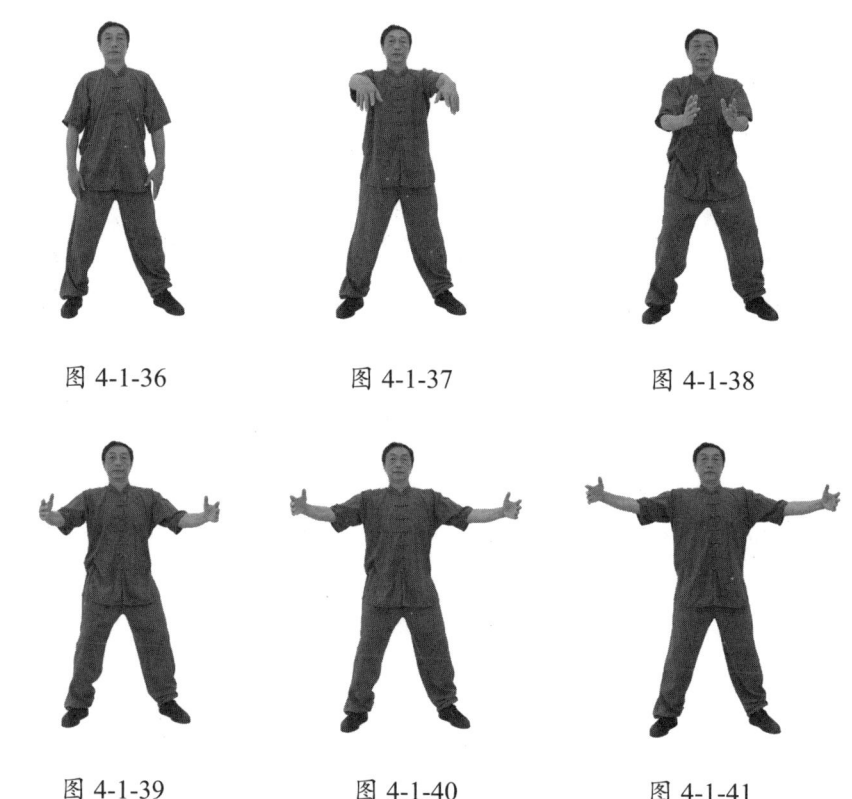

图 4-1-36　　　　图 4-1-37　　　　图 4-1-38

图 4-1-39　　　　图 4-1-40　　　　图 4-1-41

要点　向两侧拉开时配合吸气，向中间挤压时配合呼气。气沉丹田，精神集中，眼向前平视。

3. 升降桩

开步站立，两手向前上方缓慢平举，手心向下，与肩同高，然后微微屈膝下蹲，两肘微屈，同时两手缓慢下按至腹前。随后两膝慢慢伸直，两手缓慢向上回举至肩平（图 4-1-42～图 4-1-47）。如此反复数次。

图 4-1-42　　　　　　图 4-1-43　　　　　　图 4-1-44

图 4-1-45　　　　　　图 4-1-46　　　　　　图 4-1-47

要点　两手上提时配合吸气，微伸手腕；两手下按时配合呼气。气沉丹田，精神集中，眼向前平视。

第二节 罗汉功[1]

一、动作名称

1. 预备势
2. 直立抱拳
3. 推山填海
4. 横扫千军
5. 绕撤步开立步抱拳
6. 推山填海
7. 横扫千军
8. 霸王举鼎
9. 托天抓地
10. 海底捞月
11. 金猴抛石
12. 托天抓地
13. 下河捉鳖
14. 金猴抛石
15. 托天抓地
16. 下河捉鳖
17. 并步抱拳
18. 推山填海

---

[1] 演练：刘朝贵

16. 横扫千军
17. 收势

二、动作说明

1. 预备势

自然直立，两脚尖稍外展，两掌心向内贴于大腿外侧，目视前方（图4-2-1）。

图 4-2-1

2. 直立抱拳

两掌变拳成空心拳（半握拳），屈肘抱于两腰侧，拳心向上，目视前方（图4-2-2）。

图 4-2-2

3. 推山填海

（1）两拳变掌，指尖相对，掌心向上，经腹前向上缓慢运行至胸前时，两臂内旋，掌心向前（图4-2-3、图4-2-4）；上动不停，两掌向左右分开，掌心向前，目视前方（图4-2-5）；上动不停，两掌继续向左右两侧分掌，同时向下运行至腹前时，指尖相对，掌心向上（图4-2-6、图4-2-7）。

（2）上动不停，两掌向上运行至胸前时，两臂内旋沉腕成立掌、掌心相对（图4-2-8、图4-2-9）；上动不停，两掌同时缓慢向前推出成立掌，肘关节微屈，内力运至两掌跟外沿，目视前方（图4-2-10、图4-2-10附（侧面））。

图 4-2-3　　　　　图 4-2-4　　　　　图 4-2-5

图 4-2-6　　　　　图 4-2-7　　　　　图 4-2-8

图 4-2-9　　　　　图 4-2-10　　　　　图 4-2-10附（侧面）

动作要领　整个动作运行过程要匀速、缓慢，向前推掌要用力。

4. 横扫千军

（1）下肢保持不变，两臂内旋，肘关节伸直，两掌背相对，同时两掌大拇指第1指节和其余四指第1、2指节微屈变龙爪，目视前方（图4-2-11）。

（2）上动不停，两爪直臂缓慢向左右两侧分开至侧平举，力贯十指，目视前方（图4-2-12、图4-2-13）；上动不停，两爪继续直臂缓慢向后运行至身体后下方，爪心相对，力贯十指，目视前方（图4-2-14）；上动不停，两爪屈臂运行至两腰侧，随后两爪变拳（半握拳）收抱于腰间成直立抱拳，目视前方（图4-2-15、图4-2-16）。

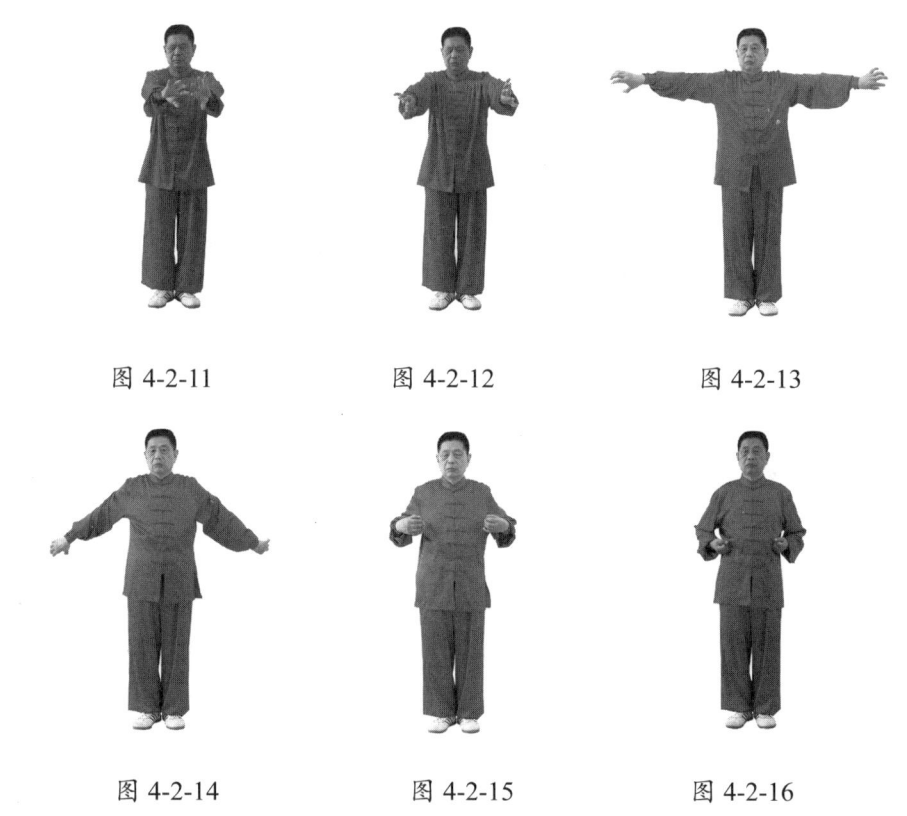

图 4-2-11　　　　图 4-2-12　　　　图 4-2-13

图 4-2-14　　　　图 4-2-15　　　　图 4-2-16

动作要领　整个动作运行过程要匀速、缓慢，两臂经两侧向后运行时，尽量平举。

5. 绕撤步开立步抱拳

左脚勾脚尖，向前、向左画弧落于左方（图4-2-17、图4-2-18）；上动不停，右脚勾脚尖，向前、向右画弧落于右方成开立步抱拳（图4-2-19、图4-2-20）。

图 4-2-17　　　　　　　图 4-2-18

图 4-2-19　　　　　　　图 4-2-20

动作要领　左右绕撤步时，上体保持正直。

6. 推山填海

（1）两脚开立保持不变，两拳变掌，指尖相对，掌心向上，经腹前向上缓慢运行至胸前时，两臂内旋，掌心向前（图 4-2-21、图 4-2-22）；上动不停，两掌向左右分开，掌心向前，目视前方（图 4-2-23）；上动不停，两掌继续经左右两侧向下分掌，掌心向下（图 4-2-24）。

（2）上动不停，两掌指尖相对，掌心向上，经腹前向上运行至胸前时，两臂内旋沉腕成立掌、掌心相对（图 4-2-25、图 4-2-26）；上动不停，两掌同时缓慢向前推出成立掌，肘关节微屈，内力运至两掌跟外沿，目视前方（图 4-2-27、图 4-2-27附（侧面））。

图 4-2-21　　　　　图 4-2-22　　　　　图 4-2-23

图 4-2-24　　　　　图 4-2-25　　　　　图 4-2-26

图 4-2-27　　　　图 4-2-27 附（侧面）

动作要领　整个动作运行过程要匀速、缓慢，向前推掌要用力。

7. 横扫千军

（1）下肢保持不变，两臂内旋，肘关节伸直，两掌背相对，同时两掌大拇指第 1 指节和其余四指第 1、2 指节微屈变龙爪，目视前方（图 4-2-28）。

（2）上动不停，两爪直臂缓慢向左右两侧分开至侧平举，力掼十指，目视前方（图 4-2-29、图 4-2-30）；上动不停，两爪继续直臂缓慢向后运行至身体后下方，爪心相对，力掼十指，目视前方（图 4-2-31）；上动不停，两爪屈臂运行至两腰侧，随后两爪变拳（半握拳）收抱于腰间成直立抱拳，目视前方（图 4-2-32、图 4-2-33）。

图 4-2-28　　　　　图 4-2-29　　　　　图 4-2-30

图 4-2-31　　　　　图 4-2-32　　　　　图 4-2-33

动作要领　整个动作运行过程要匀速、缓慢，两臂经两侧向后运行时，尽量平举。

8. 霸王举鼎

两膝微屈缓慢下蹲成马步，同时两拳缓慢上提至两乳侧，两拳心相对，拳面向上经两耳侧运行至两肩上方，与肩同宽，肘微屈，内力贯注拳面，目视头上方（图4-2-34～图4-2-37）。

图 4-2-34　　　　　　　　图 4-2-35

图 4-2-36　　　　　　　　图 4-2-37

动作要领　整个动作运行过程要匀速、缓慢，两拳（空心拳）经两耳侧向上运行时，缓慢抬头和缓慢下蹲成马步要协调同步。

9. 托天抓地

（1）两拳变掌，掌心相对，随后指尖向前，经两侧向后旋腕，掌心向上，指尖朝后，同时身体重心微微升起（图 4-2-38、图 4-2-39）。

（2）上动不停，两腿伸直，上体前俯，同时两掌变龙爪向前、向下画弧至两脚之间地面时，身体重心下降，屈膝半蹲，两爪同时变掌，指尖相对，掌心向下，随后两掌指尖向前、向左右旋腕抓握变拳（半握拳），拳眼相对，目视前下方；上动不停，微升重心，两拳向上提起（犹如上提重物），收抱于腰间（图 4-2-40～图 4-2-42）。

图 4-2-38　　　　图 4-2-39　　　　图 4-2-40

图 4-2-41　　　　图 4-2-42

动作要领　整个动作运行过程要匀速、缓慢，上体前俯须挺胸，勿弓腰驼背。

10. 海底捞月

身体重心下降，屈膝半蹲，两爪同时变掌，指尖相对，掌心向下，随后两掌指尖向前、向左右旋腕抓握变拳（半握拳），拳眼相对，目视前下方；上动不停，微升重心，两拳向上提起（犹如上提重物），收抱于腰间。（图 4-2-43～图 4-2-46）。

图 4-2-43

图 4-2-44

图 4-2-45

图 4-2-46

动作要领 旋腕抓握时，须屈膝半蹲。

11. 金猴抛石

左脚尖外展，同时身体微左转，右腿前脚掌为轴，脚跟后移蹬直成左弓步（图4-2-47）；上体微右转，同时右拳变掌，指尖领先经右大腿外侧向右下方穿出，掌心向前（图4-2-48）；上动不停，右掌外旋变龙爪向上，随身体左转经右耳侧上方向前推出变立掌，掌高于肩，掌心朝前，力掼掌心，目视右掌（图4-2-49～图5-2-52）。

图 4-2-47

图 4-2-48

图 4-2-49

图 4-2-50　　　　　　　图 4-2-51　　　　　　　图 4-2-52

动作要领　整个动作运行过程要匀速、缓慢，眼随右手。

12. 下河捉鳖

身体重心后移，左拳抱于腰间不变，右掌向下倒腕，指尖朝前，随重心后移屈肘回收至右胸前，掌心朝下（图 4-2-53）；上动不停，右掌掌心朝上，指尖向后（图 4-2-54），经右耳侧向上变龙爪，向前、向下运行至左脚尖处，右龙爪变掌，指尖向左旋腕，随后指尖向前、向右旋腕抓握成半握拳（图 4-2-55～图 4-2-58）；上动不停，左脚尖内扣，右脚跟内收，身体右转成马步，同时右拳上提（犹如提一重物）收抱于腰间成马步抱拳（图 4-2-59～图 4-2-61）。

图 4-2-53　　　　　　　图 4-2-54　　　　　　　图 4-2-55

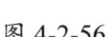

图 4-2-56　　　　　　　图 4-2-57　　　　　　　图 4-2-58

　　图 4-2-59　　　　　　图 4-2-60　　　　　　图 4-2-61

动作要领　整个动作运行过程要匀速、缓慢。

13. 金猴抛石

右脚尖外展，同时身体微右转，左腿前脚掌为轴，脚跟后移蹬直成右弓步（图4-2-62）；上体微左转，同时左拳变掌，指尖领先经左大腿外侧向左下方穿出，掌心向前（图4-2-63）；上动不停，左掌外旋变龙爪向上，随身体右转经左耳侧上方向前推出变立掌，掌高于肩，掌心朝前，力掼掌心，目视右掌（图4-2-64～图5-2-67）。

　图 4-2-62　　　　　　图 4-2-63　　　　　　图 4-2-64

　图 4-2-65　　　　　　图 4-2-66　　　　　　图 4-2-67

动作要领　整个动作运行过程要匀速、缓慢，眼随右手。

14. 下河捉鳖

身体重心后移,右拳抱于腰间不变,左掌向下倒腕,指尖朝前,随重心后移屈肘回收至左胸前,掌心朝下(图4-2-68);上动不停,左掌掌心朝上,指尖向后(图4-2-69),经左耳侧向上变龙爪,向前、向下运行至右脚尖处,左龙爪变掌,指尖向右旋腕,随后指尖向前、向左旋腕抓握成半握拳(图4-2-70～图4-2-73);上动不停,右脚尖内扣,左脚跟内收,身体左转成马步,同时左拳上提(犹如提一重物)收抱于腰间成马步抱拳,目视前方(图4-2-74～图4-2-76)。

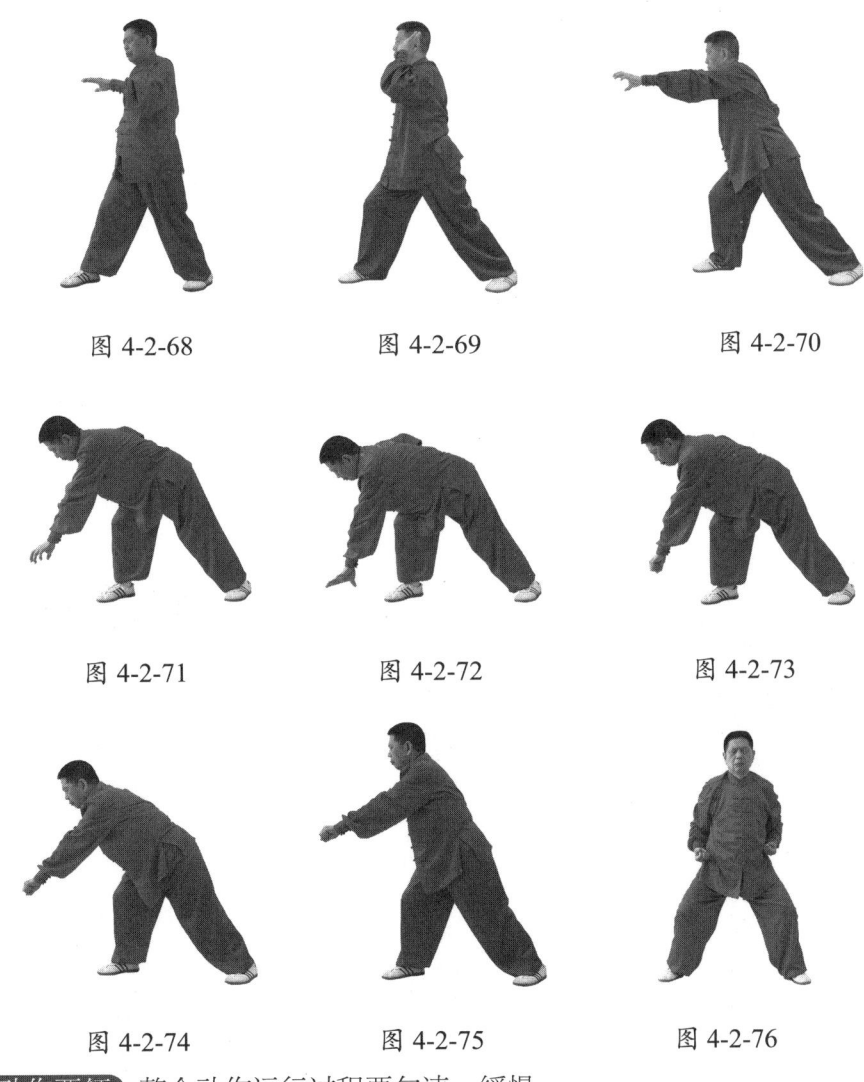

图 4-2-68　　图 4-2-69　　图 4-2-70

图 4-2-71　　图 4-2-72　　图 4-2-73

图 4-2-74　　图 4-2-75　　图 4-2-76

【动作要领】整个动作运行过程要匀速、缓慢。

15. 并步抱拳

左脚收半步,随后右脚收半步成并步抱拳,目视前方(图4-2-77)。

图 4-2-77

16. 推山填海

（1）两拳变掌，指尖相对，掌心向上，经腹前向上缓慢运行至胸前时，两臂内旋，掌心向前（图 4-2-78、图 4-2-79）；上动不停，两掌向左右分开，掌心向前，目视前方（图 4-2-80）；上动不停，两掌继续向左右两侧分掌，同时向下运行至腹前时，指尖相对，掌心向上（图 4-2-81、图 4-2-82）。

（2）上动不停，两掌向上运行至胸前时，两臂内旋沉腕成立掌，掌心相对（图 4-2-83、图 4-2-84）；上动不停，两掌同时缓慢向前推出成立掌，肘关节微屈，内力运至两掌跟外沿，目视前方（图 4-2-85、图 4-2-85 附（侧面））。

图 4-2-78　　　图 4-2-79　　　图 4-2-80

图 4-2-81　　　图 4-2-82　　　图 4-2-83

图 4-2-84

图 4-2-85

图 4-2-85 附（侧面）

动作要领 整个动作运行过程要匀速、缓慢，向前推掌要用力。

17. 横扫千军

（1）下肢保持不变，两臂内旋，肘关节伸直，两掌背相对，同时两掌大拇指第1指节和其余四指第1、2指节微屈变龙爪，目视前方（图4-2-86）。

（2）上动不停，两爪直臂缓慢向左右两侧分开至侧平举，力贯十指，目视前方（图4-2-87、图4-2-88）；上动不停，两爪继续直臂缓慢向后运行至身体后下方，爪心相对，力贯十指，目视前方（图4-2-89）；上动不停，两爪屈臂运行至两腰侧，随后两爪变拳（半握拳）收抱于腰间成直立抱拳，目视前方（图4-2-90、图4-2-91）。

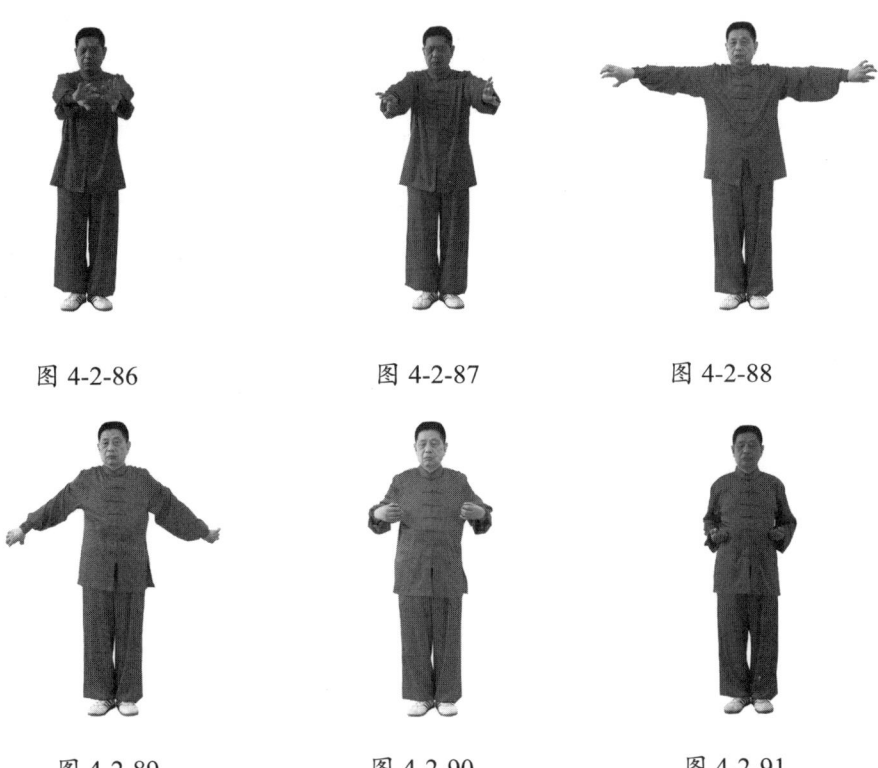

图 4-2-86　　　　　图 4-2-87　　　　　图 4-2-88

图 4-2-89　　　　　图 4-2-90　　　　　图 4-2-91

动作要领 整个动作运行过程要匀速、缓慢，两臂经两侧向后运行时，尽量平举。

18. 收势

（1）两拳变掌，掌心朝前，两掌向下、向两侧、向上运行至侧平举，屈肘经面部向下，指尖相对继续向下落至腹前，两掌心向下（图4-2-92～图4-2-96）。

（2）两掌自然落于大腿两侧成立正姿势，目视前方（图4-2-97）。

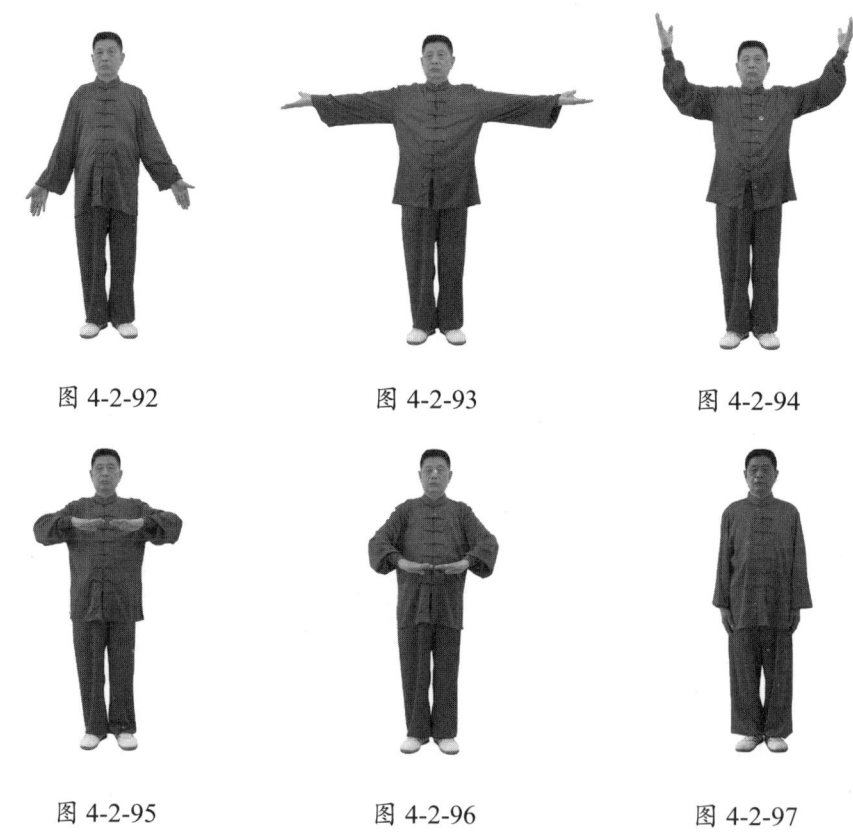

图 4-2-92　　　　　　图 4-2-93　　　　　　图 4-2-94

图 4-2-95　　　　　　图 4-2-96　　　　　　图 4-2-97

【喻家少林六合拳法丛书】

入选『四川省第六批省级非物质文化遗产代表性项目名录（传统体育）』

喻家少林六合拳械 精粹（下）

赵通足　赵从华　童国军
刘朝贵　郑志刚　杨术

丛书主编　主编　副主编

四川大学出版社
SICHUAN UNIVERSITY PRESS

第五章
器　械

第一节 少林六合枪[①]

一、动作名称

1. 预备势
2. 右转持枪
3. 横档步亮掌
4. 弓步拦拿扎枪
5. 行步绞枪扣退拦拿扎枪
6. 虚步崩枪
7. 左挂歇步右劈枪
8. 叉步下扎枪
9. 跳转身拦枪弓步拿扎枪
10. 左右舞花枪
11. 插步翻身舞花枪
12. 插步下扎枪
13. 上步拖枪旋风脚横裆步亮掌
14. 转身盖跳拦拿扎枪
15. 盖跳步拦拿扎枪
16. 并步全蹲下摔把
17. 歇步锁腰枪
18. 退步锁腰回身锁喉枪
19. 插步拦枪弓步拿扎枪
20. 提膝下挂枪
21. 插步下扫枪

---

① 演练：赵通足

22. 弓步拿扎枪
23. 上步转身提膝挑枪
24. 直体前扫腿
25. 左右舞花枪
26. 背枪旋风脚
27. 左右舞花提膝背拉枪
28. 弓步过背舞花枪
29. 弓步拦拿扎枪
30. 左右舞花枪
31. 转身撩把弓步扎枪
32. 反手穿梭背枪
33. 提膝前压撗裆步亮掌
34. 抛枪腾空飞脚
35. 歇步锁腰枪
36. 弓步斜上反扎枪
37. 前跃虚步下劈把
38. 提膝下格枪
39. 弓步拿扎枪
40. 行步绞枪右拦枪
41. 右弓步点枪
42. 行步绞枪左拦枪
43. 左弓步点枪
44. 盖跳步拦拿扎枪
45. 撗裆步托枪
46. 行步托枪回身单手右扎枪
47. 插步拦枪弓步拿扎枪
48. 回身上步舞花枪
49. 转身提撩枪
50. 转身左右舞花枪
51. 盖步舞花上挑把
52. 震脚弓步拿扎枪
53. 反手穿梭背枪
54. 提膝前压撗裆步亮掌
55. 并步立枪
56. 收势

二、动作说明

1. 预备势

两脚自然站立，右手握把端三分之一处持枪置于右腰侧，左掌五指并拢贴靠左腿外侧，目视前方（图 5-1-1）。

图 5-1-1

2. 右转持枪

左脚以脚跟为轴，右脚以前脚掌为轴随身体左转向左踩动，右脚跟抬起，随后右脚向左脚内侧并步，成并步直立，右手持枪不变，目视前方（图 5-1-2）。

图 5-1-2

3. 横档步亮掌

（1）右脚提膝平衡，同时右手握枪直臂前推，左手同时立掌附于右手腕处，目视前方（图5-1-3）。

（2）上动不停，右脚后撤一步成横档步，同时左手握把，枪尖向前落于地面，右手变掌随身体右转经腹前向下、向右、向上架于头顶上方，掌心向上，指尖朝左，目视左方（图5-1-4）。

图 5-1-3　　　　　　图 5-1-4

【动作要领】提膝过腰，脚背绷平；亮掌与转头要协调一致。

4. 弓步拦拿扎枪

（1）右脚向左后方插步，同时右手握把臂内旋向上翻把，左手持枪外翻拦枪（图5-1-5）；上动不停，左脚上前一步成半马步，同时右手握把下翻收于腰右侧，左手持枪内扣拿枪（图5-1-6）；上动不停，重心前移成左弓步，右手推把向前扎枪，目视枪尖（图5-1-7）。

图 5-1-5　　　　图 5-1-6　　　　图 5-1-7

（2）重心后移成半马步，右手抽把收于腰右侧，随即右手向上翻把左手持枪外翻拦枪（图5-1-8）；右手握把下翻收于腰右侧，左手持枪内扣拿枪（图5-1-9）；重心前移成左弓步，右手推把向前扎枪，目视枪尖（图5-1-10）。随后重复一次弓步拦拿扎枪的动作。

图 5-1-8　　　　　　图 5-1-9　　　　　　　图 5-1-10

动作要领　拦、拿、扎枪，衔接紧凑，一气呵成。

5. 行步绞枪扣退拦拿扎枪

（1）左脚向右前方上步，同时左手松握枪身中段，右手握把在胸前沿逆时针方向连续绞枪两周（图5-1-11）；右脚向右前方上步，两手操纵枪身继续绞枪一次（图5-1-12）。

图 5-1-11　　　　　　　　　图 5-1-12

（2）上动不停，右腿微屈，左脚扣于右膝窝处，同时右手向上翻把左手持枪外翻拦枪（图5-1-13）；左脚向前落步成半马步，同时右手握把下翻收于腰右侧，左手持枪内扣拿枪（图5-1-14）；右腿屈膝半蹲，左脚扣于右膝窝处，右手推把向前扎枪，目视枪尖（图5-1-15）。

图 5-1-13　　　　　　图 5-1-14　　　　　　图 5-1-15

动作要领　行步时，身体重心下降；拦、拿、扎枪，衔接紧凑，一气呵成。

6. 虚步崩枪

右脚后撤一步，屈膝半蹲，左脚向后收半步成左虚步，同时右手握把后抽并向下沉压，左手向前滑握枪身中段崩枪，使枪尖向上崩起（图5-1-16）。

图 5-1-16

动作要领 崩枪时，右手握把抽压的同时，左手握枪身猛然成为固定支点。

7. 左挂歇步右劈枪

右脚蹬地起身，身体左转，枪尖向下、向左挂出（图5-1-17）；随后两腿屈膝全蹲成歇步，同时枪尖继续向左、向上、向右劈枪，目视枪尖（图5-1-18、图5-1-18附（反面））。

图 5-1-17　　　　图 5-1-18　　　　图 5-1-18 附（反面）

动作要领 挂枪经右小腿前挂出后画立圆劈枪；歇步时，臀部坐于右脚跟上。

8. 插步下扎枪

两腿蹬地起身，右脚向右上一步（图5-1-19）；随后左脚向右后方插一步成插步，同时右手握把向右下方扎出成下扎枪，左手变掌左上方伸出，掌心朝前，目视枪尖（图5-1-20）。

图 5-1-19　　　　　　　　图 5-1-20

动作要领　右脚上步与左脚插步须连贯协调；叉步扎枪，左臂与右臂及枪身应在一条斜线上。

9. 跳转身拦枪弓步拿扎枪

（1）左脚向右脚靠拢，右脚提离地面，随后左脚蹬地跳起，身体右转180°，同时左手滑握至枪身中段，随后右手向上翻把左手持枪外翻拦枪（图5-1-21、图5-1-22、图5-1-23）。

图 5-1-21　　　　图 5-1-22　　　　图 5-1-23

（2）右脚、左脚依次落地成马步，同时右手握把下翻收于腰右侧，左手持枪内扣拿枪（图5-1-24）；上动不停，重心前移成左弓步，右手推把向前扎枪，目视枪尖（图5-1-25）。

图 5-1-24　　　　　　　　图 5-1-25

动作要领　拦枪须跳转在空中完成。

10. 左右舞花枪

左脚回收半步，随即右脚向前上步，右手滑握枪身中段向前盖把，左手松握枪身收至右腋下（图 5-1-26、图 5-1-27）。随身体左转，做立舞花枪（图 5-1-28），身体右转，左脚跟抬起；左手下拨枪尖，右手收至左腋下（图 5-1-29），身体继续右转，两手拨枪使枪尖经下向后立圆绕转（图 5-1-30）。

图 5-1-26　　　　图 5-1-27　　　　图 5-1-28

图 5-1-29　　　　图 5-1-30

动作要领　左右舞花枪须立圆绕转。

11. 插步翻身舞花枪

（1）上动不停，左脚向前上一步，随后右脚向左后方插一步，同时两手拨枪使枪把由后经上向前盖压，左手收至右腋下（图 5-1-31）；右手继续向下压把，并随身体向右翻转，使枪把向上挑起（图 5-1-32）；随身体右转，做立舞花枪（图 5-1-33）。

（2）上动不停，身体右转左脚跟抬起，左手下拨枪尖，右手收至右腋下（图 5-1-34），身体继续右转两手拨枪使枪尖经下向后立圆绕转（图 5-1-35）；左脚上前一步，随身体右转，做立舞花枪（图 5-1-36）；重心前移，右脚跟抬起（图 5-1-37），右脚向前上步，右手滑握枪身中段向前盖把，左手松握枪身收至右腋下（图 5-1-38）；随身体左转，做立舞花枪（图 5-1-39）。

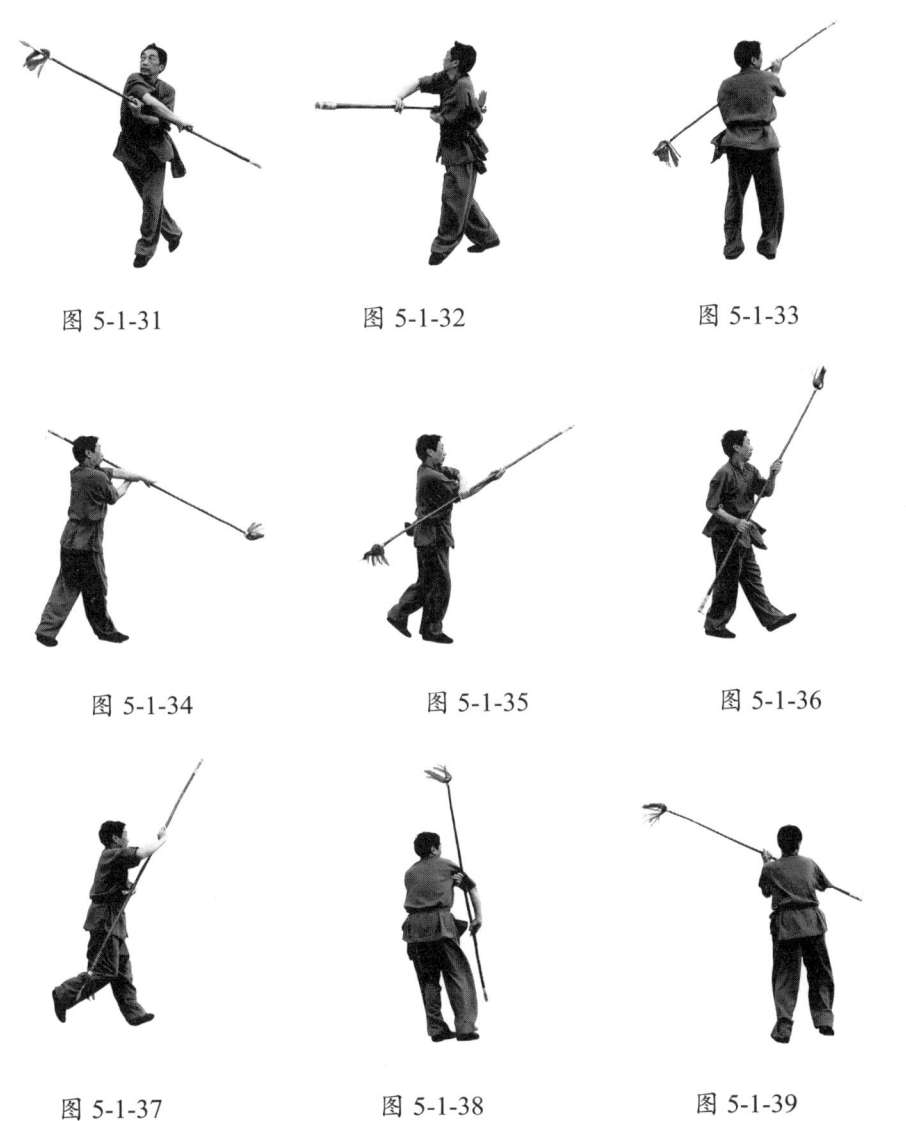

图 5-1-31　　　　　图 5-1-32　　　　　图 5-1-33

图 5-1-34　　　　　图 5-1-35　　　　　图 5-1-36

图 5-1-37　　　　　图 5-1-38　　　　　图 5-1-39

动作要领　承上式左右舞花接插步翻身舞花，要协调连贯；翻身舞花接上步舞花须衔接紧凑。

12. 插步下扎枪

两手握枪继续向右画立圆至两臂胸前交叉（图 5-1-40），当枪身与地面平行时，右脚落平，重心移至两脚之间（图 5-1-41）；随后左脚向右后方插一步成插步，同时右手握把向右下方扎出成下扎枪，左手变掌左上方伸出，掌心朝前，目视枪尖（图 5-1-42）。

图 5-1-40　　　　　　　图 5-1-41　　　　　　　图 5-1-42

动作要领 右脚上步与左脚插步须连贯协调；插步扎枪，左臂与右臂及枪身应在一条斜线上。

13. 上步拖枪旋风脚撗裆步亮掌

（1）左脚向前上步为第一步，左掌保持不变，右手握枪把使枪尖在地面拖动（图5-1-43）；右脚向前上步为第二步，左掌保持不变，右手握枪把使枪尖在地面拖动（图5-1-44）；左脚向前上步为第三步，左掌保持不变，右手握枪把使枪尖在地面拖动（图5-1-45）；右脚向前上步为第四步，随后重心前移，身体左转，左脚提起，右脚向下蹬地跳起，右手握把拖枪动作不变（图5-1-46、图5-1-47、图5-1-48）。

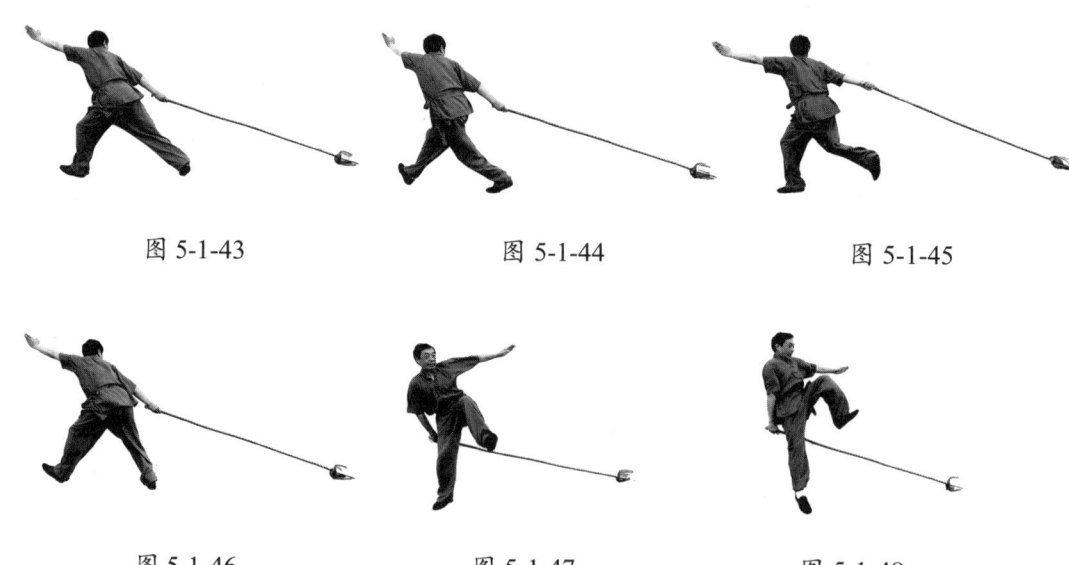

图 5-1-43　　　　　　　图 5-1-44　　　　　　　图 5-1-45

图 5-1-46　　　　　　　图 5-1-47　　　　　　　图 5-1-48

（2）身体腾空左转，左脚越过枪身，同时右脚在空中做腾空里合腿，右掌心迎击右前脚掌，右手握把拖枪动作不变（图5-1-49）；左脚落地，随后右脚落至左脚内侧，右手握把拖枪动作不变（图5-1-50）；右脚向左撤一步成撗裆步，同时左掌经右向下、向左、向上亮于头顶上方，目视右方（图5-1-51）。

图 5-1-49　　　　　图 5-1-50　　　　　图 5-1-51

动作要领　上步时要由慢到快，腾空里合腿须击拍响亮。

14. 转身盖跳拦拿扎枪

身体左转，左脚上前一步，右手握把回抽，同时左手滑握至枪身中段（图 4-1-52）；左脚蹬地跳起，右脚向左前方盖步，右手向上翻把左手持枪外翻拦枪（图 5-1-53、图 5-1-54）；右、左脚依次落地，成半马步，同时右手握把下翻收于腰右侧，左手持枪内扣拿枪（图 5-1-55）；上动不停，重心前移成左弓步，右手推把向前扎枪，目视枪尖（图 5-1-56）。

图 5-1-52　　　　　图 5-1-53　　　　　图 5-1-54

图 5-1-55　　　　　图 5-1-56

动作要领　转身盖跳时，拦枪须在空中完成，右脚、左脚依次落地与马步拿枪须连贯自然；弓步扎枪时枪身须与肩平。

15. 盖跳步拦拿扎枪

重心前移，左脚蹬地跳起，右脚向左前方盖步，右手向上翻把，左手持枪外翻拦枪（图 5-1-57、图 5-1-58）；右、左脚依次落地，成半马步，同时右手握把下翻收于腰右侧，左手持枪内扣拿枪（图 5-1-59）；上动不停，重心前移成左弓步，右手推把向前扎枪，目视枪尖（图 5-1-60）。上述动作，再重复做两次，总共三次。

图 5-1-57　　　　　　　　图 5-1-58

图 5-1-59　　　　　　　　图 5-1-60

动作要领　腾空盖跳时，拦枪须在空中完成，右、左脚依次落地与马步拿枪须连贯自然；弓步扎枪时枪身须与肩平。

16. 并步全蹲下摔把

右手握把回抽，随后两手向枪颈部位滑握（图 5-1-61）；右脚向左脚并步，两腿屈膝全蹲，双手握枪颈向前下方摔把（图 5-1-62、图 5-1-63）。

图 5-1-61　　　　图 5-1-62　　　　图 5-1-63

动作要领 抽枪滑握要连贯协调，全蹲下摔把须枪身中段先着地。

17. 歇步锁腰枪

两腿蹬地起身，右脚向后撤一步，随后左脚向右后方插步，同时右手握枪颈向右腰间回抽，左手顺势向枪把方向滑握（图 5-1-64）；两腿屈膝全蹲成歇步，枪尖经右腰侧向右后下方扎出，目视枪尖（图 5-1-65）。

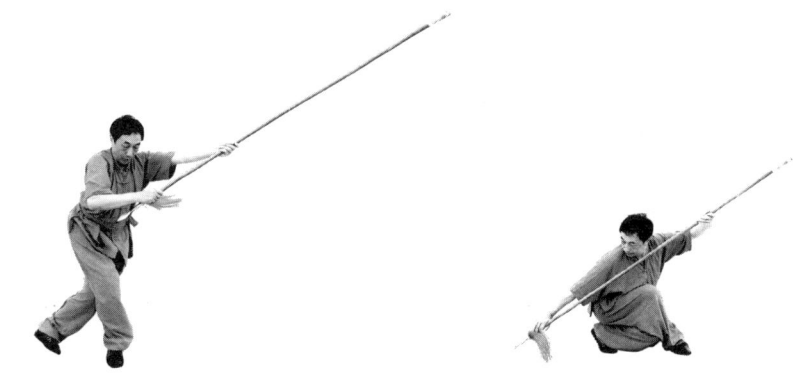

图 5-1-64　　　　　　　　图 5-1-65

动作要领 枪尖回抽要紧贴右腰侧，歇步下坐与右下扎枪要协调一致。

18. 退步锁腰回身锁喉枪

（1）两腿蹬地起身，右脚向后退一步，同时右手握枪颈前送，左手顺势向枪颈滑握，随后右手握枪颈向右腰间回抽成锁腰枪，左手向枪把方向滑握（图 5-1-66）；左脚向后退一步，同时右手握枪颈前送，左手顺势向枪颈滑握，随后右手换握至枪身，左手握枪颈向左腰间回抽成锁腰枪，右手向枪把方向滑握（图 5-1-67、图 5-1-68）；右脚向后退一步，同时左手握枪颈前送，右手顺势向枪颈滑握，随后左手换握至枪身，右手握枪颈向右腰间回抽成锁腰枪，左手向枪把方向滑握（图 5-1-69、图 5-1-70）。

图 5-1-66　　　　　图 5-1-67　　　　　图 5-1-68

图 5-1-69　　　　　　图 5-1-70

（2）身体左转，右手握枪颈随转身向前推送，使枪尖对准咽喉，目视枪尖（图5-1-71）；左手松握枪身，右手抓握枪颈，屈肘刺向咽喉前侧（图5-1-72）；随身体右转，头略向后仰，枪尖贴颈擦过，右手引枪向右方扎出（图5-1-73）。

图 5-1-71　　　　　　图 5-1-72　　　　　　图 5-1-73

动作要领　退步锁腰枪时，推送、换握与回抽要协调连贯；仰头锁喉枪，须擦颈而过。

19. 插步拦枪弓步拿扎枪

左手推把送枪，右手抓握枪把，身体右转，同时左脚上前一步，左手顺势滑握枪身中段（图5-1-74）；右脚向左后方插步，同时右手握把臂内旋向上翻把，左手持枪外翻拦枪（图5-1-75）；上动不停，左脚上前一步成半马步，同时右手握把下翻收于腰右侧，左手持枪内扣拿枪（图5-1-76）；上动不停，重心前移成左弓步，右手推把向前扎枪，目视枪尖（图5-1-77）。

图 5-1-74　　　　　　　　图 5-1-75

图 5-1-76　　　　　　　　图 5-1-77

动作要领　拦、拿、扎枪，衔接紧凑，一气呵成。

20. 提膝下挂枪

右脚上前一步，身体左转，左脚向前提膝，同时右手握枪把前推，左手滑握枪身回拉，使枪身上段经左膝前向左后下方挂出，目视枪尖（图 5-1-78）。

图 5-1-78

动作要领　挂枪时，右手前推与左手回拉，要协调配合。

21. 插步下扫枪

左脚向左落步，右手握把向腰间回拉，同时左手前推枪身，向左前方扫枪（图 5-1-79）；右脚向左后方插步，同时右手握把前推，左手回拉枪身，想左后方扫枪（图 5-1-80）；左脚向左撤一步，右手握把向腰间回拉，同时左手前推枪身，向左前方扫枪（图5-1-81）；右脚向左后方插步，同时右手握把前推，左手回拉枪身，向左后方扫枪（图5-1-82）。

图 5-1-79　　　　　　　　　图 5-1-80

图 5-1-81　　　　　　　　　图 5-1-82

动作要领　上步前扫时，右手回拉与左手前推要协调配合；插步后扫时，右手前推与左手回拉，要协调配合。

22. 弓步拿扎枪

左脚向左撤一步成半马步，同时右手握把下翻收于腰右侧，左手持枪内扣拿枪（图5-1-83）；上动不停，重心前移成左弓步，右手推把向前扎枪，目视枪尖（图5-1-84）。

图 5-1-83　　　　　　　　　图 5-1-84

动作要领　弓步扎枪时枪身须与肩平。

23. 上步转身提膝挑枪

身体重心前移，右手握把抽枪上举，左手向枪颈滑握使枪尖朝下（图 5-1-85）；右脚上前一步，身体左转，枪尖经下向左挑起（图 5-1-86）；身体继续左转，左脚提起成提膝平衡，两手握枪随转体使枪尖向上挑起，目视枪尖（图 5-1-87）。

图 5-1-85　　　　　图 5-1-86　　　　　图 5-1-87

动作要领　上右脚时，脚尖内扣与转身跳枪连贯自然，一气呵成。

24. 直体前扫腿

左脚向前落步，脚跟提起，屈膝全蹲，右腿伸直，全脚着地，以左脚前脚掌为轴，向左扫转一周，同时，左手握枪身上段，右手握枪身中段将枪平置于胸前（图 5-1-88、图 5-1-89、图 5-1-90）。

图 5-1-88　　　　　图 5-1-89　　　　　图 5-1-90

动作要领　扫腿时，挺胸直腰，右脚尖内扣。

25. 左右舞花枪

左脚蹬地起身，身体左转，随后右脚上前一步，右手滑握枪身中段向前盖把，左手松握枪身收至右腋下（图 5-1-91）；随身体左转，做立舞花枪（图 5-1-92、图 5-1-93），身体右转，左脚跟抬起；左手下拨枪尖，右手收至左腋下（图 5-1-94），身体继续右转，两手拨枪使枪尖经下、向后立圆绕转（图 5-1-95、图 5-1-96）。

图 5-1-91　　　　　图 5-1-92　　　　　图 5-1-93

图 5-1-94　　　　　图 5-1-95　　　　　图 5-1-96

动作要领　左右舞花枪须立圆绕转。

26. 背枪旋风脚

（1）左脚向前上步，左手下拨枪尖，右手滑握枪身中段向前盖把，左手松握枪身收至右腋下（图 5-1-97、图 5-1-98、图 5-1-99）。

图 5-1-97　　　　　图 5-1-98　　　　　图 5-1-99

（2）右脚上前一步，脚尖内扣，右手持枪将枪贴于后背，同时左手松开枪身，自然平摆于胸前，掌心向下（图5-1-100）；左脚提离地面，右脚蹬地跳起，在空中做里合腿，同时左掌迎击右前脚掌（图5-1-101、图5-1-102）。

图5-1-100　　　　　　图5-1-101　　　　　　图5-1-102

动作要领 腾空里合腿须击拍响亮。

27. 左右舞花提膝背拉枪

（1）左脚、右脚依次落地，身体左转，右手握枪向前下方挂把（图5-1-103）；随身体左转，做立舞花枪（图5-1-104、图5-1-105），身体右转，左脚跟抬起，左手下拨枪尖，右手收至左腋下（图5-1-106）；身体继续右转，左脚上前一步，同时两手拨枪使枪尖经下向后立圆绕转（图5-1-107）；随立圆舞花的惯性，两手拨枪使枪把由后经上向前盖压（图5-1-108）。

图5-1-103　　　　　　图5-1-104　　　　　　图5-1-105

图 5-1-106　　　　　图 5-1-107　　　　　图 5-1-108

（2）右手向下压把，随后将枪背贴于后背，左手经左肩上向后抓握枪颈（图 5-1-109）；左脚提起，脚背绷平，同时左手将枪向上抽拉（图 5-1-110、图 5-1-111）。

图 5-1-109　　　　　图 5-1-110　　　　　图 5-1-111

动作要领　舞花要求画立圆，左手向上抽拉枪，右手须松握枪身。

28. 弓步过背舞花枪

身体左转，左脚向前落步成左弓步，右手握把上举，同时左手下压枪尖（图 5-1-112）；随身体左转，右手握把经上向前，左手使枪尖向后将枪身中段扛于右肩上（图 5-1-113）；随身体继续左转，右手握把向下、向后、向上、向前绕转一周，使枪尖由后经上向前、向下、向后绕转一周（图 5-1-114～图 5-1-117）。

图 5-1-112　　　　　图 5-1-113　　　　　图 5-1-114

图 5-1-115　　　　　　图 5-1-116　　　　　　图 5-1-117

动作要领　过背舞花要求画立圆，身腰随转体带动两臂立圆绕转。

29. 弓步拦拿扎枪

上动不停，左弓步不变，右手握把下压，使枪尖向上（图5-1-118），左手向前压枪成弓步端枪（图5-1-119、图5-1-120）。重心后移成半马步，右手向上翻把，左手持枪外翻拦枪（图5-1-121），右手握把下翻收于腰右侧，左手持枪内扣拿枪（图5-1-122），重心前移成左弓步，右手推把向前扎枪，目视枪尖（图5-1-123）。

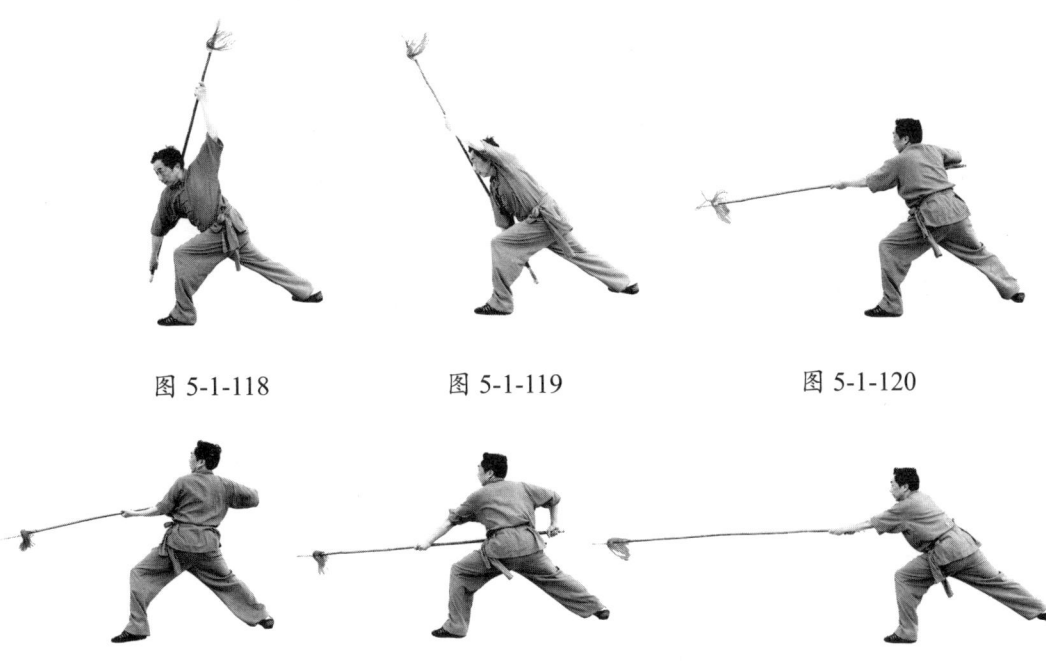

图 5-1-118　　　　　　图 5-1-119　　　　　　图 5-1-120

图 5-1-121　　　　　　图 5-1-122　　　　　　图 5-1-123

动作要领　拦、拿、扎枪，衔接紧凑，一气呵成。

30. 左右舞花枪

左脚回收半步，右手滑握枪身中段向前盖把，左手松握枪身收至右腋下（图 5-1-124、图 5-1-125）；右脚向前上步，随身体左转，做立舞花枪（图 5-1-126）；身体右转，左脚跟抬起，左手下拨枪尖，右手收至左腋下（图 5-1-127）；身体继续右转，左脚提起，两手拨枪使枪尖经下向后立圆绕转（图 5-1-128）。

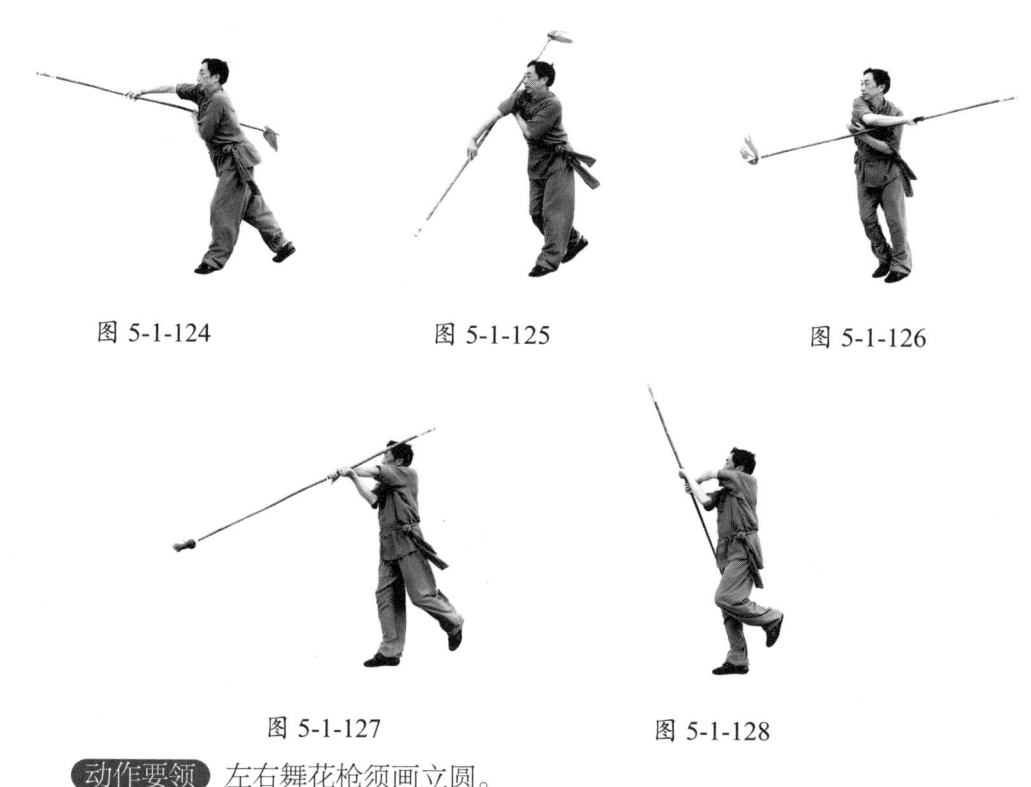

图 5-1-124　　　　　图 5-1-125　　　　　图 5-1-126

图 5-1-127　　　　　图 5-1-128

动作要领 左右舞花枪须画立圆。

31. 转身撩把弓步扎枪

身体右转，两手握枪继续画立圆一周，同时左脚向右前方落步（图 5-1-129），右手向下压把，随身体右转经下向上挑把，随后右脚向后撤步成马步，右手同时握枪经上向右、向下，左手向下、向左，将枪平端于腰间（图 5-1-130、图 5-1-131）；右腿蹬直成左弓步，右手推把向前扎枪，目视枪尖（图 5-1-132）。

图 5-1-129　　　　　图 5-1-130

图 5-1-131　　　　　图 5-1-132

动作要领　舞花撩把须画立圆。

32. 反手穿梭背枪

重心后移，上体略向右转，左手松握枪身，同时右手抽把至右方，前臂外旋，右手虎口转朝把端反握枪把（图 5-1-133）；重心前移成半马步，右手回送枪把至胸前，同时前臂内旋，手背朝上（图 5-1-134）；重心后移，右手抽把至右上方，左手松握枪身向左上举，随后右手握把下落至右下方，使枪身经头顶向后、向下紧贴于后背，目视枪尖（图 5-1-135、图 5-1-136）。

图 5-1-133　　　　　图 5-1-134

图 5-1-135　　　　　图 5-1-136

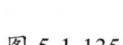 旋臂换握须自然放松。

33. 提膝前压横裆步亮掌

右脚蹬地提膝，脚背绷平，身体左倾，使枪尖压向左下方（图 5-1-137）；右脚向右落步成右横裆步，同时右手握把向左推送，左手松握枪身，使枪尖向滑向左下地面，随后左手握住枪把，右手向下、向右、向上架于头顶上方，掌心向上，指尖朝左，目视左方（图 5-1-138、图 5-1-139）。

图 5-1-137　　　　　图 5-1-138　　　　　图 5-1-139

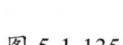 右手握把推送与左手滑枪握把须协调配合。

34. 抛枪腾空飞脚

重心左移，身体左转，右脚回收半步，右手握住枪把，左手自然松开，随后右手向上抛枪（图 5-1-140、图 5-1-141）；右脚向前上步，完成腾空飞脚，左右脚依次落地，随后抓住下落的枪颈（图 5-1-142～图 5-1-144）。

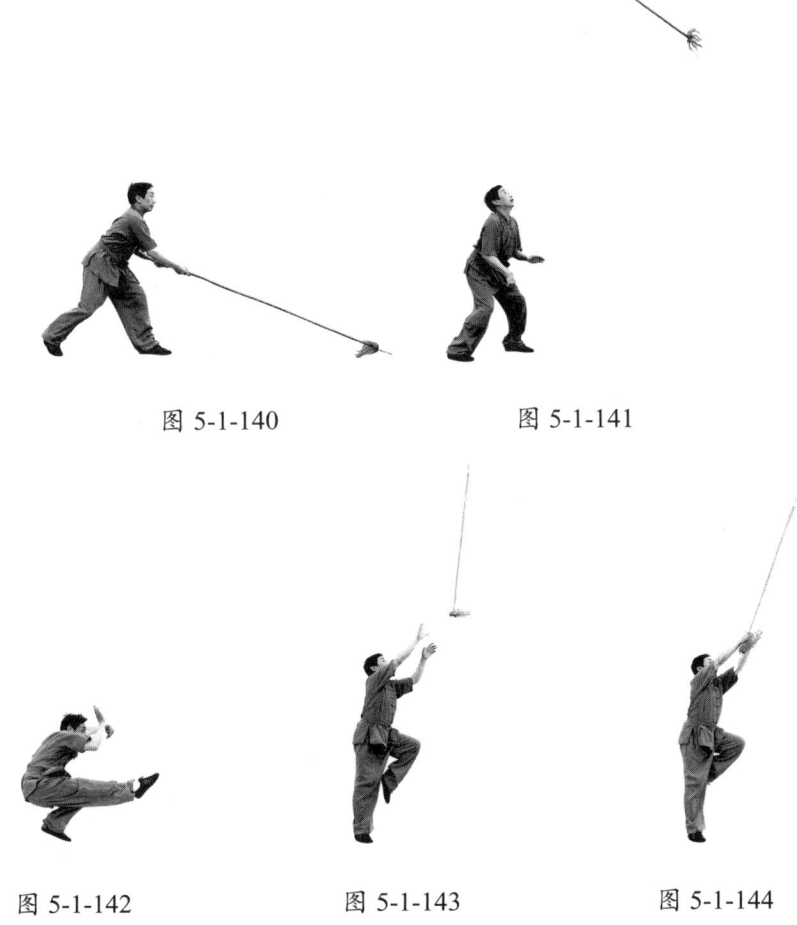

图 5-1-140　　　　　图 5-1-141

图 5-1-142　　　　图 5-1-143　　　　图 5-1-144

【动作要领】握把上抛要高，使枪在空中调头，枪尖朝下降落。

35. 歇步锁腰枪

左脚向后插步，同时右手握枪颈向右腰间回抽，左手顺势向枪把方向滑握（图 5-1-145）；两腿屈膝全蹲成歇步，枪尖经右腰侧向右后下方扎出，目视枪尖（图 5-1-146）。

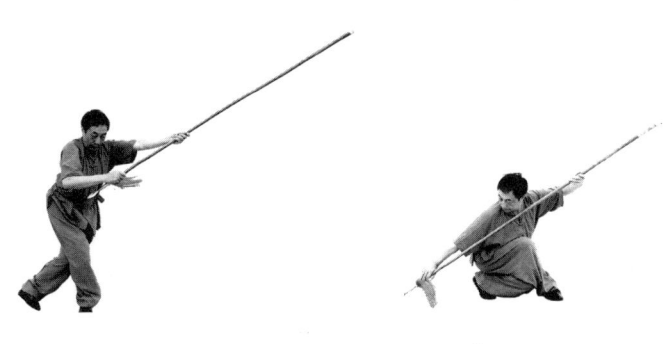

图 5-1-145　　　　图 5-1-146

动作要领 枪尖回抽要紧贴右腰侧，歇步下坐与右下扎枪要协调一致。

36. 弓步斜上反扎枪

升重心，身体左转，左脚向左前方上步，同时右手握枪颈随转体使枪尖经面部向左上方扎出（图 5-1-147、图 5-1-148）。

图 5-1-147　　　　　　　　图 5-1-148

动作要领 枪尖经过面部时，头须后仰；左脚上步与反扎枪应协调连贯。

37. 前跃虚步下劈把

左脚蹬直，身体右转，两手松握枪颈，使枪把向下，经左脚背向后、向上举起（图 5-1-149）；左脚上前一步，两手松握枪颈，使枪把继续向前、向下画弧（图 5-1-150）；左脚蹬地跳起，右脚向前跃步，两手松握枪颈，使枪把继续向下、向后向上举至后上方（图 5-1-151）；右脚、左脚依次落地成左虚步，两手松握枪颈，使枪把向下劈于地面，目视枪把（图 5-1-152）。

图 5-1-149　　　　　　　　图 5-1-150

图 5-1-151　　　　　　　　图 5-1-152

动作要领　上步、跃步与虚步下劈把，要连贯协调。

38. 提膝下格枪

重心移至右脚，左脚屈膝提起，右手滑握至枪把段，两手握枪使枪尖朝下，立格于左膝内侧，目视枪身中段（图 5-1-153）。

图 5-1-153

动作要领　提膝过腰，脚背绷平。

39. 弓步拿扎枪

左脚向前落地成半马步，同时右手握把下翻收于腰右侧，左手持枪内扣拿枪（图 5-1-154）；上动不停，重心前移成左弓步，右手推把向前扎枪，目视枪尖（图 5-1-155）。

图 5-1-154　　　　　　　　　图 5-1-155

动作要领　弓步扎枪时枪身须与肩平。

40. 行步绞枪右拦枪

（1）左脚向右前方上步，同时左手松握枪身中段，右手握把在胸前沿逆时针方向连续绞枪两周（图 5-1-156）；右脚向右前方上步，两手操纵枪身继续绞枪一次（图 5-1-157）。

（2）右脚落平，重心在两脚之间，右手握把臂内旋翻提至头上方，左手滑握至枪身中段，向右下方拦枪（图 5-1-158）。

图 5-1-156　　　　　　　图 5-1-157　　　　　　　图 5-1-158

动作要领　行步降重心，拦枪时，旋臂翻腕与左手制动形成合力。

41. 右弓步点枪

重心右移，左腿蹬直成右弓步，同时右手握把向右、向下收于腹前，左手滑握枪身，两手持枪向前下点出，枪尖高与膝平，目视枪尖（图 5-1-159、图 5-1-160）。

图 5-1-159　　　　　图 5-1-160

动作要领　点枪时，左手滑握与右手上提协调配合。

42. 行步绞枪左拦枪

（1）右脚向左前方上步，同时右手松握枪身中段，左手握把在胸前沿逆时针方向连续绞枪两周（图5-1-161）；左脚向右左前方上步，两手操纵枪身继续绞枪一次（图5-1-162）。

（2）左脚落平，重心在两脚之间，左手握把臂内旋翻提至头上方，右手滑握至枪身中段，向左下方拦枪（图5-1-163）。

图 5-1-161　　　　　图 5-1-162　　　　　图 5-1-163

动作要领　行步降重心，拦枪时，旋臂翻腕与左手制动形成合力。

43. 左弓步点枪

重心左移，右腿蹬直成左弓步，同时左手握把向左、向下收于腹前，右手滑握枪身，两手持枪向前下点出，枪尖高与膝平，目视枪尖（图5-1-164、图5-1-165）。

图 5-1-164　　　　　　图 5-1-165

动作要领 点枪时，左手滑握与右手上提协调配合。

44. 盖跳步拦拿扎枪

右手滑握至枪把，左手换握枪身，左脚蹬地跳起，右脚向左前方盖步，右手向上翻把左手持枪外翻拦枪（图5-1-166、图5-1-167）；右脚、左脚依次落地，成半马步，同时右手握把下翻收于腰右侧，左手持枪内扣拿枪（图5-1-168）；上动不停，重心前移成左弓步，右手推把向前扎枪，目视枪尖（图5-1-169）。

图 5-1-166　　　　　　图 5-1-167

图 5-1-168　　　　　　图 5-1-169

动作要领 腾空盖跳时，拦枪须在空中完成，右脚、左脚依次落地与马步拿枪须连贯自然；弓步扎枪时枪身须与肩平。

45. 横裆步托枪

重心后移,上体右转成横裆步,右手抽把上翻举过头顶,左手持枪外翻向上托枪,目视枪尖(图 5-1-170)。

图 5-1-170

动作要领 横裆步要求右脚尖及膝关节外展。

46. 行步托枪回身单手右扎枪

(1)双手托枪保持不变,右脚向右前方上半脚,脚尖外展,左脚向右上一步,脚尖内扣成弧行步(图 5-1-171、图 5-1-172);右脚向右上一步,脚尖外展成弧行步(图 5-1-173);左脚向右上一小步,脚尖内扣成弧行步,同时身体右转,左手持枪经头顶向下落于腹前,右手握把下落至腹前与右臂交叉(左臂在上,右臂在下),枪尖朝右,目视枪尖(图 5-1-174、图 5-1-175)。

(2)上动不停,右脚向右上一步,随后左脚向右脚后跳插一步,同时右手握枪把,前臂内旋向右单手扎枪,左手置于右肩前,虎口朝下,掌心向前,目视枪尖(图 5-1-176~图 5-1-78 附(反面))。

图 5-1-171　　　　图 5-1-172　　　　图 5-1-173

图 5-1-174　　　　　　图 5-1-175　　　　　　图 5-1-176

图 5-1-177　　　　　　图 5-1-178　　　　　　图 5-1-178 附（反面）

动作要领　行步为弧线行进。

47. 插步拦枪弓步拿扎枪

右脚上前一步，身体右转，随后左脚上一步，左手握枪中段，右脚再向左后方插一步，同时右手握把臂内旋向上翻把，左手持枪外翻拦枪（图 5-1-179 ～图 5-1-181）；上动不停，左脚上前一步成半马步，同时右手握把下翻收于腰右侧，左手持枪内扣拿枪（图 5-1-182）；上动不停，重心前移成左弓步，右手推把向前扎枪，目视枪尖（图 5-1-183）。

图 5-1-179　　　　　　图 5-1-180　　　　　　图 5-1-181

图 5-1-182　　　　　　　　　　图 5-1-183

动作要领　拦、拿、扎枪，衔接紧凑，一气呵成。

48. 回身上步舞花枪

身体右转，重心右移，同时右手抽把，左手滑握至枪身中段（图 5-1-184）；身体继续右转，左脚跟抬起，左手向上、向右下拨枪尖，右手收于左腋下（图 5-1-185）；身体继续右转，两手拨枪使枪尖经下向后立圆绕转（图 5-1-186）；左脚上前一步，两手随立圆舞花的惯性拨枪，使枪把由后经上向前盖压，至此为第一个立舞花枪（图 5-1-187）。身体左转，右脚上前一步，两手拨枪使枪把经下向左摆（图 5-1-188、图 5-1-189）；两手拨枪使枪尖经下向左立圆绕转，至此为第二个立舞花枪（图 5-1-190）。

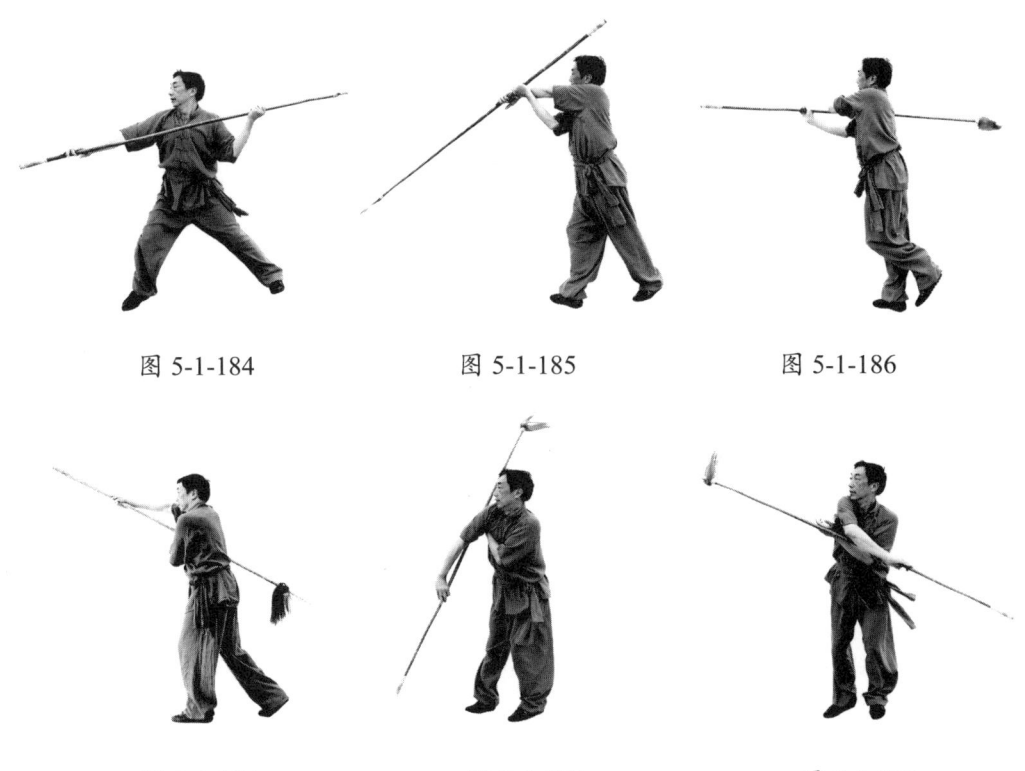

图 5-1-184　　　　　　图 5-1-185　　　　　　图 5-1-186

图 5-1-187　　　　　　图 5-1-188　　　　　　图 5-1-189

图 5-1-190

动作要领 左右舞花枪须画立圆。

49. 转身提撩枪

上动不停，左脚向后退一步，右脚尖内扣，身体左转，双手持枪随转体经上、向后、向下、向前提撩枪（图 5-1-191、图 5-1-192）。

图 5-1-191　　　　　图 5-1-192

动作要领 撩枪时，枪尖经下贴近右脚，两手向上提带，使枪头向前上方撩起。

50. 转身左右舞花枪

（1）身体左转，两手顺提撩之势使枪尖继续经上向左、向下，随转体向后画立圆一周，至此为右立舞花枪（图 5-1-193～图 5-1-195）。

（2）身体左转，右脚上前一步，两手拨枪使枪把经下向左摆（图 5-1-196、图 5-1-197）；两手拨枪使枪尖经下向左立圆绕转，至此为左立舞花枪（图 5-1-198）。

图 5-1-193 　　　　　图 5-1-194 　　　　　图 5-1-195

图 5-1-196 　　　　　图 5-1-197 　　　　　图 5-1-198

【动作要领】 左右舞花枪须画立圆。

51. 盖步舞花上挑把

身体右转，左脚跟抬起，左手向上、向右下拨枪尖，右手收于左腋下（图 5-1-199）；身体继续右转，左脚向右前方盖步，脚跟着地，同时两手随身体右转使枪尖立圆绕环一周半（图 5-1-200）；左脚落平，右脚跟抬起，同时右手向下压把，随后前臂内旋将把向前挑起，左手握枪收于右腋下（图 5-1-201）。

图 5-1-199　　　　　图 5-1-200　　　　　图 5-1-201

动作要领 舞花枪须画立圆。

52. 震脚弓步拿扎枪

右脚提起，随后向下震脚，身体随震脚右转，左脚向左上步成半马步，同时右手握把向上、向右，并随震脚握把下翻收于腰右侧，左手持枪内扣拿枪（图5-1-202～图5-1-204）；上动不停，重心前移成左弓步，右手推把向前扎枪，目视枪尖（图5-1-205）。

图 5-1-202　　　　图 5-1-203　　　　图 5-1-204

图 5-1-205

动作要领 震脚成马步与拿枪须协调一致，弓步扎枪，枪身与肩齐平。

53. 反手穿梭背枪

重心后移，上体略向右转，左手松握枪身，同时右手抽把至右方，前臂外旋，右手虎口转朝把端，反握枪把（图5-1-206）；重心前移成半马步，右手回送枪把至胸前，同时前臂内旋，手背朝上（图5-1-207）；重心后移，右手抽把至右上方，左手松握枪身向左上举，随后右手握把下落至右下方，使枪身经头顶向后、向下紧贴于后背，目视枪尖（图5-1-208、图5-1-209）。

图 5-1-206　　　　　　图 5-1-207

图 5-1-208　　　　　　图 5-1-209

动作要领　旋臂换握须自然放松。

54. 提膝前压横裆步亮掌

右脚蹬地提膝，脚背绷平，身体左倾，使枪尖压向左下方（图 5-1-210）；右脚向右落步成右横裆步，同时右手握把向左推送，左手松握枪身，使枪尖向滑向左下地面，随后左手握住枪把，右手向下、向右、向上架于头顶上方，掌心向上，指尖朝左，目视左方（图 5-1-211、图 5-1-212）。

图 5-1-210　　　　图 5-1-211　　　　图 5-1-212

动作要领　右手握把推送与左手滑枪握把须协调配合。

55. 并步立枪

重心移至左脚成左弓步，右手抓握枪把，左手稍向前滑握（图 5-1-213）；左脚后退一步成右弓步，同时左手引枪落向身后，右手向前上提把（图 5-1-214）；右脚向后退步，右手握把经上向后划弧，左手持枪经下向前上划弧，目视前方（图 5-1-215）；左脚向右脚并步，右手握把前推，左手向枪身中段滑握使枪立于右胸前，目视前方（图 5-1-216）。

图 5-1-213　　　　　　图 5-1-214

图 5-1-215　　　　　　图 5-1-216

动作要领　左、右退步与引枪、立枪要协调一致。

56. 收势

两手立枪不变，右脚以脚跟为轴，左脚以脚尖为轴，身体向右转，随后左脚向右脚靠拢成并步直立，目视前方（图 5-1-217）。

图 5-1-217

第二节 少林六合剑[①]

一、动作名称

1. 预备势
2. 持剑抱拳
3. 并步前指
4. 歇步亮指
5. 弓步刺剑
6. 歇步托剑
7. 点腿刺剑
8. 插步截剑
9. 转身扫剑
10. 虚步压剑
11. 丁步点剑
12. 退步腕花
13. 歇步截剑
14. 提膝挂剑
15. 上步右挂插步劈剑
16. 翻身右劈剪腕花
17. 提膝点剑
18. 上步转身劈剑
19. 插步右劈剑
20. 左右弓步抹剑
21. 转身云剑虚步抹剑

---

① 演练：赵通足

22. 上步挂剑虚步摆剑
23. 上步挂剑
24. 歇步反手下穿剑
25. 弓步刺剑
26. 上步点剑
27. 跟步上挑剑
28. 跃步腕花
29. 弓步点剑
30. 击步翻身跳弓步下劈剑
31. 弓步撩剑
32. 虚步带剑
33. 歇步云截剑
34. 并步刺剑
35. 并步挂剑
36. 转身挂剑提膝举剑
37. 腕花弓步点剑
38. 提膝左挂剑
39. 上步右挂剑
40. 插步翻身撩剑
41. 弓步反手劈剑
42. 转身左右挂剑
43. 弓步反穿剑
44. 弓步刺剑
45. 弓步左抹剑
46. 提膝右抹剑
47. 上步抹剑提膝上刺剑
48. 云剑弓步下刺剑
49. 提膝点剑
50. 插步劈剑
51. 转身抹剑
52. 上步撩剑
53. 转身马步点剑
54. 盖跳步腾空点剑
55. 马步点剑

56. 扣腿刺剑

57. 弓步分剑

58. 回身弓步截剑

59. 弓步崩剑

60. 并步抹剑

61. 弧形步转身抹剑

62. 并步抹剑

63. 下蹲左挂剑

64. 提膝劈剑

65. 左挂剑

66. 望月平衡反撩剑

67. 上步下截歇步削剑

68. 仰身弓步截剑

69. 左右腕花歇步点剑

70. 转身左撩剑

71. 弧形步右撩剑

72. 弧形步左右撩剑

73. 歇步反撩剑

74. 提膝点剑

75. 弓步劈剑

76. 转身弓步平刺剑

77. 丁步切剑

78. 铲腿架剑

79. 燕式平衡前刺剑

80. 翻身弓步点剑

81. 丁字步带剑

82. 盖步绕柄转身弓步下刺剑

83. 转身横裆步下刺剑

84. 弓步撩剑

85. 虚步带剑

86. 提膝左挂剑

87. 上步右挂剑

88. 转身左弹腿

89. 歇步刺剑

90. 转身云接剑

91. 虚步持剑

92. 提膝前指

93. 并步按指

94. 收势

二、动作说明

1. 预备势

两脚自然直立，左手反手持剑，右掌心向内贴于大腿外侧，目视前方（图 5-2-1）。

图 5-2-1

2. 持剑抱拳

两脚自然直立，左手反手持剑，右掌变拳抱于腰间，拳心向上，目视左方（图 5-2-2）。

图 5-2-2

3. 并步前指

左脚向左撤一步，右腿微屈，同时左手持剑屈肘经右肩前向左平摆，随后身体左转，右脚向左脚并步，左手直臂下落成反手持剑，右拳同时变剑指向前方直臂伸出，虎口朝上，目视右剑指方向（图5-2-3、图5-2-4）。

图 5-2-3　　　　　图 5-2-4

动作要领　左脚上步与左手平摆，右脚并步与右手前指要协调一致。

4. 歇步亮指

右脚向后退一步，身体右转，左脚向右后方插步，屈膝全蹲成歇步，同时左手持剑经额前向下落于右胸前，剑身贴靠于前臂内侧，右剑指经腹前向右、向后、向上亮于头顶上方，虎口向前，目视左方（图5-2-5、图5-2-6）。

图 5-2-5　　　　　图 5-2-6

动作要领　眼随右手，抖腕亮指的同时转头。

5. 弓步刺剑

左脚向左后方撤一步，身体左转，右腿蹬直成左弓步，同时右手持剑经右腰间向前下方刺出成立剑，左手变剑指经前向后上方摆出，虎口向上，目视剑尖（图5-2-7、图5-2-8）。

图 5-2-7　　　　　　图 5-2-8

动作要领　刺剑由腰发力，立达剑尖。

6. 歇步托剑

右脚收半步，身体右转半蹲成交叉步，同时右手持剑以腕为轴经下向左、向上在体左侧立圆绕行一周后屈肘收至胸前，左剑指屈臂摆至剑柄内侧，目视剑尖（图5-2-9、图 5-2-9 附（反面））。

图 5-2-9　　　　　　图 5-2-9 附（反面）

动作要领　歇步时两腿要上下重叠，臀部坐在脚后跟上。

7. 点腿刺剑

重心上起，右腿向左上方点腿，同时右手持剑臂内旋向右下刺出，手心向上，左剑指同时向左上方直臂伸出，虎口朝上，目视剑尖（图 5-2-10）。

图 5-2-10

动作要领 右脚摆踢右手刺剑要同时完成，协调一致；左、右臂在一条斜线上。

8. 插步截剑

右脚向右落步，同时右手持剑臂外旋使剑由右向上、向左划弧，至左方时屈肘使手腕、前臂贴靠左胸部，手心朝里，左手剑指随之屈肘附于右手腕处，手心朝下，目视剑身（图5-2-11）；随后左脚向右后方插步，同时右手持剑臂内旋经前、向右下方截剑，手心向下，左剑指直臂举于左斜上方，目视剑尖（图5-2-12）。

图 5-2-11　　　　图 5-2-12

动作要领 右脚落步与带剑，左脚插步与截剑须协调一致。

9. 转身扫剑

身体向左后转身，重心左移成左弓步，同时右手持剑随转体直臂斜下扫转360°，手心朝下，左剑指直臂举于斜上方，目视剑尖（图5-2-13）。

图 5-2-13

动作要领 左后转身时，先以右后脚掌、左前脚掌为轴左转180°，再以右前脚掌、左后脚掌为轴左转180°。

10. 虚步压剑

左脚向后退一步，重心移至左脚，屈膝半蹲，右脚回收成右虚步，同时右手持剑以腕为轴向下，经胸前向上、向前下方压击，虎口朝前，手心向上，左剑指立于右肩前，目视剑尖（图5-2-14、图5-2-14附（反面））。

图 5-2-14　　　　　　图 5-2-14 附（反面）

动作要领　点剑时，右手腕要下屈。

11. 丁步点剑

右脚向前上步，同时右手持剑屈臂上挑，随后左脚向右脚靠拢成丁步，同时右手持剑直臂向前下方点击，手心向上，剑刃朝左右，左剑指立于右臂内侧，目视剑尖（图5-2-15、图5-2-16、图5-2-16附（反面））。

图 5-2-15　　　　图 5-2-16　　　　图 5-2-16 附（反面）

动作要领　向前点击时，右臂前伸，屈腕，力点在剑尖。丁步时右大腿接近水平，左脚背绷直，脚尖点在右脚弓处，两腿须并拢。上身稍前倾，挺胸直背。

12. 退步腕花

左脚向后退一步，同时右手握剑以腕为轴向下、向上在体左侧立圆绕行一周，左剑指屈肘收至右臂内侧（图5-2-17），随后右脚退后一步，同时右手握剑以腕为轴向下、向上在体右侧立圆绕行一周，目视前方（图5-2-18）。

图 5-2-17　　　　　图 5-2-18

动作要领　左、右退步与左、右解腕花要协调一致。

13. 歇步截剑

左脚向右后方插一步，两腿屈膝全蹲成歇步，同时右手握剑臂内旋，向前、向右截剑，手心向下，左手剑指经下向左、向上亮于头顶上方，目视剑尖（图 5-2-19、图 5-2-20）。

图 5-2-19　　　　　图 5-2-20

动作要领　截剑时，右臂和剑身成一直线，剑身斜平。

14. 提膝挂剑

重心上起，身体左转，左脚屈膝前提，右手握剑使剑尖向上、向前、向下，经左小腿外侧向后、向上立圆挂出，左剑指屈臂附于右腕处，同时左脚向前落步，目视前方（图 5-2-21、图 5-2-22）。

图 5-2-21　　　　　图 5-2-22

【动作要领】挂剑时，右臂和剑身保持 90º，身体向左拧转，立圆挂剑。

15. 上步右挂插步劈剑

上动不停，右脚向前上一步，脚尖外展，重心前移，左脚跟离地，右手握剑向下经体右侧向上挂剑，左剑指附于右臂内侧；上动不停。左脚上前一步，右脚随后向左后方插步，同时右手握剑经上向左劈剑，手心向内，左剑指屈臂附于右小臂处，目视前下方（图 5-2-23、图 5-2-24）。

图 5-2-23　　　　　图 5-2-24

【动作要领】挂剑时，右臂和剑身保持 90º，上步挂剑和上、插步劈剑要协调一致。

16. 翻身右劈剪腕花

上动不停，向右翻腰，同时右手握剑经下、向上、向右劈剑，左剑指附于右臂内侧（图 5-2-25、图 5-2-26），随后右手握剑以腕为轴向下、向上在体左侧立圆绕行一周，左剑指屈肘收至右臂内侧（图 5-2-27），上动不停，右手握剑以腕为轴向下、向上在体右侧立圆绕行至后上方，目视前方（图 5-2-28）。

图 5-2-25　　　　　　　　图 5-2-26

图 5-2-27　　　　　　　　图 5-2-28

动作要领　左右腕花时，右手腕放松，以腕为轴，使剑在左右两侧立圆绕行。

17. 提膝点剑

左脚屈膝提起，右手握剑直臂向右下方点击，拇指一侧朝上，左剑指经下向左、向上亮于头顶上方，目视剑尖（图 5-2-29）。

图 5-2-29

动作要领　提膝过腰，脚背绷平。向右下方点剑时，右臂前伸、屈腕，力点在剑尖。

18. 上步转身劈剑

左脚向左落步,身体左转,随后右脚向前上一步,同时右手握剑向上、向前下方劈出,左手剑指附于右小臂内侧,目视前方(图 5-2-30、图 5-2-31)。

图 5-2-30　　　　　　　图 5-2-31

动作要领　左、右脚上步与劈剑要连贯自然。

19. 插步右劈剑

上动不停,右脚落平,身体左转,随后左脚向右后方插步,同时右手握剑经下向左、向上、向右劈出,左剑指经脸前向左上方架起,手心向左,目视右方(图 5-2-32、图 5-2-33)。

图 5-2-32　　　　　　　图 5-2-33

动作要领　承上式左劈剑接叉步右劈剑要衔接紧凑、连贯自然,一气呵成。

20. 左右弓步抹剑

(1)以左脚尖和右脚跟为轴,向左转身成左弓步,同时右手握剑随转体手心翻转向上,以臂带剑向左前方平抹,左剑指附于右小臂内侧,目视剑尖(图 5-2-34、图 5-2-35)。

(2)重心移至右腿成右弓步,身体右转,同时右手握剑,手心翻转向下,以臂带剑向右平抹,左剑指同时向左平摆,手心朝后,剑指朝左,目视前方(图4-2-36)。

图 5-2-34　　　　　　图 5-2-35　　　　　　图 5-2-36

动作要领 左右抹剑要以腰带臂、以臂带剑平抹,剑身与肩同高。

21. 转身云剑虚步抹剑

右脚向左前方上一步,同时右手握剑向左平抹后,手心翻转向下置于左腰侧(图5-2-37、图5-2-38);随后左脚向前提离地面,身体右转90º,同时右手握剑随转体向右平摆,手心朝上,左剑指摆于腹前,手心朝下(图5-2-39);上动不停,右脚以前脚掌为轴,身体继续右转90º,左脚随转体向前伸出脚尖点地成左虚步,同时右手握剑手心翻转向下,在脸前云剑后向右平抹。左剑指同时向左平摆,手心朝左,拇指一侧朝下,目视前方(图5-2-40、图5-2-41)。

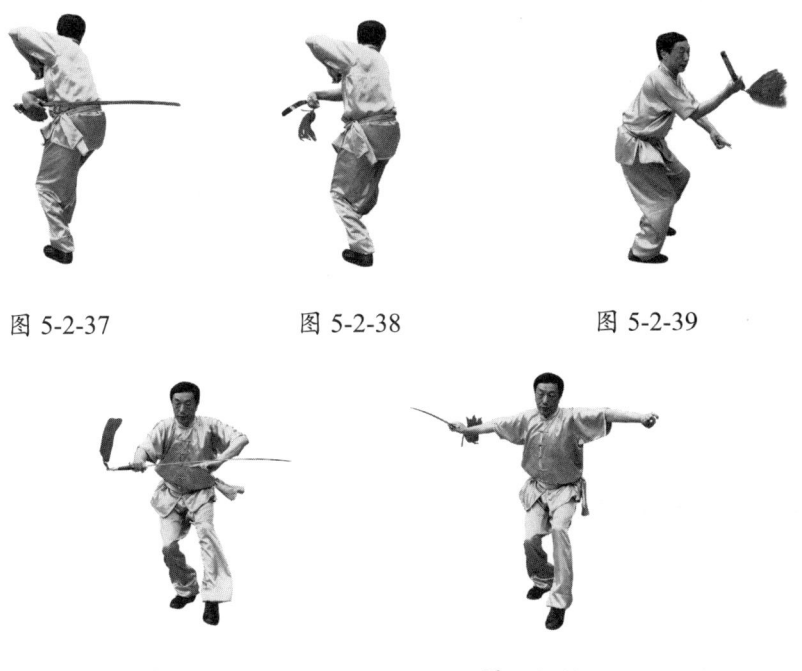

图 5-2-37　　　　　　图 5-2-38　　　　　　图 5-2-39

图 5-2-40　　　　　　图 5-2-41

动作要领 左抹剑时，剑身要平，云剑与虚步抹剑须连贯自然。

22. 上步挂剑虚步摆剑

左脚上前半步，脚尖外展，随后右脚上前一步，身体左转，右手握剑剑尖向下经左腿外侧挂出（图 5-2-42、图 5-2-43）；身体左转，右脚落平，左脚尖点地成左虚步，同时右手握剑臂外旋，手心朝上向右平摆，剑尖向右。左剑指同时向左平摆，手心朝前，拇指一侧朝上，目视剑尖（图 5-2-44）。

图 5-2-42

图 5-2-43

图 5-2-44

动作要领 挂剑时，右臂和剑身保持 90°，身体向左拧转，立圆挂剑。

23. 上步挂剑

左脚向左上一步，右脚跟提起，身体左转，右手握剑使剑尖经上向下，再经左腿外侧向后挂出，同时左剑指落于左腰侧，手心向下，目视前方（图 5-2-45）。

图 5-2-45

动作要领 挂剑时，剑尖领先，身体向左拧转，立圆挂剑。

24. 歇步反手下穿剑

上动不停，右手握剑顺挂剑之势，前臂外旋，使剑尖向上、向右、向下穿剑，手心向后，同时左剑指附于肘关节内侧，目视右下方（图 5-2-46）。

图 5-2-46

动作要领 反手穿剑时,剑尖领先,与歇步同时完成。

25. 弓步刺剑

重心上起,身体右转,右脚向前上一步成右弓步,同时右手握剑经腹前向前下方刺剑,拇指一侧朝上,同时左剑指向左伸出,拇指一侧向上,目视剑尖(图5-2-47)。

图 5-2-47

动作要领 刺剑时,前臂内旋下落经腹前由屈变伸刺出。

26. 上步点剑

右脚回收半步,同时右手持剑屈臂上挑至右肩后,随后右脚上前一步,右手持剑直臂向前下方点击,左剑指立于右臂内侧,目视剑尖(图5-2-48)。

图 5-2-48

动作要领 点剑时,右臂前伸、屈腕,力点在剑尖。

27. 跟步上挑剑

右脚蹬地，左脚向右脚跟步，随后右脚向前落步，同时右手握剑向上挑起，左剑指立于右臂内侧，目视前方（图 5-2-49、图 5-2-50）。

图 5-2-49　　　　　　图 5-2-50

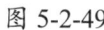 右脚蹬地向上跳离地面不要太高，左脚落地的同时，右脚向前落步。

28. 跃步腕花

上动不停，右脚落步后立即向上蹬地跳起，左脚向前跃步，随后左脚、右脚向前依次落地；同时右手握剑以腕为轴向下、向上在体左侧立圆绕行一周后，继续以腕为轴向下、向上在体右侧立圆绕行至后上方，目视前方（图 5-2-51～图 5-2-53）。

图 5-2-51　　　　图 5-2-52　　　　图 5-2-53

动作要领　左右腕花时，右手腕放松，以腕为轴使剑在左右两侧立圆绕行，同时要与向前跃步协调一致。

29. 弓步点剑

右脚落平，左腿蹬直成右弓步，右手持剑直臂经上向前下方点击，同时左剑指向左伸出，拇指一侧向上，目视剑尖（图 5-2-54）。

图 5-2-54

动作要领 点剑时，右臂前伸、屈腕，力点在剑尖。

30. 击步翻身跳弓步下劈剑

重心左移，左脚蹬地跳起，右脚内侧空中向左脚内侧碰击成击步，同时左剑指向左指出，右手握剑平举于右侧（图 5-2-55）。右脚、左脚依次落地，随后左脚蹬地跳起并向左后方转体 360° 后，右脚、左脚依次落地成左弓步，同时，右手握剑随转体下落之势向右下方劈剑。左剑指经下向左上方摆起，拇指一侧向上，目视剑尖（图 5-2-56、图 5-2-57）。

图 5-2-55　　　　图 5-2-56　　　　图 5-2-57

动作要领 击步在空中碰击脚背绷平；上步翻身跳与下落弓步劈剑须连贯协调。

31. 弓步撩剑

重心上起，右手握剑臂外旋向上、向左、向下撩剑，左剑指附于右臂内侧，目视右方（图 5-2-58～图 5-2-60）；左脚上前一步成左弓步，身体右转，右手握剑臂内旋向前、向上、向后经体右侧向前撩剑，剑尖高于头，左剑指附于右臂内侧，此为右撩剑（图 5-2-61～图 5-2-63）；右手握剑臂外旋向上、向后，经体左侧向前撩剑，剑尖高于头，此为左撩剑（图 5-2-64～图 5-2-66）；上述右、左撩剑再重复做两次。

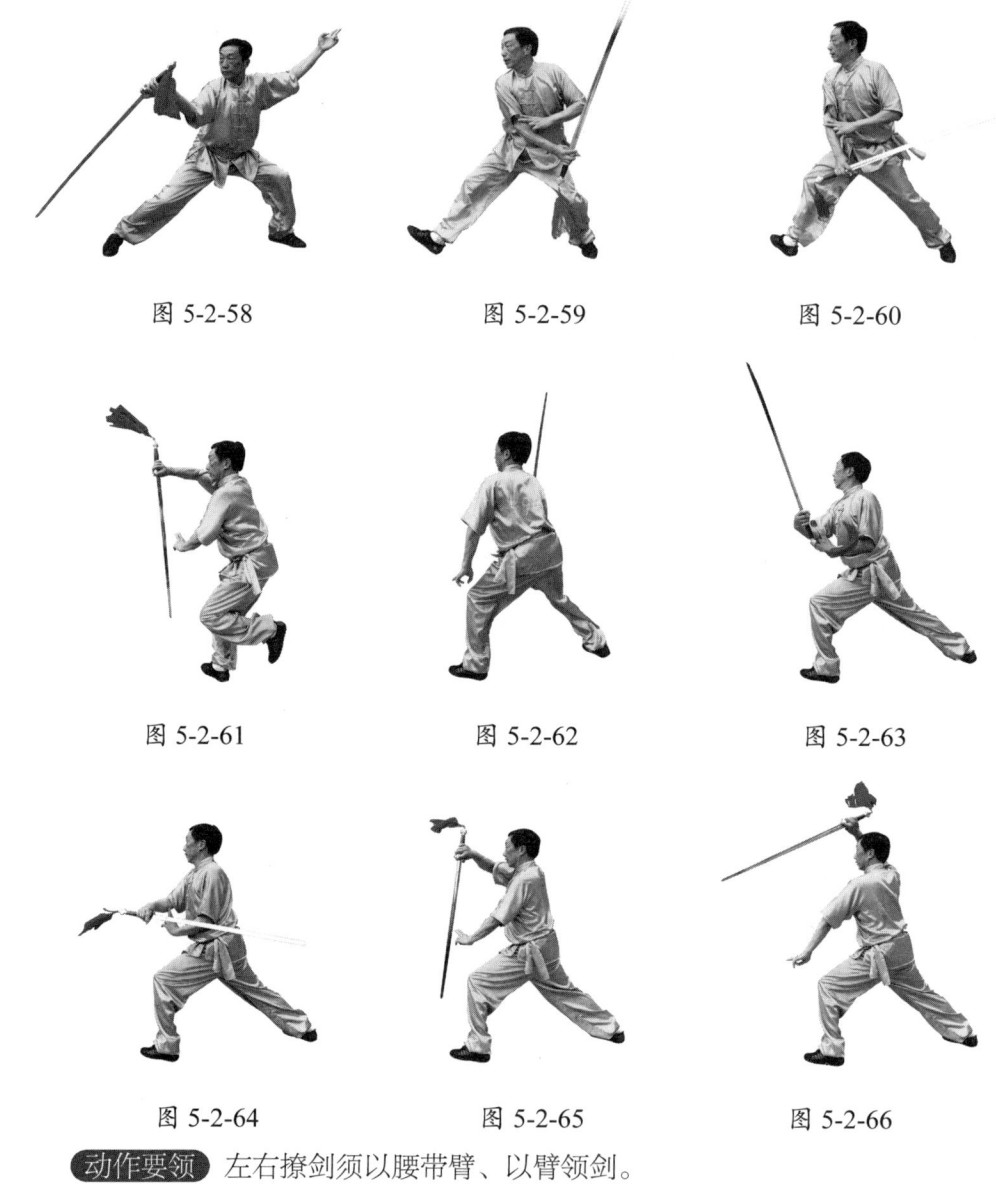

图 5-2-58　　　　　图 5-2-59　　　　　图 5-2-60

图 5-2-61　　　　　图 5-2-62　　　　　图 5-2-63

图 5-2-64　　　　　图 5-2-65　　　　　图 5-2-66

动作要领 左右撩剑须以腰带臂、以臂领剑。

32. 虚步带剑

最后一次左撩剑后，重心后移，左脚回收半步，脚尖点地成左虚步，同时右手握剑，屈臂内旋向上带剑，左剑指向前推出，指尖朝上，手心向前，目视剑尖（图5-2-67）。

图 5-2-67

动作要领 剑指前推与右手带剑须协调一致。

33. 歇步云截剑

左脚向右后插步,屈膝全蹲成歇步,同时右手握剑以腕为轴,向左、向后、向右平绕一周后,向前直臂截剑,手心朝上,左剑指附于右手腕处,目视剑尖(图 5-2-68、图 5-2-69)。

图 5-2-68　　　　　　图 5-2-69

动作要领 云剑时,头须后仰。

34. 并步刺剑

左脚上前一步,左剑指向前直臂指出,手心向下,随后身体左转 90°,同时右脚向左脚内侧上步成并步,右手握剑立剑向右刺出,力达剑尖,左剑指屈肘置于左胸前,拇指一侧朝下,手心朝前,目视剑尖(图 5-2-70、图 5-2-71)。

图 5-2-70　　　　　　图 5-2-71

动作要领 并步、转身、刺剑须连贯一致，一气呵成。

35. 并步挂剑

并步不变，右手握剑臂内旋，使剑尖经下向左、向上、向右挂出，左剑指附于右肘关节处，目视剑尖（图 5-2-72～图 5-2-74）。

图 5-2-72　　　　　图 5-2-73　　　　　图 5-2-74

动作要领 挂剑时，剑身与手臂保持 90°。

36. 转身挂剑提膝举剑

上动不停，身体右转，右脚向后退一步，同时右手握剑臂外旋使剑尖向右向下向后挂出，左剑指向左上方伸出，目视剑尖（图 5-2-75、图 5-2-76）；上动不停，身体右转，左脚屈膝提起成提膝平衡，同时右手握剑经右向上直臂上举，剑尖朝上，手心朝左，左剑指屈肘按于右肩前，手心向下，目视左方（图 5-2-77、图 5-2-77 附（反面））。

图 5-2-75　　　　　　　　　图 5-2-76

图 5-2-77　　　　　图 5-2-77 附（反面）

动作要领 提膝、举剑、转头须同时完成。

37. 腕花弓步点剑

左脚向左后方落步成左弓步，同时右手握剑，以腕为轴使剑尖在身体右侧绕环一周后随身体左转向右下方点击，力达剑尖，左剑指同时经下向左、向上亮于头左上方，目视剑尖（图 5-2-78、图 5-2-78 附（反面））。

图 5-2-78　　　　　图 5-2-78 附（反面）

动作要领 腕花剑尖划立圆，点剑时，右手屈腕上绷。

38. 提膝左挂剑

身体左转，左脚屈膝前提，右手握剑使剑尖向上、向前、向下，经左小腿外侧向后、向上立圆挂出，左剑指屈臂附于右腕处，同时左脚向前落步，目视前方（图 5-2-79、图 5-2-80）。

图 5-2-79　　　　　　　图 5-2-80

动作要领：挂剑时，右臂和剑身保持 90°，身体向左拧转，立圆挂剑。

39. 上步右挂剑

上动不停，右脚向前上一步，脚尖外展，重心前移，左脚跟离地，右手握剑向下经体右侧向上挂剑，左剑指附于右肘关节处，目视剑尖（图 5-2-81）。

图 5-2-81

动作要领：挂剑时，右臂和剑身保持 90°，立圆挂剑。

40. 插步翻身撩剑

上动不停，左脚上前一步，右脚随后向左后方插步，身体右转，同时右手握剑经上向后、向下、向左撩剑，拇指一侧朝下，左剑指屈臂附于右肘关节处，目视剑尖（图 5-2-82～图 5-2-84）。

图 5-2-82　　　　　图 5-2-83　　　　　图 5-2-84

动作要领 挂剑时，右臂和剑身保持90°，上步挂剑和上、插步劈剑要协调一致。

41. 弓步反手劈剑

左腿蹬直，身体微右转，右腿屈膝成右弓步，同时右手握剑臂外旋，直臂向右上方反手劈出，手心向上，左剑指向左直臂摆出，拇指一侧朝上，目视剑尖（图5-2-85）。

图 5-2-85

动作要领 劈剑时，虎口顺旋臂之势用力下压。

42. 转身左右挂剑

（1）右腿蹬直，重心左移，右脚跟提起，身体左转，右手握剑使剑尖经上向下，再经左腿外侧向后、向前挂出，同时左剑指落于左腰侧，手心向下，目视前方（图5-2-86～图5-2-88）。

（2）上动不停，身体右转，右手握剑臂外旋，使剑尖向下经体右侧向上挂剑，左剑指附于右臂内侧，目视剑尖（图5-2-89～图5-2-91）。

图 5-2-86　　　　　图 5-2-87　　　　　图 5-2-88

图 5-2-89　　　　　　　图 5-2-90　　　　　　　图 5-2-91

动作要领　挂剑时，右臂和剑身保持 90º，剑尖划立圆。

43. 弓步反穿剑

身体重心左移，左腿屈膝成左弓步，右手握剑剑尖领先向右、向下、向后穿剑，左剑指屈臂置于右肩前，手心向下，目视前下方（图 5-2-92～图 5-2-94）。

图 5-2-92　　　　　　　图 5-2-93　　　　　　　图 5-2-94

动作要领　反穿剑时，剑尖领先立圆穿行。

44. 弓步刺剑

上动不停，身体右转，左腿蹬直，身体重心右移成右弓步，同时右手握剑臂外旋向前立剑刺出，力达剑尖，左剑指向后直臂伸出，拇指一侧朝上，目视剑尖（图 5-2-95）。

图 5-2-95

动作要领 弓步刺剑与弓步穿剑须衔接紧凑，一气呵成。

45. 弓步左抹剑

身体重心右移，向左转身成左弓步，同时右手握剑随体转手心翻转向上，以臂带剑向左平抹，左剑指附于右小臂内侧，目视剑尖（图 5-2-96～图 5-2-98）。

图 5-2-96　　　　　　　图 5-2-97　　　　　　　图 5-2-98

动作要领 向左抹剑要以腰带臂、以臂带剑平抹。

46. 提膝右抹剑

上动不停，重心后移，左腿蹬地屈膝提起，同时右手握剑，手心翻转向下，以臂带剑向右平抹，左剑指同时向左平摆，手心朝下，指尖朝前，目视前方（图 5-2-99）。

图 5-2-99

动作要领 向右抹剑要以腰带臂、以臂带剑平抹，同时与提膝动作要协调一致。

47. 上步抹剑提膝上刺剑

（1）左脚向前落步，随后右脚向前上一步，同时右手握剑随左右上步手心翻转向上，以臂带剑向左平抹，左剑指置于右肩前，目视剑尖（图 5-2-100、图 5-2-101）。

（2）上动不停，左脚、右脚继续向前上步，同时右手握剑，手心翻转向下，以臂带剑向右平抹，左剑指同时向左平摆，手心朝下，指尖朝前，目视前方（图5-2-102、图5-2-103）。

（3）上动不停，右脚落平，身体微右转，左脚屈膝提起，同时右手握剑臂外旋向上刺剑，手心向左，左剑指附于右上臂内侧，目视剑尖（图5-2-104、图5-2-105）。

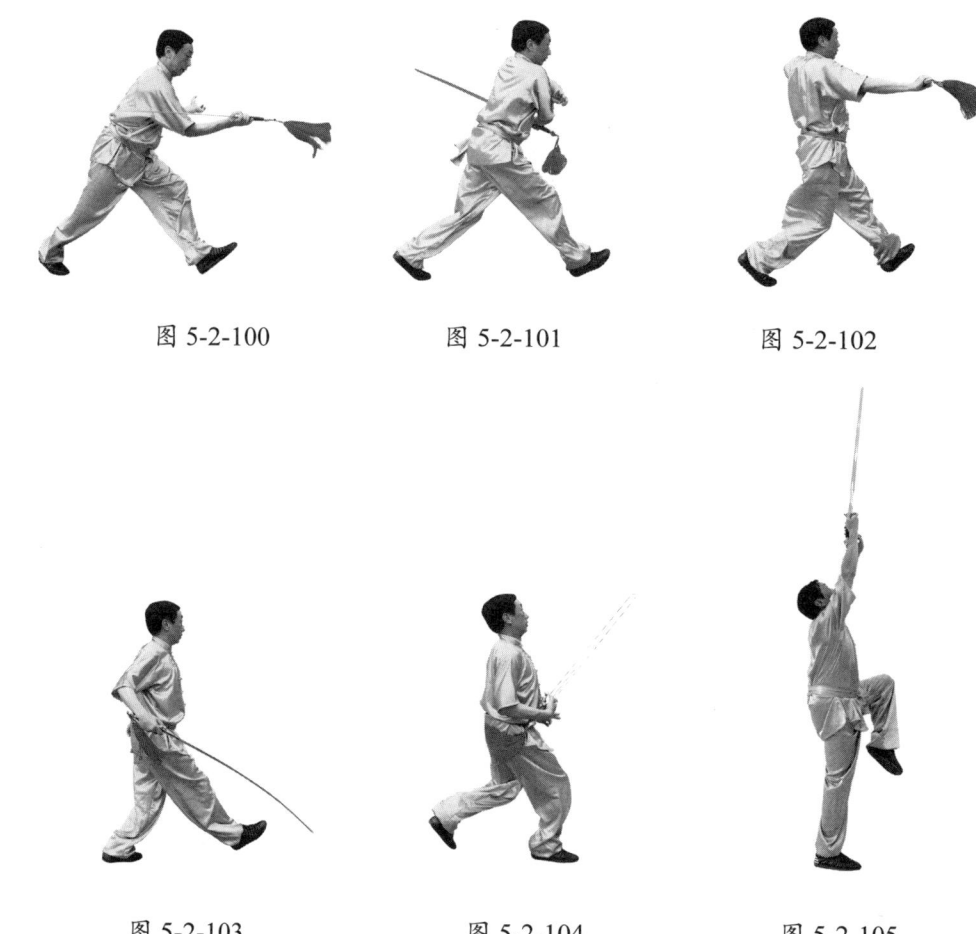

图 5-2-100　　　　　　图 5-2-101　　　　　　图 5-2-102

图 5-2-103　　　　　　图 5-2-104　　　　　　图 5-2-105

【动作要领】 向前上四步要连续不断，左右抹剑要以腰带臂、以臂带剑平抹；提膝与上刺剑须同时完成。

48. 云剑弓步下刺剑

身体右转，右手握剑手心翻转向上，使剑尖经右向后、向左平绕，左剑指附于右肘内侧，手心向右，目视左方（图5-2-106、图5-2-107）；上动不停，左脚向前落步成左弓步，同时右手握剑向右下方刺出，拇指一侧向下，手心向前，力达剑尖，左剑指附于右前臂内侧，手心向前，目视剑尖（图5-2-108）。

图 5-2-106　　　　图 5-2-107　　　　图 5-2-108

动作要领　头顶云剑须水平绕转，弓步下刺手臂与剑保持 90º。

49. 提膝点剑

左脚蹬地，屈膝提起，右手握剑经上向右下方点击，拇指一侧朝上，左剑指经下向左、向上亮于头顶上方，目视剑尖（图 5-2-109）。

图 5-2-109

动作要领　提膝过腰，脚背绷平。向右下方点剑时，右臂前伸、屈腕，力点在剑尖。

50. 上插步劈剑

身体左转，左脚向前落步，随后右脚上前一步，同时右手握剑臂外旋，经右向上，随转身向右下劈剑，左剑指附于右前臂内侧，手心向下，目视剑尖（图 5-2-110、图 5-2-111）；上动不停，左脚向右后方插步，同时右手握剑臂内旋经下向左、向上、向右劈剑，左剑指经前向左直臂摆出，手心向左，剑指朝上，目视剑尖（图 5-2-112）。

图 5-2-110　　　　　图 5-2-111　　　　　　　图 5-2-112

动作要领　上步劈剑与插步劈剑须衔接紧凑、连贯协调。

51. 转身抹剑

以左脚尖和右脚跟为轴，向左转身，同时右手握剑随转体手心翻转向上，以臂带剑向左前方平抹，左剑指附于右小臂内侧，目视剑尖（图 5-2-113～图 5-2-115）。

图 5-2-113　　　　　图 5-2-114　　　　　　　图 5-2-115

动作要领　转身抹剑要以腰带臂、以臂带剑平抹，剑身与腰同高。

52. 上步撩剑

右脚向前上一步，右手握剑臂外旋经上向左、随身体右转向下、向前撩剑，左脚跟提离地面，左剑指附于右臂内侧，目视前方（图 5-2-116～图 5-2-118）。

图 5-2-116　　　　　图 5-2-117　　　　　　　图 5-2-118

动作要领 上步撩剑须以腰带臂、以臂领剑。

53. 转身马步点剑

左脚上前一步，身体右转成马步，同时右手握剑经上向右下方点剑，左剑指同时经下向左、向上亮于左上方，手心向上，目视剑尖（图 5-2-119）。

图 5-2-119

动作要领 右下方点剑时，右臂前伸、屈腕，力点在剑尖。

54. 盖跳步腾空点剑

（1）右脚提离地面，右手握剑向上屈腕，使剑尖向上挑起（图 5-2-120）。

（2）右脚向左前方盖出，同时左脚蹬地跳起，同时，右手握剑经右向下点击，剑柄高于剑尖，左剑指向上摆至头部斜上方，目视剑尖（图 5-2-121、图 5-2-122）。

图 5-2-120　　　　图 5-2-121　　　　图 5-2-122

动作要领 向右下方腾空点剑时，右臂前伸、屈腕，力点在剑尖。

55. 马步点剑

右脚落地，左脚向左落步成马步，同时，右手握剑向上屈腕，使剑尖向上挑起，随后右手握剑向右下方点剑，左剑指同时经下向左、向上亮于左上方，手心向上，目视剑尖（图 5-2-123、图 5-2-124）。

图 5-2-123　　　　　图 5-2-124

动作要领 右下方点剑时，右臂前伸、屈腕，力点在剑尖。

56. 扣腿刺剑

身体左转，重心移至左脚，屈膝半蹲，右脚随之贴扣于左膝窝处，同时，右手握剑臂外旋经腰间向前刺剑，手心向上，左剑指附于右肘内侧，目视剑尖（图 5-2-125）。

图 5-2-125

动作要领 转身扣腿与刺剑须同时完成。

57. 弓步分剑

右脚向后落步，随后左脚向后退一步成右弓步，同时，右手握剑臂内旋，使剑尖经右向上、向左、向下，与左剑指同时向左右分开，剑尖朝右前下方，拇指一侧向下，手心向右，左剑指摆至体左侧，手心向左，指尖向前，目视前下方（图 5-2-126、图 5-2-127）。

图 5-2-126　　　　　图 5-2-127

动作要领　弓步与分剑须同时完成。

58. 回身弓步截剑

右腿蹬直，身体左转成左弓步，同时，右手握剑臂外旋，随转体向前下方截剑，手心向上，左剑指附于右前臂内侧，手心向下，目视剑尖（图 5-2-128）。

图 5-2-128

动作要领　转身变弓步与截剑须同时完成。

59. 弓步崩剑

左腿蹬直，身体右转成右弓步，上体略右转；同时，右手握剑右摆崩剑，劲贯剑身前端，腕略高于肩，手心朝上，左剑指向左分展，略低于肩，手心朝下，目视剑尖（图 5-2-129、图 5-2-130）。

图 5-2-129　　　　　　　图 5-2-130

动作要领　崩剑与弓步要协调一致，崩剑时要以腰带臂，上臂带动前臂发劲。

60. 并步抹剑

重心上起，右手握剑臂外旋向左屈臂带剑，随后右脚向左后退步，身体右转，左脚向右脚并步，同时，右手握剑随转体向右平抹，手心向下，左剑指置于左前方，手心向下，目视左方（图 5-2-131、图 5-2-132）。

图 5-2-131　　　　　　　图 5-2-132

动作要领　抹剑与转身并步要协调一致，要以腰带臂、以臂带剑平抹。

61. 弧形步转身抹剑

上动不停，左脚向左后方上步，脚尖外展，同时身体左转，右手握剑臂外旋，手心翻转向上；右脚向左前方上步，脚尖内扣，身体左转，同时右手握剑随转体经右向前平抹，手心向上，左剑指附于右肘内侧，目视剑尖（图 5-2-133、图 5-2-134）。

图 5-2-133　　　　　　　图 5-2-134

【动作要领】 摆扣步要连贯自然，抹剑须与行步协调一致，要以腰带臂、以臂带剑平抹。

62. 并步抹剑

右脚向右撤一步，右手握剑臂内旋，翻手心向下，使剑尖经上摆至后方，随后左脚向右脚并步，同时，右手握剑经左向前、向右平抹。左剑指附于右肘内侧，目视前方（图 5-2-135、图 5-2-136）。

图 5-2-135　　　　　　　图 5-2-136

【动作要领】 抹剑与转身并步要协调一致，要以腰带臂、以臂带剑平抹。

63. 下蹲左挂剑

两腿屈膝半蹲，同时，右手握剑经前向下、向后挂剑，左剑指同时经下须后上方直臂摆起，手心向后，指尖朝上，目视前方（图 5-2-137、图 5-2-138）。

图 5-2-137　　　　　图 5-2-138

动作要领 下蹲与挂剑须同时完成。

64. 提膝劈剑

重心上起，右腿自然直立，左脚屈膝提起，右手握剑经上向前下方劈出，左剑指向上亮于左上方，手心斜向上，目视前下方（图 5-2-139）。

图 5-2-139

动作要领 提膝与劈剑须协调一致，连贯完整。

65. 左挂剑

左脚向前落步，同时，右手握剑臂内旋，经下向后、向上挂剑，左剑指附于右手腕处，目视前方（图 5-2-140 ～图 5-2-142）。

图 5-2-140　　　　　图 5-2-141　　　　　图 5-2-142

动作要领　挂剑时，右臂和剑身保持 90°，剑尖领先划立圆。

66. 望月平衡反撩剑

左脚落平，右脚上前一步，同时，右手握剑以腕为轴经前向下、向上在体右侧立圆绕行一周，随后，右腿独立支撑，左腿屈膝小腿回收，脚背绷平，脚高于头部；右手握剑经下向后斜上方反臂撩剑，虎口向下，左剑指向左摆至头部左上方，臂微屈，上体前俯并向右后拧转，目视右前方（图 5-2-143～图 5-2-145）。

图 5-2-143　　　　　图 5-2-144　　　　　图 5-2-145

动作要领　上步与腕花，望月平衡与反臂撩剑要协调一致、连贯顺畅。

67. 上步下截歇步削剑

左脚向前落步，随后右、左脚依次向前上步，同时，右手握剑臂外旋，经上向前、向下、向后截剑，左剑指经右腋下向左上方伸出，手心向左（图 5-2-146～图 5-2-148）；上动不停，右脚继续向前上步，随后左脚向右脚前盖步，脚尖外展，身体左转，两腿屈膝全蹲成歇步，同时，右手握剑臂外旋，以腕为轴使剑尖经后向前平绕、随后翻手心向下使剑向右削出，力贯剑身前端左剑指屈臂置于左胸前，手心向下，目视剑尖（图 5-2-149～图 5-2-151）。

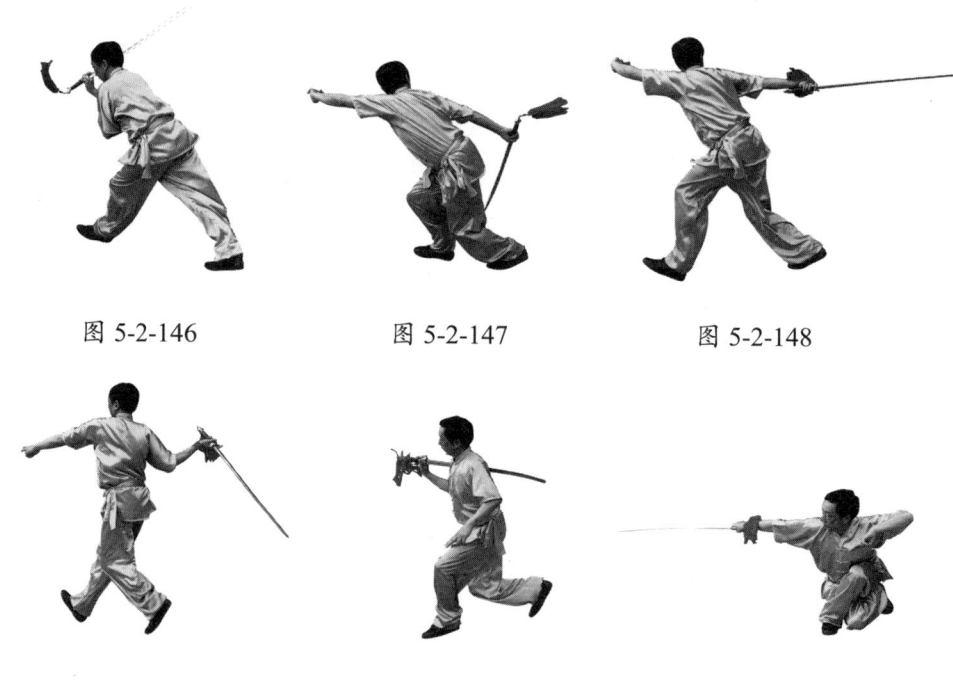

图 5-2-146　　　　图 5-2-147　　　　图 5-2-148

图 5-2-149　　　　图 5-2-150　　　　图 5-2-151

动作要领　向前连续五步要由慢到快，第五步盖步时，头向左偏，使剑擦着右面部削过；全蹲成歇步与向右削剑要协调一致。

68. 仰身弓步截剑

重心上起，右脚向右上一步成右弓步，同时，右手握剑臂外旋，以腕为轴翻手心向上在头顶云剑，头后仰，使剑经面部向右直臂截出，手心向上，力贯剑身前端，左剑指向左直臂伸出，拇指一侧朝上，目视剑尖（图 5-2-152～图 5-2-154）。

图 5-2-152　　　　图 5-2-153　　　　图 5-2-154

动作要领　仰身云剑与弓步截剑要连贯协调。

69. 左右腕花歇步点剑

（1）右脚向左后方插步，同时，右手握剑，以腕为轴，向下经体前向上划一立圆，左剑指向上、向前划弧，附于右上臂，目视剑尖（图5-2-155、图5-2-156）。

图 5-2-155　　　　　图 5-2-156

（2）右脚落平，屈膝全蹲成歇步，同时，右手握剑，向下经体右侧向上划一立圆，随之向前下方点剑，左剑指经下向左、向上亮于头顶上方，手心向上，目视剑尖（图5-2-157、图5-2-158）。

图 5-2-157　　　　　图 5-2-158

【动作要领】　左右腕花时，右手腕放松，以腕为轴使剑在左右两侧立圆绕行，同时要与歇步点剑衔接紧凑，协调一致。

70. 转身左撩剑

重心上起，右手握剑臂内旋，翻手心向上，经身体左侧向下、向前撩剑，随后身体右转，左脚提起，同时右手握剑撩至头上方，左剑指附于右上臂内侧，目视前方（图5-2-159～图5-2-161）。

图 5-2-159　　　　　　图 5-2-160　　　　　　图 5-2-161

动作要领　撩剑须以腰带臂、以臂领剑。

71. 弧形步右撩剑

左脚向左前方上步，脚尖外展，随之右脚向左前方上步，脚尖内扣，同时，右手握剑经后向下、向前上方撩出，左脚同时向左撤一步，左剑指经下向左亮于头顶上方，目视右方（图 5-2-162～图 5-2-164）。

图 5-2-162　　　　　　图 5-2-163　　　　　　图 5-2-164

动作要领　摆扣步要连贯自然，撩剑须以腰带臂、以臂领剑。

72. 弧形步左右撩剑

（1）右脚向右前方上步，脚尖外展，随之左脚向右前方上步，脚尖内扣，同时，右手握剑经体左侧向下、向前上方撩出，右脚同时向右撤一步，左剑指附于右前臂内侧，目视前方（图 5-2-165～图 5-2-167）。

（2）左脚向左前方上步，脚尖外展，随之右脚向左前方上步，脚尖内扣，同时，右手握剑经后向下、向前上方撩出，左剑指经下向左亮于左上方，目视剑尖（图 5-2-168～图 5-2-170）。

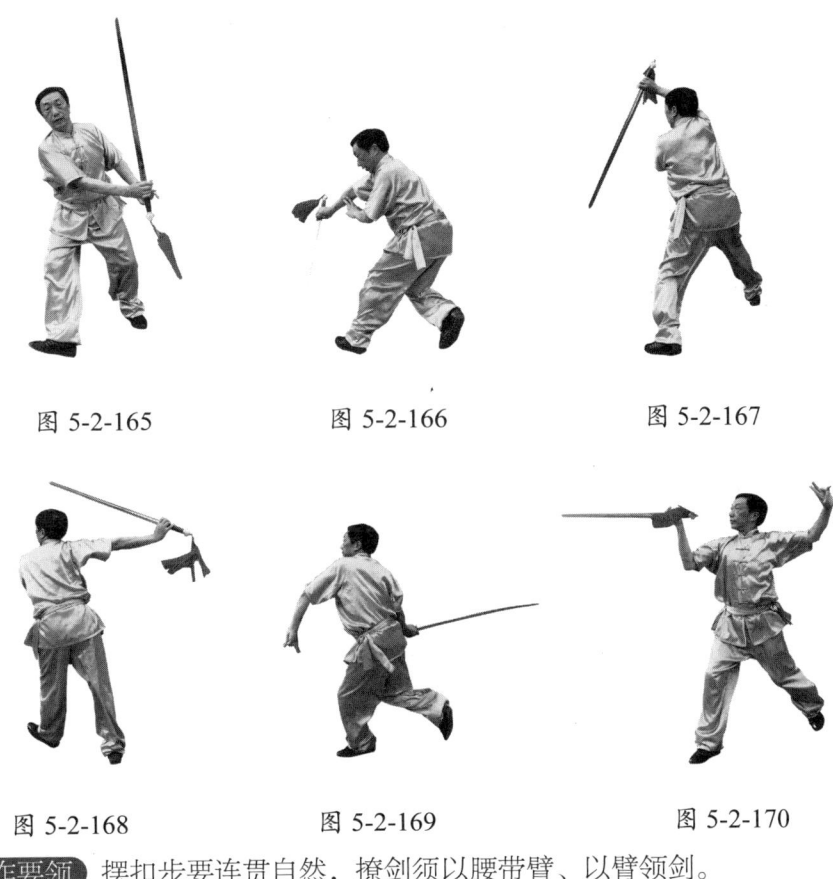

| 图 5-2-165 | 图 5-2-166 | 图 5-2-167 |

| 图 5-2-168 | 图 5-2-169 | 图 5-2-170 |

动作要领 摆扣步要连贯自然，撩剑须以腰带臂、以臂领剑。

73. 歇步反撩剑

左脚向右后方插步，两腿屈膝全蹲成歇步，同时右手握剑以腕为轴经前向左、向下立圆绕行，随后，向后斜上方反臂撩剑，虎口向下，左剑指经左向下屈臂摆至左胸前，手心向下，上体前俯并向右后拧转，目视剑尖（图 5-2-171～图 5-2-173）。

| 图 5-2-171 | 图 5-2-172 | 图 5-2-173 |

动作要领 反撩剑与全蹲成歇步须协调一致。

74. 提膝点剑

重心上起,右腿独立支撑,左脚屈膝提起,同时,右手握剑以腕为轴向下、向上在体前立圆绕行一周后,向右下方点击,拇指一侧朝上,左剑指经下向左、向上亮于头顶上方,目视剑尖(图5-2-174)。

图 5-2-174

动作要领 提膝过腰,脚背绷平。向右下方点剑时,右臂前伸、屈腕,力点在剑尖。

75. 弓步劈剑

左脚向左落步,随之右脚向前上一步,身体左转成右弓步,同时,右手握剑屈臂外旋,使剑身前端经右耳侧向前劈出,虎口朝上,左剑指经下向后摆起,拇指一侧朝上,目视剑尖(图5-2-175)。

图 5-2-175

动作要领 劈剑时,手臂由屈变伸立剑劈出,并与弓步协调一致。

76. 转身弓步平刺剑

身体左转 180°，左脚向后退一步，同时，右手握剑臂内旋，翻手心向下，剑尖置于右腰侧（图 5-2-176），随之身体继续左转 180°，右腿蹬直成左弓步，同时右手握剑随转体经右腰侧向前平刺，手心向下，力达剑尖，左剑指附于右肘内侧，目视剑尖（图 5-2-177）。

图 5-2-176　　　　　　　　图 5-2-177

动作要领　转身退步与翻手心向下、向前平刺与蹬腿成弓步须衔接紧凑，协调一致。

77. 丁步切剑

重心右移，左脚收至右脚内侧脚尖点地成丁步，同时，右手握剑以腕为轴经下向右、向上、向左在身前立圆绕转，随后向左下方切剑，立达剑刃中段，左剑指附于右肘内侧，目视左方（图 5-2-178）。

图 5-2-178

动作要领　丁步时，两腿须靠拢贴紧。

78. 铲腿架剑

右腿独立支撑，左脚屈膝提起，随之脚掌内翻由屈变伸向左上方铲腿，立达脚掌外沿；同时，右手握剑以剑柄领先向上平架于头部上方，剑刃向上下，剑尖朝左，左剑指同时经右肩前向左摆出，拇指一侧朝上，目视剑指（图 5-2-179）。

图 5-2-179

动作要领 剑指左摆、左铲腿与上架剑须同时完成。

79. 探海平衡前刺剑

左腿屈膝回收,同时身体左转,右手握剑收至右腰侧,左剑指收于左腰侧(图 5-2-180);左脚由屈伸直向后上方挑起,脚背绷平,脚掌朝上,同时,右手握剑向前上方平剑刺出,剑尖与头齐高,剑刃向左右,力达剑尖,左剑指附于右手腕处,目视前方(图 5-2-181)。

图 5-2-180　　　　图 5-2-181

动作要领 燕式平衡时,须抬头挺胸,头高于臀部,左脚高于头。

80. 翻身弓步点剑

身体向左翻转180º,同时左脚屈膝回收,右手握剑向上屈腕,使剑尖向左前臂外侧穿出(图 5-2-182);身体继续左转,左脚向左后方落步成左弓步,同时,右手握剑经上向右下方点剑,左剑指同时经下向左、向上亮于头左上方,手心朝上(图 5-2-183)。

图 5-2-182　　　　　　图 5-2-183

动作要领　身体向左翻转时，右脚以前脚掌为轴转动，微降重心；右手握剑向左臂外侧穿剑带动身体翻转。

81. 丁字步带剑

身体重心右移，右腿直立，左脚向右脚内侧靠拢成丁字步，同时，右手握剑臂外旋，经右向上、向左绕转，随之向右腹前平带剑，手心向下，剑刃向前后，左剑指附于右手腕处，目视前下方（图 5-2-184）。

图 5-2-184

动作要领　向右移重心与握剑绕转，丁字步与右带剑须协调一致。

82. 盖步绕柄转身弓步下刺剑

右脚向左前方盖步，右手握剑，左剑指附于右腕处，使剑柄在胸腹前反时针绕转一周；随之左脚向左撤一步，同时，右手握剑，左剑指附于右腕处，使剑柄在胸腹前继续反时针绕转一周，目视左方（图 5-2-185、图 5-2-186）。

图 5-2-185　　　　　图 5-2-186

动作要领　做盖步绕柄与撤步绕柄时，剑身始终保持与地面平行。

83. 转身仆步下刺剑

（1）身体右转，左腿屈膝提起，同时，右手握剑经左向上、向右挂出（图 5-2-187、图 5-2-188）。

（2）身体继续右转，右脚向右落步成仆步，同时，右手握剑经下向右下方刺剑，手心向下，左剑指向左上方伸出，拇指一侧朝上，目视剑尖（图 5-2-189）。

图 5-2-187　　　　　图 5-2-188　　　　　图 5-2-189

动作要领　转身挂剑与横裆步刺剑须衔接紧凑，连贯协调。

84. 弓步撩剑

身体左转成左弓步，右手握剑臂外旋经体右侧向前、向上撩剑，左剑指附于右肘内侧，此为右撩剑（图 5-2-190、图 5-2-191）；右手握剑臂内旋向后，经体左侧向前撩剑，此为左撩剑（图 5-2-192、图 5-2-193）。上述右、左撩剑再重复做四次。

图 5-2-190　　　　图 5-2-191

图 5-2-192　　　　图 5-2-193

动作要领　左右撩剑须以腰带臂、以臂领剑。

85. 虚步带剑

最后一次左撩剑后，重心后移，左脚回收半步，脚尖点地成左虚步，同时右手握剑，屈臂内旋向上带剑，左剑指向前推出，指尖朝上，手心向前，目视剑尖（图5-2-194）。

图 5-2-194

动作要领　剑指前推与右手带剑须协调一致。

86. 提膝左挂剑

右脚直立，左脚屈膝提起，随之向前落步，同时，右手握剑经体左侧向下、向后向前挂剑，左剑指附于右腕处，目视前方（图 5-2-195～图 5-2-197）。

图 5-2-195　　　　　图 5-2-196　　　　　图 5-2-197

动作要领　挂剑时，右臂和剑身保持 90°，剑尖领先划立圆。

87. 上步右挂剑

右脚上前一步，同时，右手握剑向前、向下，经体右侧向后挂剑，左剑指附于右手腕处，目视右下方（图 5-2-198～图 5-2-200）。

图 5-2-198　　　　　图 5-2-199　　　　　图 5-2-200

动作要领　挂剑时，右臂和剑身保持 90°，剑尖领先划立圆。

88. 转身左弹腿

左脚向右脚并步，身体右转 180°，同时右手握剑，两臂腹前交叉；随之左脚向前上方弹腿，脚背绷平，立达脚尖，右手握剑向右上分剑，左剑指向左上摆起，目视前方（图 5-2-201、图 5-2-202）。

图 5-2-201　　　　　图 5-2-202

(动作要领) 并步与转身须协调一致，弹腿须由屈变伸。

89. 歇步刺剑

左脚向前落步，身体左转，右脚随之跟半步全蹲成歇步，同时右手握剑向右平剑刺出，手心向上，左剑指屈臂置于左胸前，手心向下，目视剑尖（图 5-2-203、图 5-2-203 附（反面））。

图 5-2-203　　　　　图 5-2-203 附（反面）

(动作要领) 全蹲成歇步与向右刺剑要协调一致。

90. 转身云接剑

重心上起，身体右转，右手握剑臂外旋，在头上方云剑一周，左剑指接握剑柄，目视前方（图 5-2-204～图 5-2-206）。

图 5-2-204　　　　　图 5-2-205　　　　　图 5-2-206

【动作要领】云剑划平圆，左手接剑要及时准确。

91. 虚步持剑

左脚尖向前点地成左虚步，左手持剑经右向左落于左腰侧，右手变剑指经下向后、向上亮于头右上方，目视左方（图 5-2-207）。

图 5-2-207

【动作要领】虚步挺胸立腰，剑与地面垂直。

92. 提膝前指

左脚屈膝提起，右剑指经右腰间向前伸出，拇指一侧朝上，手心向左，目视前方（图 5-2-208）。

图 5-2-208

动作要领 提膝与前指要协调一致。

93. 并步按指

左手持剑不变,左脚向后落步,右脚向右后方退一步,随之左脚向右脚并步;同时,右剑指向下、向后、向上划弧后,向下按于右腰侧,手心向下指尖朝前,目视前方(图 5-2-209~图 5-2-211)。

图 5-2-209　　　　　图 5-2-210　　　　　图 5-2-211

动作要领 退步与剑指划弧,并步与剑指下按要协调一致。

94. 收势

右剑指变掌,贴靠右腿外侧,同时,左手持剑下垂于体左侧,目视前方(图 5-2-212)。

图 5-2-212

第三节 少林六合刀[①]

一、动作名称

1. 预备势
2. 抱刀右插掌
3. 跪步拍地
4. 插步双摆
5. 翻腰仆步下穿
6. 击步腾空飞脚
7. 横裆步亮掌
8. 弓步交接刀
9. 缠头刀
10. 裹脑虚步藏刀
11. 缠头刀
12. 上步剪腕花
13. 转身缠头刀
14. 提膝藏刀
15. 弓步斩刀
16. 仆步带刀
17. 提膝下扎刀
18. 叉步斩刀
19. 转身缠头刀
20. 左右抡劈刀
21. 弓步劈刀

---

① 演示：赵通足

22. 退步扫刀

23. 弓步缠头刀

24. 提膝裹脑插步截刀

25. 转身抡劈刀

26. 跳插步左劈刀

27. 腕花弓步藏刀

28. 转身缠头刀

29. 丁步藏刀

30. 跳转身扫刀

31. 弓步劈刀

32. 跳转仆步下劈刀

33. 缠头弓步藏刀

34. 裹脑虚步藏刀

35. 提膝上撩刀

36. 上步左劈刀

37. 马步分手劈刀

38. 弧形步右撩刀

39. 腾空转身劈刀

40. 提膝下截刀

41. 插步扎刀

42. 马步架劈刀

43. 背花面花刀

44. 背刀旋风脚

45. 弓步点刀

46. 转身左右撩刀

47. 左撩转身弓步扎刀

48. 转身击步扎刀

49. 腾空转身劈刀

50. 弓步缠头刀

51. 虚步藏刀

52. 并步缠头交接刀

53. 震脚弓步冲拳

54. 退步前穿并步按掌

55. 收势

二、动作说明

1. 预备势

两脚自然直立,左手抱刀垂于身体左侧,右手五指并拢,垂于身体右侧;目视前方(图5-3-1)。

图 5-3-1

动作要领 抱刀时,虎口朝下,拇指在前,其余四指在后握住刀柄,手腕部贴靠刀盘,刀刃朝前,刀尖朝上,刀背贴靠前臂内侧。

2. 抱刀右插掌

(1)左手抱刀不变,右手握拳收于右腰侧,拳心向上(图5-3-2)。

(2)左手抱刀屈肘上提至左腰侧,右拳变掌向右前方插出,与肩同高,力达指尖,虎口朝上;目视右掌(图5-3-3)。

图 5-3-2　　　　　图 5-3-3

动作要领 插掌须拧腰顺肩。

3. 跪步拍地

左脚退后一步,左手抱刀向前直臂伸出,同时,右掌经下摆至右后方,虎口朝上，目视前方（图5-3-4）；上动不停，右脚向右后方退一步屈膝跪地，右脚内侧贴地；同时，右掌经上向前下方拍地，左手抱刀屈肘回收于左腰侧，目视右掌（图5-3-5）。

图 5-3-4　　　　　图 5-3-5

动作要领　退步抡臂与跪步拍地衔接紧凑、一气呵成。

4. 插步双摆

重心上起，右脚向右撤一步，左手抱刀上摆，右手向左屈臂摆至左肩前成立掌，掌心向左，目视左方（图5-3-6）；上动不停，左脚向右后方插步，两腿屈膝半蹲，上体前俯；两手直臂向下经腹前向右上方弧形摆动，右掌心向右高于肩，左手抱刀屈肘于右胸前；目视右掌（图5-3-7）。

图 5-3-6　　　　　图 5-3-7

动作要领　撤步左摆与插步右摆衔接紧凑、连贯协调。

5. 翻腰仆步下穿

上体向左翻转180°，两腿微曲，同时，两手臂随转体划立圆至侧平举，目视左方（图5-3-8）；上动不停，身体左转，右脚向前上一步，左手抱刀经下向左、向上、向右摆至右前方，同时，右掌收于腰间，掌心向上，目视右前方（图5-3-9）；上动不停，右腿屈膝全蹲，左脚向左伸出成左仆步，同时，右掌向右上方直臂伸出，掌心向前，左手抱刀经左大腿内侧向左下方穿出，目视左方（图5-3-10）。

图 5-3-8　　　　　　　图 5-3-9　　　　　　　图 5-3-10

动作要领　翻腰时，左手抱刀直臂向左上方摆起，带动身体翻转。

6. 击步腾空飞脚

身体重心左移，两手直臂平举，左脚蹬地跳起，两脚空中碰击，目视左方（图5-3-11）；右脚、左脚依次落地，随后向左转体，右脚上前一步，左腿向上提膝，右脚蹬地跳起，在空中向前上方弹踢，脚背绷直，右手拍击右脚背，左手抱刀上摆至左前方，两眼平视（图5-3-12、图5-3-13）。

图 5-3-11　　　　　　　图 5-3-12　　　　　　　图 5-3-13

动作要领　蹬地要向上，不要往前冲。击响时，左腿屈膝于提前尽量上提。

7. 横裆步亮掌

左脚先落地，随之右脚向后落地成右横裆步，同时左掌经下向右、向上亮于头顶右上方，掌心斜向上，右手抱刀经下屈臂收于腹前，手心向上，目视左方（图5-3-14）。

图 5-3-14

动作要领 横裆步要求右脚尖及右膝外展,上体与两腿之间在一个垂面上。

8. 弓步交接刀

身体左转,重心前移,右腿蹬直成左弓步。同时,左手抱刀经左腰侧向左、向前摆至前方,右掌同时经右腰侧向右、向前接握刀柄;目视前方(图 5-3-15)。

图 5-3-15

动作要领 两手随转体、重心前移之势,须同时经两腰侧直臂前摆交接刀。

9. 缠头刀

左弓步不变,上体右转,右手持刀臂内旋,向左经左臂外侧绕行至背后,刀背贴身,刀尖向下,同时,左手先屈肘收至胸前,再伸直向左平分,掌心向下,目视左前方(图 5-3-16);上动不停,上体左转,右手持刀向右经体前向左摆至右腋下,刀尖向后,左掌经左向上亮于头前上方;目视前方(图 5-3-17)。

图 5-3-16　　　　　　　　图 5-3-17

动作要领　缠头时必须使刀背经左肩外侧向后沿肩背绕行，动作要快而有力。

10. 裹脑虚步藏刀

身体右转，右脚屈膝提起，同时，右手持刀向右、向下，经右膝前向后劈出，左掌直臂向左平分，目视前下方（图 5-3-18）；上动不停，右脚落地，身体左转，同时，右手持刀臂外旋上举，向后经头顶向左绕行，刀尖向后，左手屈臂收于右腹前，目视右下方（图 5-3-19）；上动不停，重心移至右脚，左脚尖点地成左虚步，同时，右手持刀经左肩向下、向后回拉，刀尖朝前下方；左掌经右胸前向前立掌推出，指尖朝上，目视左掌（图 5-3-20）。

图 5-3-18　　　　　图 5-3-19　　　　　图 5-3-20

动作要领　虚步要挺胸塌腰；藏刀与推掌须同时完成，藏刀时，刀尖贴近右膝盖。

11. 缠头刀

左脚屈膝提起，右手持刀向左臂外侧平摆刀尖向后，左掌经右腋下摆至左下方；上动不停，右手持刀臂内旋上举，向后绕行，刀背贴背刀尖向下，左掌向前、向左平摆；目视右下方（图 5-3-21、图 5-3-22）。

图 5-3-21　　　　　　　图 5-3-22

动作要领　缠头时必须使刀背经左肩外侧向后沿肩背绕行。

12. 上步剪腕花

左脚向左前方落步，身体右转，随之右脚向前上一步成左弓步，同时，右手持刀经右肩上方向前劈出，左掌掌心向上迎击右前臂（图 5-3-23）；紧接着右手持刀以腕为轴在右臂内侧贴身立圆绕行一周后，继续在右臂外侧贴身立圆绕行一周，左掌附于右肘内侧，目视前方（图 5-3-24～图 5-3-26）。

图 5-3-23　　　　　　　图 5-3-24

图 5-3-25　　　　　　　图 5-3-26

动作要领 左、右剪腕花须以腕为轴，贴身立圆绕转。

13. 转身缠头刀

身体左转，左脚向右脚后侧退一步，同时，右手持刀经左臂外侧绕至身后，刀尖向下，左手先屈肘收至胸前再向左侧直臂分开（图 5-3-27）；身体继续左转，右脚向左脚外侧上步，右手持刀向右、向左平扫；至此，完成一次转身缠头刀。（图 5-3-28、图 5-3-29）。

上述动作继续重复两次，总共完成三次转身缠头刀。

图 5-3-27　　　　　图 5-3-28　　　　　图 5-3-29

动作要领 三次转身缠头须连贯协调、衔接紧凑；缠头时必须使刀背经左肩外侧向后沿肩背绕行。

14. 提膝藏刀

完成上述第三次缠头，当刀经左臂外侧绕至身后时，右脚向前屈膝提起，同时，右手持刀向下、向左肋处平扫后藏于左腋下，刀尖朝后上方，左手屈肘亮掌于头部左上方，目视右前方（图 5-3-30、图 5-3-31）。

图 5-3-30　　　　　图 5-3-31

动作要领 缠头时必须使刀背经左肩外侧向后沿肩背绕行；提膝过腰，脚背绷平。

15. 弓步斩刀

右脚向右落步成右弓步，右手持刀向前、向右平扫，手心向下，刀刃朝后，左掌直臂摆至左上方，虎口朝上，目视刀尖（图 5-3-32）。

图 5-3-32

动作要领 斩刀、摆掌与落步成弓步须协调一致。

16. 仆步带刀

重心左移，左腿屈膝全蹲成右仆步，同时，右手持刀臂内旋回收至左胸前，手心向内，刀刃朝上，左掌附于右腕处，目视刀尖（图 5-3-33、图 5-3-33 附（反面））。

图 5-3-33　　　　　　图 5-3-33 附（反面）

动作要领 重心后移成仆步与带刀须协调一致。

17. 提膝下扎刀

身体重心移至右脚成独立支撑，左脚蹬地屈膝提起，同时，右手持刀臂内旋向右下方扎刀，刀刃向下，力达刀尖。左掌同时向左上方直臂上架，掌心向上，目视刀尖（图 5-3-34、图 5-3-34 附（反面））。

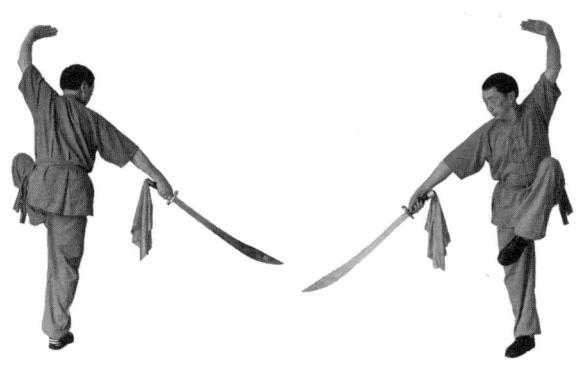

图 5-3-34　　　　　图 5-3-34 附（反面）

动作要领 提膝过腰，脚背绷平，左脚盖住右膝部。

18. 叉步斩刀

左脚向右后插步成叉步，同时，右手持刀经头顶向左、向前、向右下方斩刀，左掌同时经右腋下摆至左上方，掌心向左，虎口朝下，目视刀尖（图 5-3-35）。

图 5-3-35

动作要领 插步与斩刀须协调一致。

19. 转身缠头刀

身体左转，右手持刀经左臂外侧绕至身后，刀尖向下，左手先屈肘收至胸前再向左侧直臂分开（图 5-3-36）；身体继续左转，右手持刀绕至身后，左掌向左平摆，目视前方（图 5-3-37）。

图 5-3-36　　　　　　　图 5-3-37

动作要领　缠头时必须使刀背经左肩外侧向后沿肩背绕行。

20. 左右抡劈刀

（1）身体左转，右手持刀向上、向前随转体向左下方劈刀；左掌附于右肘内侧，目视左下方（图 5-3-38、图 5-3-38 附（反面））。

（2）上动不停，右脚上前一步，身体右转，重心前移，左脚跟抬起成叉步，同时，右手持刀臂内旋，向左、向上随转体向右下方劈刀；左掌由屈变伸架于左上方，掌心向左，虎口朝下；目视右下方（图 5-3-39）。

图 5-3-38　　　　图 5-3-38 附（反面）　　　图 5-3-39

动作要领　左右抡劈刀须连贯协调、衔接紧凑。

21. 弓步劈刀

左脚向前上一步成左弓步，右手持刀臂外旋经后向上、向前劈出，刀尖向上，左掌掌心向上迎击右前臂（图 5-3-40）。

图 5-3-40

动作要领 上步成弓步与劈刀须协调一致。

22. 退步扫刀

（1）左、右脚依次向后退一步，同时，右手持刀臂内旋经后背向右，臂外旋向前、向左平扫后翻手心向下置于左腋下，左掌同时经下向左、向上、向右摆至右胸前，掌心向前；目视前下方（图 5-3-41）。

（2）左脚后退一步，右手持刀经前向右平扫后翻手心向上，刀尖朝后，左掌由屈变伸向左平摆，掌心向左，虎口朝下；目视前方（图 5-3-42）。

（3）右脚退后一步，右手持刀经右向前、向左平扫后翻手心向下置于左上臂外侧，左掌屈肘收于右腹前，掌心向下；目视前方（图 5-3-43）。

图 5-3-41　　　　图 5-3-42　　　　图 5-3-43

动作要领 退步与扫刀须协调一致。

23. 弓步缠头刀

左脚退后一步，右手持刀臂内旋上举，向后绕行刀背贴背，刀尖向下；左掌向前、向左平摆，目视前方（图 5-3-44）。紧接着，右脚退后一步成弓步，同时，右手持刀向右经体前向左平摆至左腋下，手心向下，刀刃向左，刀尖向后，左掌经左向上架于头前上方，目视前方（图 5-3-45）。

图 5-3-44　　　　　　　图 5-3-45

动作要领　缠头时必须使刀背经左肩外侧向后沿肩背绕行。

24. 提膝裹脑插步截刀

（1）身体右转，右脚屈膝提起，同时，右手持刀向右、向下，经右膝前向后劈出，左掌直臂向左平分，目视前下方（图 5-3-46）。

（2）上动不停，右脚落地，身体左转，同时，右手持刀臂外旋上举，向后经头顶向左绕行，刀尖向后，左手屈臂收于右腹前，目视右下方（图 5-3-47）。

（3）左脚向右后方插步，同时，右手持刀经背部向左肩绕行后向右下方截刀，手心向下，左掌由屈变伸架于左上方，掌心向左，虎口朝下；目视右下方（图 5-3-48）。

图 5-3-46　　　　图 5-3-47　　　　图 5-3-48

动作要领　缠头时必须使刀背经左肩外侧向后沿肩背绕行，截刀、插步与架掌须协调一致。

25. 转身抡劈刀

身体左转，右脚上前一步，右手持刀臂外旋随转体向前，向下经体前向左、向上、向前立圆抡劈一周，左手先随刀向下、向左，再向上、向右摆至右肘内侧；上体随劈刀向左右转动（图 5-3-49、图 5-3-50）。

图 5-3-49　　　　图 5-3-50

动作要领　抡劈刀划立圆。

26. 跳插步左劈刀

（1）右脚蹬地跳起，身体右转，左脚腾空前摆，随后右脚在空中向左后插出，同时，右手持刀向下，随转体向右、向上抡摆，左掌下按至左腰侧，目视左方（图 5-3-51）。

（2）左、右脚依次落地成叉步，两腿屈膝半蹲，上体前俯；同时，右手持刀向右、向下劈至身体左侧，刀刃向左，刀尖朝上，左掌屈肘附于右肘内侧；目视右下方（图 5-3-52）。

图 5-3-51　　　　图 5-3-52

动作要领　空中右手持刀抡摆须划立圆。

27. 腕花弓步藏刀

（1）上体向右后方翻转成右弓步，右手持刀随身体翻转经上向前，以腕为轴，向右、向下沿右臂外侧立圆绕行一周，左掌随腕花附于右肘内侧，目视前方（图 5-3-53）。

（2）上动不停，右手持刀经下向右后下方回拉，刀刃朝下，刀尖朝前；左掌经右胸前向前立掌推出，指尖朝上，目视左掌（图 5-3-54）。

图 5-3-53　　　　　　　　　图 5-3-54

动作要领　藏刀时，刀身须贴近大腿，刀尖藏于膝旁。

28. 转身缠头刀

身体左转，左脚向右脚后侧退一步，同时，右手持刀经左臂外侧绕至身后，刀尖向下，左手先屈肘收至胸前再向左侧直臂分开（图 5-3-55）；身体继续左转，右脚向左脚外侧上步，右手持刀向右、向左平扫（图 5-3-56、图 5-3-57）。

图 5-3-55　　　　　图 5-3-56　　　　　图 5-3-57

上述动作再重复做一次，总共完成两次转身缠头刀。

动作要领　两次转身缠头须连贯协调、衔接紧凑；缠头时必须使刀背经左肩外侧向后沿肩背绕行。

29. 丁步藏刀

身体左转，左脚向右脚后侧退一步，同时，右手持刀经左臂外侧绕至身后，刀尖向下，左手先屈肘收至胸前再向左侧直臂分开（图5-3-58）；重心移至左脚，右脚向左脚内侧靠拢，脚尖点地，屈膝半蹲成丁步；同时，右手持刀向下、向左肋处平扫后藏于左腋下，刀尖朝后上方，左手屈肘亮掌于头部左上方，目视右方（图5-3-59）。

图 5-3-58

图 5-3-59

 丁步两腿须靠拢贴紧，右脚尖点于左脚弓内侧地面。

30. 跳转身扫刀

（1）右脚蹬地跳起，身体右转，左脚腾空前摆，随后右脚在空中向左后插出，同时，右手持刀随转体向右平扫一周后举至头右上方，左掌摆至左腰侧，目视左方（图5-3-60）。

（2）左、右脚依次落地，身体右转，两腿屈膝半蹲，上体前俯；同时，右手持刀随转体向右平扫，左掌随转体平摆于左方，掌心向后；目视右下方（图5-3-61、图5-3-62）。

图 5-3-60　　　　图 5-3-61　　　　图 5-3-62

动作要领 跳转扫刀时，刀在空中随转体与地面平行扫刀，落地后，仍需平行扫刀。

31. 弓步劈刀

身体右转，左腿蹬直成右弓步，同时，右手持刀随转体平扫至右后方时，臂外旋经后向上、向前劈出，刀尖向上，左掌掌心向上迎击右前臂（图 5-3-63、图 4-3-64）。

图 5-3-63　　　　　　　　　图 5-3-64

动作要领 劈刀时，上体稍前俯，左掌迎击右前臂须声音响亮、清脆。

32. 跳转仆步下劈刀

身体左转，左脚向左前方上一步并蹬地跳起，空中身体向左后转体360°，右脚随转体后下落，随后左脚向左落步屈膝全蹲成右仆步；同时，右手持刀随腾空转体经下向上、向右、向下劈刀；左掌随转体经上向下、向左直臂摆至左上方，虎口朝上，目视右下方（图 5-3-65～图 5-3-67）。

图 5-3-65　　　　图 5-3-66　　　　图 5-3-67

动作要领 蹬地跳转时，刀随转体划立圆。

33. 缠头弓步藏刀

重心上起，右手持刀经左臂外侧绕至身后，刀尖向下，左手先屈肘收至胸前再向左侧直臂分开，目视左方（图 5-3-68）；身体左转，右手持刀经左臂外侧绕至身后，刀尖向下，左手先屈肘收至胸前再向左平摆，目视前方（图 5-3-69）。右脚向右前方上一步，身体左转成左弓步，同时，右手持刀向右经体前向左平摆至左腋下，手心向下，刀刃向左，刀尖向后，左掌经左向上架于头前上方，目视前方（图 5-3-70）。

图 5-3-68

图 5-3-69

图 5-3-70

【动作要领】 缠头时必须使刀背经左肩外侧向后沿肩背绕行。

34. 裹脑虚步藏刀

身体右转，右脚屈膝提起，同时，右手持刀向右、向下，经右膝前向后劈出，左掌直臂向左平分，目视前下方（图 5-3-71）；上动不停，右脚落地，身体左转，同时，右手持刀臂外旋上举，向后经头顶向左绕行，刀尖向后，左手屈臂收于右腹前，目视右下方（图 5-3-72、图 5-3-72 附（反面））；上动不停，重心移至右脚，左脚尖点地成左虚步，同时，右手持刀经左肩向下、向后回拉，刀尖朝前下方；左掌经右胸前向前立掌推出，指尖朝上，目视左掌（图 5-3-73）。

图 5-3-71

图 5-3-72

图 5-3-72 附（反面）　　　　图 5-3-73

动作要领 虚步要挺胸塌腰；藏刀与推掌须同时完成，藏刀时，刀尖贴近右膝盖。

35. 提膝上撩刀

左脚屈膝提起，身体左转，同时，右手持刀臂外旋经下向前上方撩刀，左转附于右手腕处，目视刀尖（图 5-3-74）。

图 5-3-74

动作要领 提膝过腰，脚背绷平。

36. 上步左劈刀

右脚向前落步，同时，右手持刀以腕为轴，在体右侧做剪腕花一次，回拉至右腿外侧；随后右脚上前一步，身体左转，右手持刀经后向上、向前，向左随转体向下劈刀（图 5-3-75～图 5-3-77）。

图 5-3-75　　　　　　图 5-3-76　　　　　　图 5-3-77

【动作要领】落步与腕花，上步与劈刀须协调一致。

37. 马步分手劈刀

（1）身体重心移至两脚之间成马步，两手经腹前交叉举止头顶，刀刃向上，刀尖朝左，左掌掌心向上，目视前方（图 5-3-78）。

（2）右手持刀向右劈出，左掌直臂摆至左下方，掌心向下，虎口朝前，目视右下方（图 5-3-79）。

图 5-3-78　　　　　　图 5-3-79

【动作要领】劈刀与分手须同时完成。

38. 弧形步右撩刀

重心上起，右手持刀经下臂内旋向左、向上带刀，左掌立于右肩前，掌心向右，目视前上方（图 5-3-80）；上动不停，左脚尖外展向前上一步，随后右脚尖内扣向前上一步，同时，右手持刀经后向下、向前上方撩刀，左掌摆至左胸前；目视右方（图 5-3-81、图 5-3-82）。

　　图 5-3-80

　　图 5-3-81

　　图 5-3-82

动作要领 弧形上步要连贯自然，撩刀须以腰带臂、以臂带刀。

39. 弧形步左右撩刀

（1）右脚向右前方上步，脚尖外展，随之左脚向右前方上步，脚尖内扣，同时，右手持刀经体左侧向下、向前上方撩出，右脚同时向右撤一步，左掌附于右前臂内侧，目视前方（图 5-3-83～图 5-3-85）。

　　图 5-3-83

　　图 5-3-84

　　图 5-3-85

（2）左脚向左前方上步，脚尖外展，随之右脚向左前方上步，脚尖内扣，同时，右手持刀经后向下、向前上方撩出，左掌经下向左亮于左上方，目视右方（图 5-3-86～图 5-3-88）。

图 5-3-86　　　　　图 5-3-87　　　　　图 5-3-88

动作要领　左右弧形上步要连贯自然，撩刀须以腰带臂、以臂带刀。

40. 提膝下截刀

右脚向前屈膝提起，左腿直立支撑，同时，右手持刀臂内旋经头上方向前、向下截刀，左手经右肩前由屈变伸向头前上方架掌，目视右方（图 5-3-89）。

图 5-3-89

动作要领　提膝过腰，脚背绷平。

41. 插步扎刀

右脚向右落步，同时，右手持刀臂外旋向左回带至左胸前，左掌附于右手腕处，掌心向下，目视右方（图 5-3-90）；上动不停，右脚向左后方插步，右手持刀臂内旋向右平刀扎出，手心向上，刀刃朝前；左掌由屈变伸，架于头左上方，目视刀尖（图 5-3-91）。

图 5-3-90　　　　　　图 5-3-91

【动作要领】扎刀、架掌与插步须协调一致、同时完成。

42. 马步架劈刀

身体左转,左脚上前一步,右脚跟提起,同时,右手持刀臂内旋向后绕行刀背贴背,刀尖向下;左掌经右腋下向前、向左平摆,目视前方(图5-3-92);上动不停,右脚上前一步成马步,身体左转,同时右手持刀向上、向右劈出,刀尖朝上,刀刃向右;左掌同时经右向上架于头顶上方,掌心向上,目视右方(图5-3-93)。

图 5-3-92　　　　　　图 5-3-93

【动作要领】劈刀、架掌与马步须协调一致、同时完成。

43. 背花面花刀

重心上起,右手持刀以腕为轴经下向上在右臂外侧贴身立圆绕行一周后,随身体左转经下向上绕行一周做背花一次,再经上向左、向下绕行一周做面花一次(图5-3-94~图5-3-96)。

上述背花、面花动作再重复做一次，总共完成两次。

图 5-3-94　　　　　图 5-3-95　　　　　图 5-3-96

动作要领　做背花时，身体向左拧转，以腰带刀甩动。

44. 背刀旋风脚

紧接上动面花结束后，右手持刀以腕为轴经下向上在右臂外侧贴身立圆绕行一周，随之臂内旋，将刀贴于后背，右脚蹬地跳起，左脚屈膝上提，空中转体360°，右脚随转体经上向左做里合腿；左手在右脚达最高点时，掌心迎击右前脚掌，目视左掌（图 5-3-97～图 5-3-99）。

图 5-3-97　　　　　图 5-3-98　　　　　图 5-3-99

动作要领　腾空里合腿须击拍响亮。

45. 弓步点刀

左、右脚依次落地，重心左移成左弓步，同时，右手持刀经左臂外侧绕至身后，刀尖向后，左手先屈肘收至胸前再向左侧直臂分开，目视前下方（图 5-3-100）；上动不停，身体左转，右手持刀经上向右下方点击，立达刀尖，左掌经左向上亮于头顶上方，掌心向上，目视刀尖（图 5-3-101）。

图 5-3-100　　　　　　图 5-3-101

动作要领　点刀时，手腕要下屈，刀身、右臂、左臂和左掌要在同一垂面上。

46. 转身左右撩刀

（1）身体右转，右脚提起向右落步，随之左脚随转体向前上一步，右手持刀经左向下、向前撩刀，左掌附于右前臂内侧，目视前方（图 5-3-102～图 5-3-104）。

图 5-3-102　　　　　　图 5-3-103　　　　　　图 5-3-104

（2）左脚向左前方上步，脚尖外展，随之右脚向左前方上步，脚尖内扣，同时，右手持刀经后向下、向前上方撩出，左掌经下向左亮于左上方，目视右方（图 5-3-105～图 5-3-107）。

图 5-3-105　　　　　　图 5-3-106　　　　　　图 5-3-107

动作要领 撩刀须以腰带臂、以臂带刀。

47. 左撩转身弓步扎刀

（1）右脚向右前方上步，脚尖外展，随之左脚向右前方上步，脚尖内扣，同时，右手持刀经体左侧向下、向前上方撩出，身体重心随撩刀移至左脚，左掌附于右前臂内侧，目视前方（图5-3-108～图5-3-110）。

图 5-3-108　　　　　图 5-3-109　　　　　图 5-3-110

（2）右脚屈膝提起，以左前脚掌为轴向右后转体，随之右脚向右落步成右弓步；同时，右手持刀臂外旋，经上向右收至胸前，随后向前弓步扎刀，左掌由屈变伸摆至后上方，虎口朝上，目视刀尖（图5-3-111～图5-3-113）。

图 5-3-111　　　　　图 5-3-112　　　　　图 5-3-113

动作要领 转身带刀与弓步扎刀须衔接紧凑，连贯协调。

48. 转身击步扎刀

身体左转，重心移至左脚，随后左脚向前蹬地跳起，右脚在空中与左脚碰击；同时，右手持刀臂内旋，使刀尖经右腰侧向前扎出，立达刀尖，左掌附于右臂内侧，目视刀尖（图5-3-114）。

图 5-3-114

动作要领 击步与扎刀须同时完成。

49. 腾空转身劈刀

右、左脚依次落地，随后右脚向前上步蹬地跳起，左脚直腿前摆，空中身体右转，右脚屈腿折叠于左大腿下方；同时，右手持刀臂内旋经下向上、向右劈刀，左掌向左上方摆出，虎口向上，目视刀尖（图 5-3-115）。

图 5-3-115

动作要领 腾空叠腿与回身劈刀须同时完成。

50. 弓步缠头刀

（1）右、左脚依次落地，身体左转，右脚上前一步，右手持刀经左臂外侧绕至身后，刀尖向下，左手先屈肘收至胸前再向左侧直臂分开；随后右手持刀向右经体前向左平扫至左臂外侧，左手收至右腋下，目视前下方（图 5-3-116、图 5-3-117）。

（2）右脚蹬直成左弓步，右手持刀经左臂外侧绕至身后，刀尖向下，左手向左侧直臂分开；随后，右手持刀向右经体前向左平摆至左腋下，手心向下，刀刃向左，刀尖向后，左掌经左向上架于头前上方，目视前方（图 5-3-118、图 5-3-119）。

图 5-3-116　　　　图 5-3-117

图 5-3-118　　　　图 5-3-119

动作要领　缠头时必须使刀背经左肩外侧向后沿肩背绕行。

51. 虚步藏刀

身体右转，右脚屈膝提起，同时，右手持刀向右、向下，经右膝前向后劈出，左掌直臂向左平分，目视前下方（图 5-3-120）；上动不停，右脚落地，身体左转，同时，右手持刀臂外旋上举，向后经头顶向左绕行，刀尖向后，左手屈臂收于右腹前，目视右下方（图 5-3-121）；上动不停，重心移至右脚，左脚尖点地成左虚步，同时，右手持刀经左肩向下、向后回拉，刀尖朝前下方；左掌经右胸前向前立掌推出，指尖朝上，目视左掌（图 5-3-122）。

图 5-3-120　　　　　图 5-3-121　　　　　图 5-3-122

动作要领　虚步要挺胸塌腰；藏刀与推掌须同时完成，藏刀时，刀尖贴近右膝盖。

52. 并步缠头交接刀

重心移至左脚，右脚向左脚并步，同时，右手持刀经左臂外侧绕至身后，再经右向左平扫，随之臂内旋，将刀置于左肩侧，刀刃向左，左手向前接握刀柄，目视前方（图 5-3-123）。

图 5-3-123

动作要领　向前并步与缠头接刀须协调一致。

53. 震脚弓步冲拳

身体右转，右脚屈膝提起，同时，右掌随转体向前、向右平摆后收于腰间，手心朝上，左手抱刀由屈变伸向前摆出，目视前方（图 5-3-124）；随后右脚向下震脚，同时，左脚提起向左落步成左弓步，右掌变拳向前冲出成平拳，拳心向下，左手抱刀收至左腰间，刀尖朝上，目视右拳（图 5-3-125）。

图 5-3-124　　　　图 5-3-125

动作要领　右脚下震的同时，左脚随之上提；右手向前冲拳时须拧腰顺肩。

54. 退步前穿并步按掌

重心右移，身体右转，左脚向后退步，随之右脚向右后方退一大步，紧接着左脚向右脚靠拢成并步，同时，两手经腰间向前伸出，然后随退步向左右两侧分开，经上向下按至腹前，目视前方（图 5-3-126～图 5-3-128）。

图 5-3-126　　　图 5-3-127　　　图 5-3-128

动作要领　退步前穿、并步按掌动作要连贯协调。

55. 收势

两手自然下垂，还原成预备势（图 5-3-129）。

图 5-3-129

第四节 少林六合棍[①]

一、动作名称

1. 预备势
2. 点棍右摆掌
3. 弓步左摆掌
4. 缠腕弓步抱拳
5. 撩腿前戳棍
6. 提膝挂棍
7. 左弓步格把
8. 右弓步格棍
9. 虚步杵棍并步抱拳
10. 踢棍舞花前点棍
11. 转身右舞花棍
12. 虚步背棍
13. 平抡弓步左格棍
14. 虚步盖把
15. 提膝劈棍
16. 弓步挑棍
17. 右左舞花棍
18. 舞花背棍斜拍脚（右）
19. 背棍腾空斜拍脚（右）
20. 左右舞花棍
21. 舞花背棍斜拍脚（左）

---

① 演示：赵通足

22. 背棍腾空斜拍脚（左）
23. 转身舞花前点棍
24. 并步摔把
25. 提膝立格棍
26. 舞花棍
27. 云棍弓步推掌
28. 舞花弓步戳棍
29. 回身右弓步戳把
30. 退步弓步戳棍
31. 虚步绞压棍
32. 横裆步抡棍下点把
33. 弓步前点棍
34. 回身仆步摔棍
35. 横裆步架棍
36. 舞花插步翻身棍
37. 舞花虚步点棍
38. 转身舞花虚步点棍
39. 并步摔把
40. 提膝立格棍
41. 舞花插步翻身棍
42. 舞花虚步点棍
43. 转身舞花虚步点棍
44. 并步摔把
45. 提膝立格棍
46. 舞花棍
47. 舞花插步翻身棍
48. 舞花虚步点棍
49. 右跳步转身平抡棍
50. 左跳步转身平抡棍
51. 舞花虚步点棍
52. 舞花插步翻身点棍
53. 左右提撩花
54. 转身弓步点棍
55. 转身扫棍

56. 背棍后撩腿
57. 转身平抡弓步下点棍
58. 平抡提膝格棍
59. 舞花歇步下拨把
60. 马步三点棍
61. 跳转单手平抡棍
62. 右跳步转身平抡棍
63. 舞花棍
64. 舞花盖步翻身棍
65. 腾空背腿仆步劈棍
66. 腾空背腿仆步劈棍
67. 虚步背棍
68. 收势

二、动作说明

1. 预备势

两脚自然直立，右手屈肘握棍身后段置于体右侧，棍身垂直，左手五指并拢贴靠左腿外侧，目视前方（图 5-4-1）。

图 5-4-1

2. 点棍右摆掌

（1）右手握棍臂内旋，将棍梢缓慢轻点于左前方地面，使棍与地面形成大约45º夹角；左手握拳屈臂抱于腰间，拳心向上，目视前方（图5-4-2）。

（2）左拳变掌，手背领先直臂经左向前、向右平摆，随后屈臂置于右肩前，掌心向右，指尖朝后，目视前方（图5-4-3）。

图 5-4-2　　　　　　图 5-4-3

动作要领　点棍时，右手屈臂内旋，缓慢轻放；整个动作轻柔匀速。

3. 弓步左摆掌

左脚向左撤一步，身体左转成左弓步，同时，右手直臂将棍梢抬离地面，随转体向前沿地面滑出，使棍与地面继续保持约45º夹角；左掌同时经前向左直臂平摆至左方，与肩同高，掌心向左，指尖朝前，目视左掌（图5-4-4）。

图 5-4-4

动作要领　整个动作匀速运行。

4. 缠腕弓步抱拳

左弓步与右手握棍动作保持不变，左掌外旋缠腕变拳后收抱于腰间，拳心向上，目视前方（图5-4-5、图5-4-6）。

图 5-4-5　　　　　图 5-4-6

【动作要领】 左手缠腕快速有力。

5. 撩腿前戳棍

重心前移，左腿独立支撑，右脚向后上方直腿撩出，脚背绷平，脚掌朝上；同时，左手握棍中段，随即右手持棍前推，左手滑握至右手前，使棍梢向前戳出；目视棍梢（图 5-4-7）。

图 5-4-7

【动作要领】 后撩腿与前戳棍须快速有力，并同时完成。

6. 提膝挂棍

右脚下落独立支撑，身体右转，左脚向前提膝，同时，双手握棍随身体右转向右平摆，随即右手握棍把段前推，左手滑握棍身回拉，使棍上段经左膝前向左后下方挂出，目视棍梢（图 5-4-8）。

图 5-4-8

🔲动作要领 挂棍时,右手前推与左手回拉,要协调配合。

7. 左弓步格把

左脚向左落步,身体左转成左弓步,同时,左手握棍回拉至左肩前,右手握棍随身体左转向右下方推出成格把,目视棍把(图 5-4-9)。

图 5-4-9

🔲动作要领 格把时,右手前推与左手回拉,要协调配合。

8. 右弓步格棍

重心右移,左脚蹬直,身体右转成右弓步,同时,右手握棍回拉至头前上方,左手握棍随身体右转向左下方推出成格把,目视棍把(图 5-4-10)。

图 5-4-10

动作要领 格棍时，左手前推与右手回拉，要协调配合。

9. 虚步杵棍并步抱拳

上体左转，左脚尖向前点地成左虚步，同时，右手握棍臂内旋，使棍梢点地杵立于右前方，虎口朝下；左手同时抱拳收于腰间，拳心向上。随后，右脚向左脚靠拢成并步；目视前方（图 5-4-11、图 5-4-12）。

图 5-4-11　　　　　图 5-4-12

动作要领 杵棍时，右肘抬起，使棍身与地面垂直。

10. 踢棍舞花前点棍

（1）右脚提起，随即以脚内侧向左踢击棍身上段，左手顺握棍中段，在右脚落地的同时，身体右转，左脚提离地面，左手向右手滑握，使棍梢经上向前划弧（图 5-4-13～图 5-4-15）。

（2）上动不停，左脚向右脚前上步，同时，两手握棍，使棍梢向下经体右侧向后、向上，向前立圆绕转一周，随后点击前方地面；目视棍梢（图 5-4-16～图 5-4-18）。

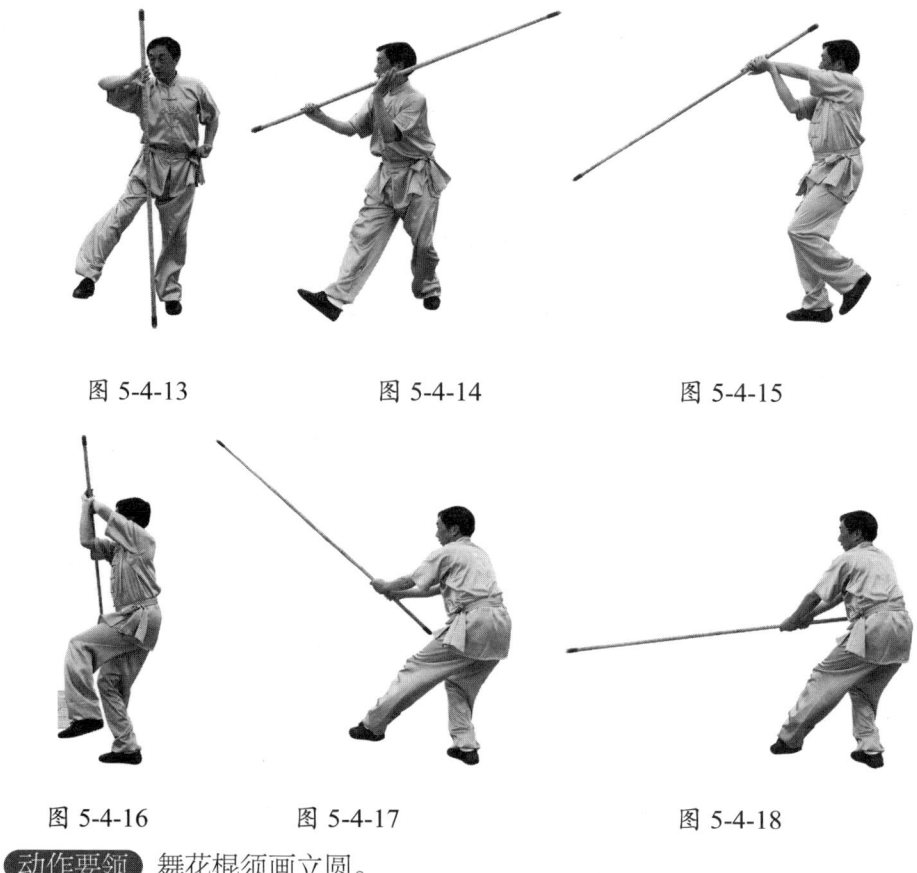

图 5-4-13　　　　　图 5-4-14　　　　　图 5-4-15

图 5-4-16　　　　　图 5-4-17　　　　　图 5-4-18

动作要领　舞花棍须画立圆。

11. 转身右舞花棍

（1）身体右转，右脚向右前方上一步，脚尖外展，左脚跟抬离地面；同时，两手握棍使棍梢经上，随转体向前划弧（图 5-4-19～图 5-4-21）。

图 5-4-19　　　　　图 5-4-20　　　　　图 5-4-21

（2）上动不停，左脚向右脚前上步，同时，两手握棍，使棍梢向下经体右侧向上、向下立圆绕转一周；目视前方（图5-4-22～图5-4-24）。

图5-4-22　　　　　　图5-4-23　　　　　　图5-4-24

动作要领　舞花棍须画立圆。

12. 虚步背棍

身体右转，右脚向右前方上一小步，同时，双手握棍随转体使棍梢经下向后划弧（图5-4-25）。左脚向左平移，脚尖点地；同时，左手离棍收于右胸前，右手持棍使棍梢向上、向左斜背于身后（图5-4-26）。重心下沉成左虚步；同时，左掌向左前方立掌推出，目视左掌（图5-4-27）。

图5-4-25　　　　　　图5-4-26　　　　　　图5-4-27

动作要领　虚步要挺胸塌腰。

13. 平抡弓步左格棍

（1）身体左转，重心左移，同时，右手持棍使棍把向左上方提起，左手于右臂下面接握棍身（图5-4-28）。

（2）右脚向左脚前上一步，身体左后转，随后左脚退后一步，同时，双手持棍随转体平抡一周（图5-4-29）。

（3）身体继续左转，右脚蹬直成左弓步，同时，双手持棍随转体经右向左前方格棍，棍梢高于头，目视棍梢（图5-4-30）。

图 5-4-28　　　　　图 5-4-29　　　　　图 5-4-30

【动作要领】平抡棍与左格棍动作须连贯紧凑、协调一致。

14. 虚步盖把

重心右移，左脚回收，脚尖点地成左虚步，同时，右手握棍回拉收于腰间，左手向中段滑握，使棍把经上向前盖击，目视前方（图5-4-31）。

图 5-4-31

【动作要领】盖把时，左手滑握前劈与右手握把回拉须协调一致。

15. 提膝劈棍

重心移至右脚，左脚屈膝提起，同时，左手持棍经下向后置于右腋下，右手握把经上向前、向下劈击，目视棍把（图5-4-32）。

图 5-4-32

动作要领 提膝过腰，脚背绷平；劈棍与提膝须协调一致。

16. 弓步挑棍

左脚向前落步，随后右脚上前一步成右弓步，同时，双手持棍使棍梢经上向后、向下、向前上方挑起，左手收于左腰侧，目视棍梢（图 5-4-33）。

图 5-4-33

动作要领 挑棍时，右前臂外旋，屈臂上挑。

17. 右左舞花棍

（1）右脚蹬地回收半步，身体右转，同时，左手向前推拨棍把，右手收至左臂下；随之，身体继续右转，左脚脚跟抬离地面，同时两手拨棍使棍把经下向后立圆绕转；紧接着，左脚向右脚内侧上一步，同时，两手拨棍使棍把继续经上向下立圆绕转一周（图 5-4-34～图 5-4-36）。

图 5-4-34　　　　图 5-4-35　　　　图 5-4-36

（2）上动不停，左脚退后一步，身体左转，两手拨棍使棍梢经右向下压拨；随之，两手拨棍使棍梢经下向后立圆绕转；紧接着，身体右转，两手拨棍使棍梢经上向前立圆绕转（图 5-4-37～图 5-4-39）。

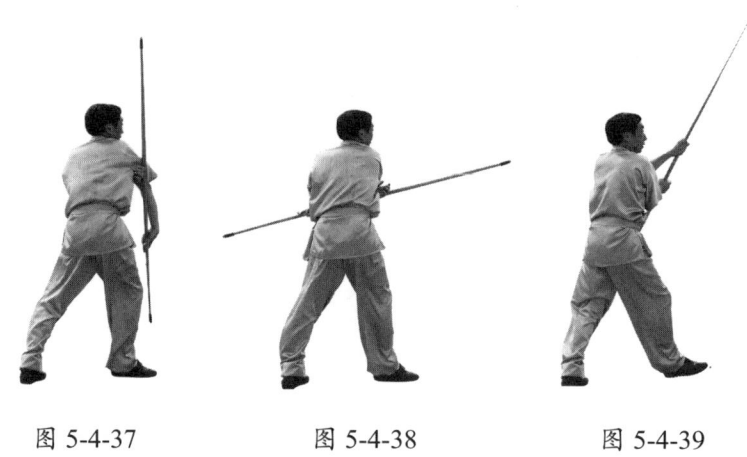

图 5-4-37　　　　　图 5-4-38　　　　　图 5-4-39

【动作要领】右、左舞花棍须立圆绕转。

18. 舞花背棍斜拍脚（右）

（1）上动不停，左脚向前上步，身体右转，同时，左手向下、向后、向上、向前推拨棍梢，使其立圆绕转一周；随之，左脚落平，同时，左手将棍送至右腋下后松开棍身，右手拨棍使棍梢经下向后、向上背于身后（图 5-4-40、图 5-4-41）。

（2）上动不停，右脚向左前上方直腿摆踢，脚背绷平，同时，右手拨棍将棍身贴于后背，棍梢朝上，左手向前拍击右脚背，目视前方（图 5-4-42）。

图 5-4-40　　　　　图 5-4-41　　　　　图 5-4-42

【动作要领】右舞花棍须立圆绕转；斜拍脚时，在最高点拍击脚背，击拍响亮。

19. 背棍腾空斜拍脚（右）

右脚向下落步，左腿向上提膝，右脚蹬地跳起，在空中向左前上方弹踢，脚背绷直，左手拍击右脚背，右手背棍动作不变，目视前方（图 5-4-43、图 5-4-44）。

图 5-4-43　　　　　　图 5-4-44

动作要领　腾空斜拍脚时，在最高点拍击脚背，击拍响亮。

20. 左右舞花棍

（1）左脚落地，随后右脚向前落步，身体左转，右手握棍随转体使棍梢移至右下方，左手在右腋下接握棍身；随之，两手拨棍使棍梢经下向后立圆绕转；紧接着，身体右转，两手拨棍使棍梢经上向前立圆绕转（图 5-4-45～图 5-4-47）。

图 5-4-45　　　　　　图 5-4-46　　　　　　图 5-4-47

（2）上动不停，身体右转，同时，左手经前、向下推拨棍把，右手收至左臂下；随之，身体继续右转，左脚脚跟抬离地面，同时两手拨棍使棍把经下向后在体右侧立圆绕转；紧接着，左脚向右脚内侧上一步，同时，两手拨棍使棍把继续经上向下立圆绕转一周（图 5-4-48～图 5-4-50）。

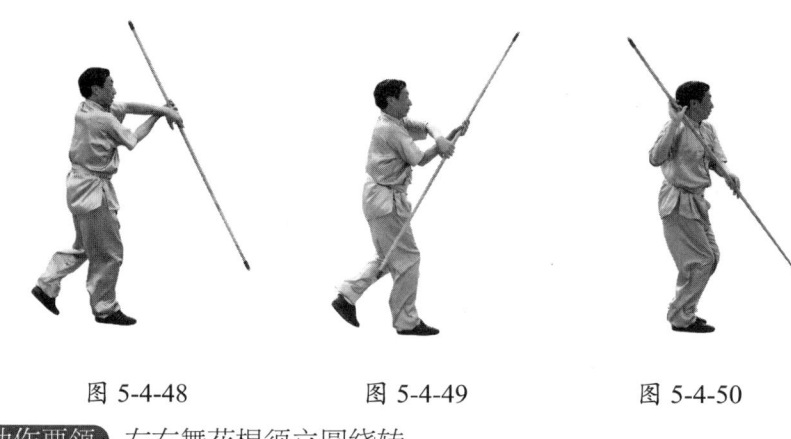

图 5-4-48　　　　　图 5-4-49　　　　　图 5-4-50

【动作要领】左右舞花棍须立圆绕转。

21. 舞花背棍斜拍脚（左）

（1）上动不停，左脚退后一步，身体左转，两手拨棍使棍梢经右向下压拨；随之，身体右转，两手拨棍使棍梢经下向后立圆绕转一周，同时，右手将棍送至左腋下后松开棍身，左手拨棍使棍把经下向后、向上背于身后（图 5-4-51、图 5-4-52）。

（2）上动不停，重心前移，左脚向右前上方直腿摆踢，脚背绷平，同时，左手拨棍将棍身贴于后背，棍把朝上，右手向前拍击右脚背，目视前方（图 5-4-53）。

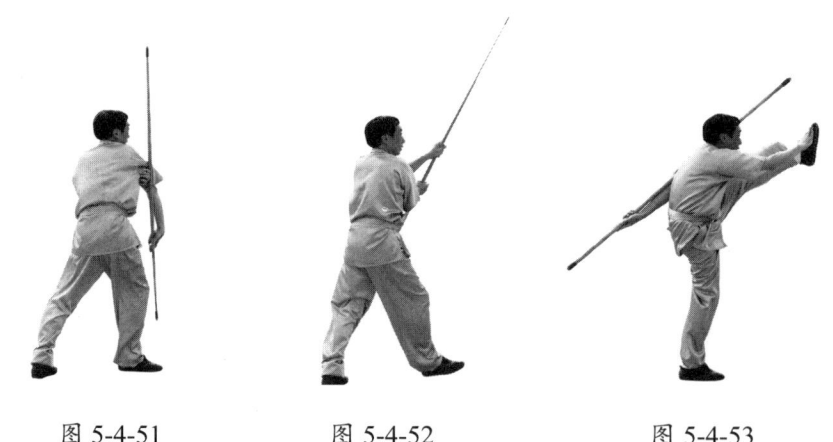

图 5-4-51　　　　　图 5-4-52　　　　　图 5-4-53

【动作要领】左舞花棍须立圆绕转；斜拍脚时，在最高点拍击脚背，击拍响亮。

22. 背棍腾空斜拍脚（左）

左脚向下落步，右腿屈膝上提，左脚蹬地跳起，在空中向右前上方弹踢，脚背绷直，右手拍击左脚背，左手背棍动作不变，目视前方（图 5-4-54、图 5-4-55）。

图 5-4-54　　　　　图 5-4-55

动作要领　腾空斜拍脚时，在最高点拍击脚背，击拍响亮。

23. 转身舞花前点棍

（1）右脚落地，左脚向前落步，身体右转，随即右脚上一小步，脚尖外展，同时，右手接握棍把，双手握棍使棍梢经下向上，随转体向右、向前划弧（图5-4-56～图5-4-58）。

图 5-4-56　　　　　图 5-4-57　　　　　图 5-4-58

（2）上动不停，左脚向右脚前上步，同时，两手握棍，使棍梢向下经体右侧向后、向上、向前，立圆绕转一周，随后点击前方地面；目视棍梢（图5-4-59～图5-4-61）。

图 5-4-59　　　　　图 5-4-60　　　　　图 5-4-61

动作要领 舞花棍须画立圆。

24. 并步摔把

左脚上前一步，身体左转，右脚随转体向左脚内侧靠拢，屈膝全蹲成并步；同时，右手握棍回拉，左手滑握至棍上段，随即右手推棍向上、随转体向右下摔把，右手滑握至左手旁，虎口相对，目视棍把（图 5-4-62～图 5-4-64）。

图 5-4-62　　　　　图 5-4-63　　　　　图 5-4-64

动作要领 右手推棍、滑握、摔把须协调连贯，棍把摔地与并步下蹲须同时完成。

25. 提膝立格棍

重心上起，左脚向左撤一步，右脚蹬地屈膝提起，脚背绷平；同时，左手持棍回拉，换握虎口向上举至左上方，右手滑握至棍把，手心向内置于左大腿前，使棍立格于左胸前；目视右方（图 5-4-65）。

图 5-4-65

动作要领 立格棍与提膝动作须协调一致，棍与地面垂直。

26. 舞花棍

（1）右脚向前落步，身体右转，同时，左手向前推拨棍梢，右手收至左臂下；随之，身体继续右转，左脚脚跟抬离地面，同时两手拨棍使棍梢经下向后立圆绕转；紧接着，左脚向右脚内侧上一步，同时，两手拨棍使棍梢继续经上向下立圆绕转一周（图 5-4-66～图 5-4-68）。

图 5-4-66　　　　　图 5-4-67　　　　　图 5-4-68

（2）上动不停，左脚退后一步，身体左转，两手拨棍使棍把经右向下盖压；随之，两手拨棍使棍把经下向后立圆绕转；紧接着，身体右转，两手拨棍使棍把经上向前立圆绕转（图 5-4-69～图 5-4-71）。

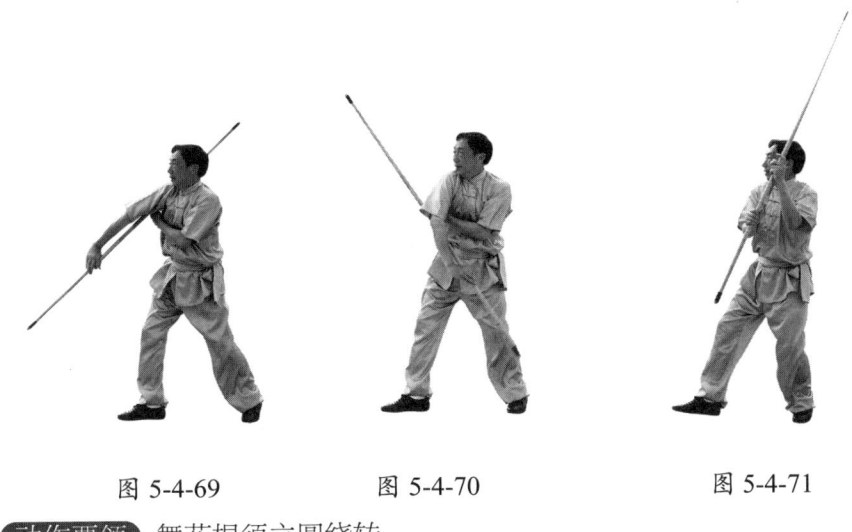

图 5-4-69　　　　　图 5-4-70　　　　　图 5-4-71

动作要领 舞花棍须立圆绕转。

27. 云棍弓步推掌

（1）上动不停，当左手将棍向前拨至水平时，挺胸抬头向后仰，同时，双手持棍在头顶上方水平绕转一周（图5-4-72～图5-4-74）。

（2）左脚向左后方退一步，左手将棍送至右腋下后，松开棍身，立掌置于右胸前，右手握棍经前向下、向后，将棍斜背于左肩后，棍梢朝前，左掌同时向前立掌推出，目视左掌（图5-4-75～图5-4-77）。

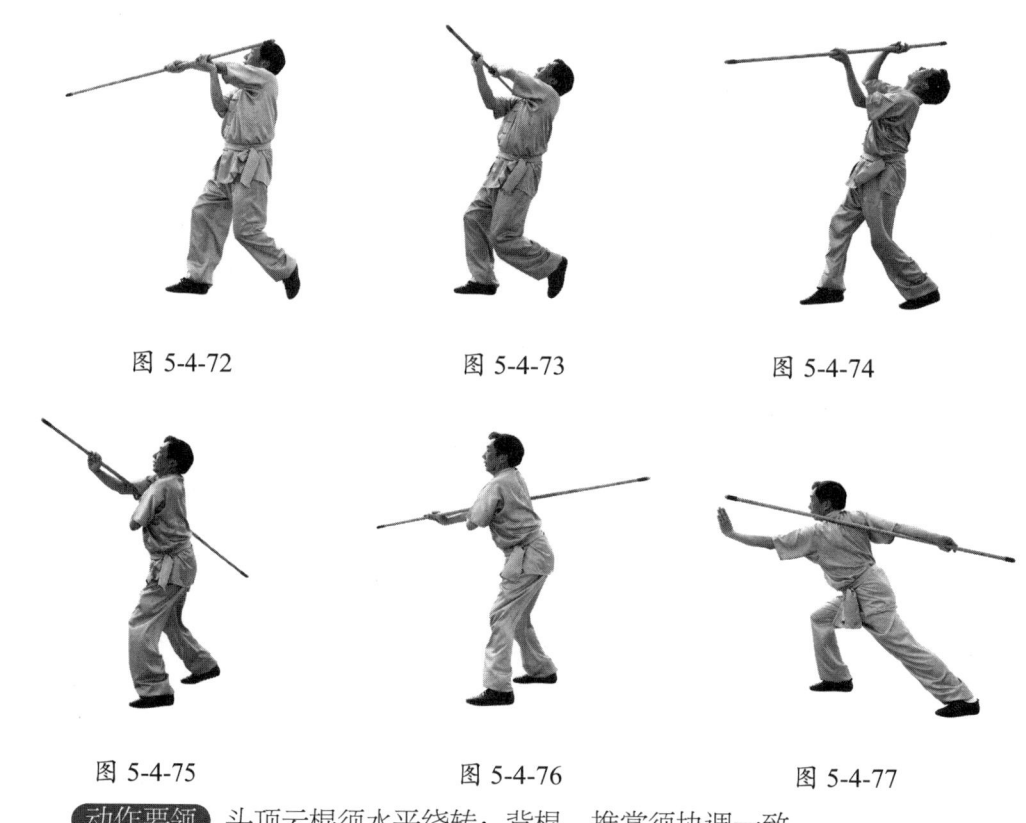

图 5-4-72　　　　　　图 5-4-73　　　　　　图 5-4-74

图 5-4-75　　　　　　图 5-4-76　　　　　　图 5-4-77

【动作要领】头顶云棍须水平绕转；背棍、推掌须协调一致。

28. 舞花弓步戳棍

（1）身体左转，右手握棍随转体使棍把移至右下方，左手在右腋下接握棍身；随之，两手拨棍使棍把经下向后立圆绕转；紧接着，身体右转，两手拨棍使棍把经上向前立圆绕转（图5-4-78～图5-4-80）。

（2）上动不停，身体右转，同时，左手经前、向下推拨棍梢，右手收至左臂下；随之，身体继续右转，左脚向前提膝，同时，两手拨棍使棍梢经下向后、向前在体右侧立圆绕转一周后，端棍于右腰侧；紧接着，左脚向前落步成左弓步，同时，右手握把向前戳出，左手滑握至右手前，目视棍梢（图5-4-81～图5-4-83）。

图 5-4-78 　　　　　图 5-4-79 　　　　　图 5-4-80

图 5-4-81 　　　　　图 5-4-82 　　　　　图 5-4-83

（动作要领）舞花棍须立圆绕转；戳棍时，棍梢与肩齐高，挺胸塌腰。

29. 回身戳把

左脚蹬直，重心移至右脚，身体右转成右弓步，同时，右手回拉，左手滑握至棍上段，随转体左手持棍向前戳把，右手滑握至左手前，目视棍把（图 5-4-84、图 5-4-85）。

图 5-4-84　　　　　　　　　图 5-4-85

（动作要领）戳把时，棍身与肩齐平，挺胸塌腰。

30. 退步弓步戳棍

右脚后退一步，重心移至右脚，左脚蹬直，身体右转成右弓步，同时，右手回拉，左手滑握至棍把段，随转体左手握把向前戳棍，右手滑握至左手前，目视棍梢（图5-4-86、图5-4-87）。

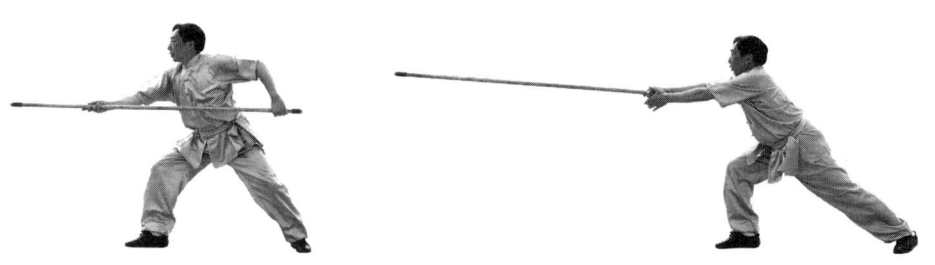

图 5-4-86　　　　　　　　图 5-4-87

动作要领 戳棍时，棍梢与肩齐高，挺胸塌腰。

31. 虚步绞压棍

右脚向后退一步，左脚回收，脚尖点地成左虚步，同时右手回拉棍把并顺时针绕转一周至右腰侧，左手滑握至棍上段，随绕转动作将棍梢下压于前上方，目视棍梢（图5-4-88）。

图 5-4-88

动作要领 绞压棍与虚步要同时完成。

32. 横裆步抡棍下点把

（1）重心移至左脚，右脚上前一步，身体左转，同时，右手握棍回拉，左手滑握至棍梢段，右手随后滑握至左手前，双手握棍随转体经右向左、向后平抡一周（图5-4-89、图5-4-90）。

（2）右腿蹬直，重心移至左脚成横裆步，同时，双手握棍使棍把经上向右、向下点击地面，立达把头，目视棍把（图5-4-91）。

图 5-4-89　　　　　　图 5-4-90　　　　　　　　图 5-4-91

动作要领　上步平抡棍与横裆步下点把须协调连贯。

33. 弓步前点棍

（1）重心右移，左手持棍回拉，右手滑握至把段，随后身体右转成右弓步，同时，左手持棍上推并滑握至右手前，使棍梢经上向前划弧至前下方（图5-4-92～图5-4-94）。

图 5-4-92　　　　　　图 5-4-93　　　　　　　　图 5-4-94

（2）上动不停，双手握把使棍梢经下、向后、向上在体右侧立圆绕转一周，随后向前下方地面点击，目视棍梢（图5-4-95～图5-4-97）。

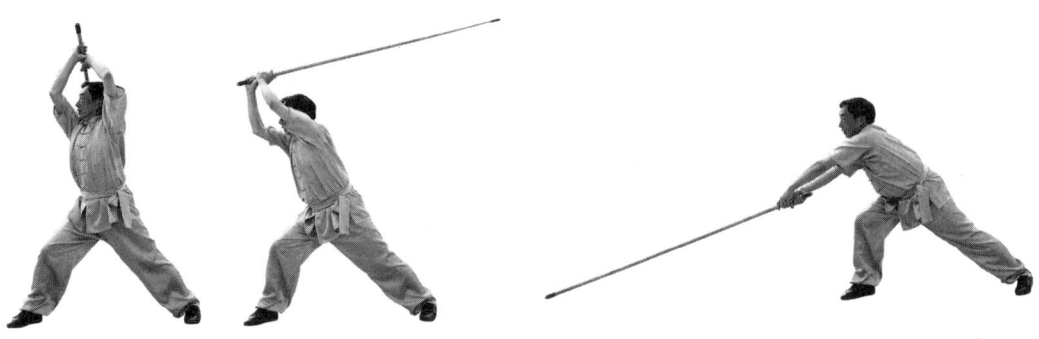

图 5-4-95　　　　　　图 5-4-96　　　　　　　　图 5-4-97

> **动作要领** 两手回拉、滑握、立圆绕转至弓步前点棍须灵活协调、衔接紧凑。

34. 回身仆步摔棍

重心上起，身体左转，右脚上前一步，左脚随转体屈膝下蹲成右仆步；同时，右手握把直臂向上、向前、向下摔棍；左手同时随转体经上向下、向左上方直臂摆掌，虎口朝上，掌心朝前；目视棍梢（图 5-4-98～图 5-4-100）。

图 5-4-98　　　　　　　图 5-4-99　　　　　　　图 5-4-100

> **动作要领** 摔棍时，须棍身中段先着地。

35. 横裆步架棍

重心上起，左脚蹬直成右横裆步，同时，右手握棍经前向左平摆，左手接握棍身，随后，双手持棍将棍斜架于头上方，目视左前方（图 5-4-101～图 5-4-103）。

图 5-4-101　　　　　　　图 5-4-102　　　　　　　图 5-4-103

> **动作要领** 横裆步要求右脚及右膝外展，身体与两腿之间在同一垂面上；架棍时，左臂与肩同高。

36. 舞花插步翻身棍

（1）身体右转，右脚上前半步，脚尖外展；左手上推棍梢，右手收至左腋下（图 5-4-104），身体继续右转，两手拨棍使棍梢经下向后立圆绕转（图 5-4-105、图 5-4-106）。

图 5-4-104　　　　　图 5-4-105　　　　　图 5-4-106

（2）上动不停，左脚向前上一步，随后右脚向左后方插一步，同时两手拨棍使棍把由后经上向前、向下盖压，左手收至右腋下（图 5-4-107、图 5-4-108）；右手继续向下压把，并随身体向右翻转，使棍把向上挑起；随身体右转，做舞花棍（图 5-4-109）。

图 5-4-107　　　　　图 5-4-108　　　　　图 5-4-109

上述动作，继续重复做两次，总共完成三次。

动作要领　舞花接插步翻身棍，要协调连贯；舞花棍时须立圆绕转。

37. 舞花虚步点棍

身体右转，左脚脚跟抬离地面，左手向前、向下推拨棍梢，右手收至左臂下；同时两手拨棍使棍梢经下向后立圆绕转；紧接着，左脚上前一步，脚尖点地成虚步，同时，双手持棍使棍梢经上向下点击前方地面（图 5-4-110～图 5-4-112）。

图 5-4-110　　　　　图 5-4-111　　　　　图 5-4-112

动作要领 舞花棍须画立圆；虚步点棍要协调一致。

38. 转身舞花虚步点棍

身体右转，左脚脚跟抬离地面，左手经上向前推拨棍梢，右手收至左臂下；同时两手拨棍使棍梢经下向后立圆绕转；紧接着，左脚上前一步，脚尖点地成虚步，同时，双手持棍使棍梢经上向下点击前方地面（图 5-4-113～图 5-4-115）。

图 5-4-113　　　　　图 5-4-114　　　　　图 5-4-115

动作要领 舞花棍须画立圆；虚步点棍要协调一致。

39. 并步摔把

左脚上前一步，身体左转，右脚随转体向左脚内侧靠拢，屈膝全蹲成并步；同时，右手握棍回拉，左手滑握至棍上段，随即右手推棍向上、随转体向右下摔把，右手滑握至左手旁，虎口相对，目视棍把（图 5-4-116～图 5-4-118）。

图 5-4-116　　　　　图 5-4-117　　　　　图 5-4-118

动作要领 右手推棍、滑握、摔把须协调连贯，棍把摔地与并步下蹲须同时完成。

40. 提膝立格棍

重心上起，左脚向左撤一步，右脚蹬地屈膝提起，脚背绷平；同时，左手持棍回拉，换握虎口向上举至左上方，右手滑握至棍把，手心向内置于左大腿前，使棍立格于左胸前；目视右方（图 5-4-119）。

图 5-4-119

动作要领 立格棍与提膝动作须协调一致，棍与地面垂直。

41. 舞花插步翻身棍

（1）右脚向右落步，身体右转，左手前推棍梢，右手收至左腋下（图 5-4-120），身体继续右转，两手拨棍使棍梢经下向后立圆绕转（图 5-4-121、图 5-4-122）。

图 5-4-120　　　　图 5-4-121　　　　图 5-4-122

（2）上动不停，左脚向前上一步，随后右脚向左后方插一步，同时两手拨棍使棍把由后经上向前、向下盖压，左手收至右腋下（图 5-4-123、图 5-4-124）；右手继续向下压把，并随身体向右翻转，使棍把向上挑起；随身体右转，做舞花棍（图 5-4-125）。

图 5-4-123　　　　图 5-4-124　　　　　图 5-4-125

上述动作，继续重复做两次，总共完成三次。

动作要领　舞花接插步翻身棍，要协调连贯；舞花棍时须立圆绕转。

42. 舞花虚步点棍

身体右转，左脚脚跟抬离地面，左手向前、向下推拨棍梢，右手收至左臂下；同时两手拨棍使棍梢经下向后立圆绕转；紧接着，左脚上前一步，脚尖点地成虚步，同时，双手持棍使棍梢经上向下点击前方地面（图5-4-126～图5-4-128）。

图 5-4-126　　　　　图 5-4-127　　　　　图 5-4-128

动作要领　舞花棍须画立圆；虚步点棍要协调一致。

43. 转身舞花虚步点棍

身体右转，左脚脚跟抬离地面，左手经上向前推拨棍梢，右手收至左臂下；同时两手拨棍使棍梢经下向后立圆绕转；紧接着，左脚上前一步，脚尖点地成虚步，同时，双手持棍使棍梢经上向下点击前方地面（图5-4-129～图5-4-131）。

图 5-4-129　　　　　图 5-4-130　　　　　图 5-4-131

动作要领　舞花棍须画立圆；虚步点棍要协调一致。

44. 并步摔把

左脚上前一步，身体左转，右脚随转体向左脚内侧靠拢，屈膝全蹲成并步；同时，右手握棍回拉，左手滑握至棍上段，随即右手推棍向上、随转体向右下摔把，右手滑握至左手旁，虎口相对，目视棍把（图 5-4-132～图 5-4-134）。

图 5-4-132　　　　　图 5-4-133　　　　　图 5-4-134

动作要领　右手推棍、滑握、摔把须协调连贯，棍把摔地与并步下蹲须同时完成。

45. 提膝立格棍

重心上起，左脚向左撤一步，右脚蹬地屈膝提起，脚背绷平；同时，左手持棍回拉，换握虎口向上举至左上方，右手滑握至棍把，手心向内置于左大腿前，使棍立格于左胸前；目视右方（图 5-4-135）。

图 5-4-135

动作要领 立格棍与提膝动作须协调一致，棍与地面垂直。

46. 舞花棍

（1）右脚向右落步，身体右转，同时，左手向下、向前推拨棍梢，右手收至左臂下；随之，身体继续右转，左脚脚跟抬离地面，同时两手拨棍使棍梢经下向后立圆绕转；紧接着，左脚向右脚内侧上一步，同时，两手拨棍使棍梢继续经上向下立圆绕转一周（图 5-4-136～图 5-4-138）。

图 5-4-136　　　　图 5-4-137　　　　图 5-4-138

（2）上动不停，左脚退后一步，身体左转，两手拨棍使棍把经右向下盖压；随之，两手拨棍使棍把经下向后立圆绕转；紧接着，身体右转，两手拨棍使棍把经上向前立圆绕转（图 5-4-139～图 5-4-141）。

图 5-4-139　　　　　图 5-4-140　　　　　图 5-4-141

【动作要领】舞花棍须立圆绕转。

47. 舞花插步翻身棍

（1）身体右转，右脚上前半步，脚尖外展；左手右推棍梢，右手收至左腋下（图 5-4-142），身体继续右转，两手拨棍使棍梢经下向后立圆绕转（图 5-4-143、图 5-4-144）。

图 5-4-142　　　　　图 5-4-143　　　　　图 5-4-144

（2）上动不停，左脚向前上一步，随后右脚向左后方插一步，同时两手拨棍使棍把由后经上向前、向下盖压，左手收至右腋下（图 5-4-145、图 5-4-146）；右手继续向下压把，并随身体向右翻转，使棍把向上挑起；随身体右转，做舞花棍（图 5-4-147）。

　　　　图 5-4-145

　　　　图 5-4-146

　　　　图 5-4-147

上述动作，继续重复做两次，总共完成三次。

【动作要领】 舞花接插步翻身棍，要协调连贯；舞花棍时须立圆绕转。

48. 舞花虚步点棍

身体右转，左脚脚跟抬离地面，左手向前、向下推拨棍梢，右手收至左臂下；同时两手拨棍使棍梢经下向后立圆绕转；紧接着，左脚上前一步，脚尖点地成虚步，同时，双手持棍使棍梢经上向下点击前方地面（图5-4-148～图5-4-150）。

　　　图 5-4-148　　　　　图 5-4-149　　　　　图 5-4-150

【动作要领】 舞花棍须画立圆；虚步点棍要协调一致。

49. 右跳步转身平抡棍

（1）身体右转，右脚屈膝提起，双手持棍向左后平摆，左手滑握至棍中段，目视右方（图5-4-151）；右脚向右前方落步，随后蹬地跳起，空中向右后转体360°，同时，双手握棍随转体平抡一周后，再经头顶上方平抡一周（图5-4-152、图5-4-153）。

图 5-4-151　　　　　　图 5-4-152　　　　　　图 5-4-153

（2）左脚、右脚依次向右前方落地，身体右转成右弓步，同时双手握棍经前向右、向后平抡摆至后背，目视左方（图 5-4-154～图 5-4-156）。

图 5-4-154　　　　　　图 5-4-155　　　　　　图 5-4-156

动作要领　空中抡棍须成水平抡摆。

50. 左跳步转身平抡棍

（1）左脚向左前方上一步，随后蹬地跳起，空中向左后转体360°，同时，双手握棍随转体平抡一周后，再经头顶上方平抡一周（图 5-4-157～图 5-4-159）。

图 5-4-157　　　　　　图 5-4-158　　　　　　图 5-4-159

（2）右、左脚依次向左前方落地，身体左转成左弓步，同时双手握棍经前向左、向后平摆至左腰侧，左手滑握至棍上段；目视左后方（图 5-4-160～图 5-4-162）。

图 5-4-160　　　　　图 5-4-161　　　　　图 5-4-162

【动作要领】空中抡棍须成水平抡摆。

51. 舞花虚步点棍

（1）右脚上前一步，左手向上推棍，同时滑握至右手前，双手握棍使棍梢经上向前划弧（图 5-4-163～图 5-4-165）。

图 5-4-163　　　　　图 5-4-164　　　　　图 5-4-165

（2）上动不停，左脚向右脚前上步成虚步，同时，两手握棍，使棍梢向下经体右侧向后、向上，向前立圆绕转一周，随后点击前方地面；目视棍梢（图 5-4-166～图 5-4-168）。

图 5-4-166　　　　　图 5-4-167　　　　　图 5-4-168

动作要领 舞花棍须画立圆。

52. 舞花插步翻身点棍

（1）右脚向前上一步，身体左转，同时右手握棍回拉后，滑握至棍中段，两手拨棍使棍把经右向下盖压；随之，两手拨棍使棍把经下向后立圆绕转（图 5-4-169～图 5-4-171）。

图 5-4-169　　　　　图 5-4-170　　　　　图 5-4-171

（2）左脚向右后方插一步，同时两手拨棍使棍梢经上向下盖压，右手收至左前臂下；右手继续向下压把，并随身体向左翻转，使棍梢经上向下点击地面（图 5-4-172～图 5-4-174）。

图 5-4-172　　　　　图 5-4-173　　　　　图 5-4-174

上述动作，继续重复做两次，总共完成三次。

动作要领 舞花接插步翻身棍，要协调连贯；舞花棍时须立圆绕转。

53. 左右提撩花

（1）重心梢上起，双手握棍使棍梢向上摆起，目视前方（图 5-4-175）；身体微左转，双手握棍随转体使棍梢经后向下、向前在体右侧立圆绕转，目视前方。此为右提撩花（图 5-4-176、图 5-4-177）。

图 5-4-175　　　　图 5-4-176　　　　图 5-4-177

（2）上动不停，双手握棍使棍梢经上向后立圆转动；目视前方（图 5-4-178）。身体微右转，双手握棍随转体使棍梢经后向下、向前在体左侧立圆绕转，目视前方；此为左提撩花（图 5-4-179、图 5-4-180）。

图 5-4-178　　　　图 5-4-179　　　　图 5-4-180

上述动作，右、左提撩花为一次，继续重复做两次，总共完成三次。

动作要领 提撩花须以腰带臂、以臂带棍。

54. 转身弓步点棍

身体右转，同时双手握棍使棍梢向上摆起；随后，身体继续右转，同时右脚屈膝提起，双手握棍使棍梢经前向下在体右侧立圆绕转；紧接着，左脚向前落步成右弓步，同时，双手握棍使棍梢经后向上、向前下方点击地面，目视棍梢（图 5-4-181～图 5-4-183）。

图 5-4-181　　　　图 5-4-182　　　　　　图 5-4-183

动作要领 握棍绕转与提膝，弓步与点棍须协调一致。

55. 转身扫棍

身体左转，右脚蹬直成左弓步，同时双手握棍随转体使棍梢紧贴地面经前向左扫转 270°，目视棍梢（图 5-4-184）。

图 5-4-184

动作要领 扫棍须随重心左移、以腰带臂转动，两臂与棍保持在一条斜线上。

56. 背棍后撩腿

（1）右手握棍向右平拉，左手持棍滑握至棍上段，使棍平举于额前；随后将棍经头上方背于后背，目视前方（图 5-4-185、图 5-4-186）。

（2）上动不停，重心移至左脚，右脚向后上方撩踢，脚背绷平，立达前脚掌，目视前方（图 5-4-187）。

图 5-4-185　　　　　图 5-4-186　　　　　图 5-4-187

动作要领　后撩腿时，右腿须直腿上摆。

57. 转身平抡弓步下点棍

（1）右脚向后落地，随之向右后转体，同时，双手握棍从头顶移出后随转体经前向右、向后平抡一周举止头上方，棍梢朝后，目视前方（图 5-4-188、图 5-4-189）。

（2）左腿蹬直成右弓步，同时，双手握棍使棍梢经上向前下方点击地面，目视棍梢（图 5-4-190）。

图 5-4-188　　　　　图 5-4-189　　　　　图 5-4-190

动作要领　平抡棍时，须以腰带臂；点棍与弓步须同时完成。

58. 平抡提膝格棍

身体左转，双手握棍随转体经前向左、向右在头顶平抡一周；随后右脚蹬地屈膝提起，脚背绷平；同时，左手持棍回拉，换握虎口向上举至左上方，右手滑握至棍把，手心向内置于左大腿前，使棍立格于左胸前；目视右方（图 5-4-191～图 5-4-193）。

图 5-4-191　　　　　图 5-4-192　　　　　图 5-4-193

动作要领　平抡棍须以腰带臂；立格棍与提膝动作须协调一致，棍与地面垂直。

59. 舞花歇步下拨把

（1）右脚向右落步，身体右转，同时，左手向下、向前推拨棍梢，右手收至左臂下；随之，身体继续右转，左脚脚跟抬离地面，同时两手拨棍使棍梢经下向后立圆绕转；紧接着，左脚向前上一步，同时，两手拨棍使棍梢继续经上向下立圆绕转一周（图 5-4-194 ～图 5-4-196）。

图 5-4-194　　　　　图 5-4-195　　　　　图 5-4-196

（2）上动不停，右脚向左后方插一步，身体右转，两手随转体向右平拨棍，随后，左脚向右后插步，两腿屈膝全蹲成歇步，同时，右手握棍经前向右下方拨把；左手同时松开棍身向左上方架掌，目视棍把（图 5-4-197 ～图 5-4-199）。

图 5-4-197　　　　　图 5-4-198　　　　　图 5-4-199

动作要领　右舞花须划立圆，下拨棍 180° 划斜圆，两者须协调连贯。

60. 马步三点棍

（1）左脚向右撤一步，同时右手握棍经腿前向左立圆抡摆，左手接握棍身并滑握至右手前；随后屈膝半蹲成马步，双手持棍向右拧转，使棍梢经上向右下抡成立圆，点棍触地；目视棍梢（图 5-4-200、图 5-4-201）。

图 5-4-200　　　　　　　　图 5-4-201

（2）上动不停，双手持棍向左拧转，使棍梢经上向左下抡成立圆，点棍触地；紧接着，双手持棍向右拧转，使棍梢经上向右下抡成立圆，点棍触地；目视棍梢（图 5-4-202、图 5-4-203）。

图 5-4-202　　　　　　　　图 5-4-203

动作要领 左右点棍须以腰带臂、以臂带棍,借腕、臂拧转之力弹性点击。

61. 跳转单手平抡棍

(1)左脚提起,右手持棍向后平摆置于身后,左手松开棍身立掌置于右胸前,目视左方(图 5-4-204);左脚向前落步,脚尖外展,右脚随身体左转 180° 向上提膝,同时,右手握棍随身体左转经右向前、向左平抡一周(图 5-4-205、图 5-4-206)。

图 5-4-204　　　　　图 5-4-205　　　　　图 5-4-206

(2)左脚向上蹬地跳起,空中左后转体 180°,同时,右手握棍随身体腾空左转经右向前、向左平抡一周(图 5-4-207、图 5-4-208)。

(3)右、左脚依次落地,随后右脚上前一步,身体左转 180°,同时,右手握棍随转体平抡半周(图 5-4-209、图 5-4-210);身体继续左转 180°,左脚退后一步,重心右移至右脚成左弓步,同时,左手接握棍身,双手握棍随转体向左平抡半周摆至左肩后;目视前方(图 5-4-211、图 5-4-212)。

图 5-4-207　　　　　图 5-4-208　　　　　图 5-4-209

图 5-4-210　　　　　图 5-4-211　　　　　图 5-4-212

动作要领 整个动作身体左转两周；平抢棍为三周；抢棍为平圆抢转。

62. 右跳步转身平抢棍

（1）身体右转，重心右移，右脚蹬地跳起，空中向右后转体360º，同时，双手握棍随转体平抢一周后，再经头顶上方平抢一周（图 5-4-213～图 5-4-215）。

图 5-4-213　　　　　图 5-4-214　　　　　图 5-4-215

（2）左、右脚依次向右前方落地，身体右转成右弓步，同时双手握棍经前向右、向后平抢摆至后背，目视左方（图 5-4-216～图 5-4-218）。

图 5-4-216　　　　　图 5-4-217　　　　　图 5-4-218

动作要领 空中抢棍须成水平抢摆。

63. 舞花棍

（1）身体右转，同时，左手向前推拨棍梢，随之，左脚脚跟抬离地面，同时两手拨棍使棍梢经下向后立圆绕转一周，左手收至右腋下，目视前方（图 5-4-219 ～图 5-4-221）。

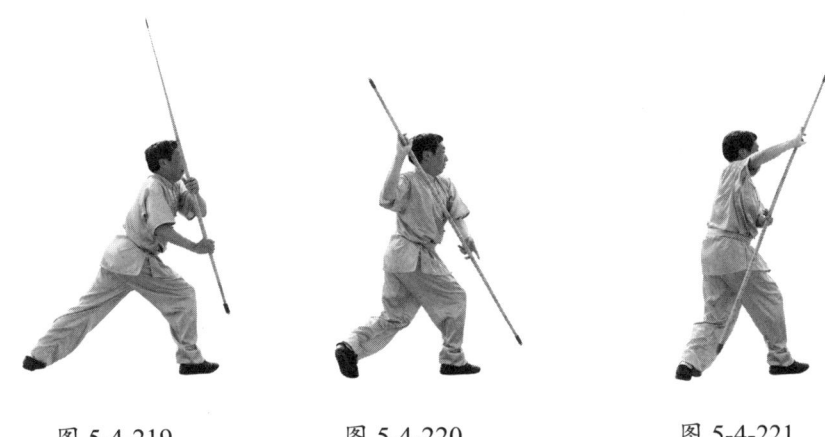

图 5-4-219　　　　　图 5-4-220　　　　　图 5-4-221

（2）上动不停，身体左转，两手拨棍使棍把经右向下盖压；随之，两手拨棍使棍把经下向后立圆绕转；紧接着，身体右转，两手拨棍使棍把经上向前、向下立圆绕转，目视前方（图 5-4-222 ～图 5-4-224）。

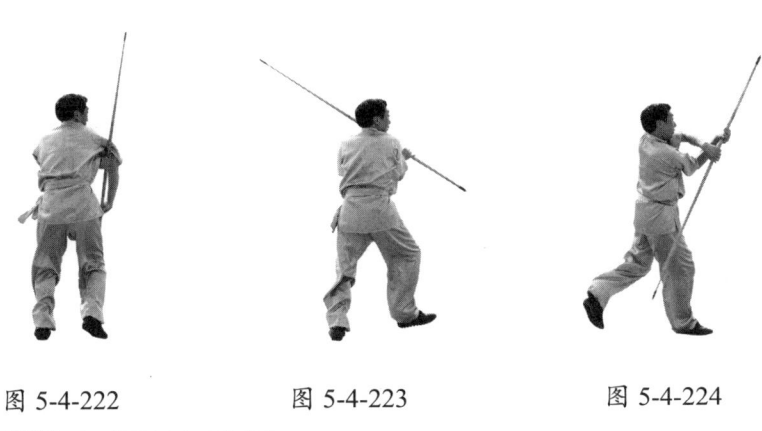

图 5-4-222　　　　　图 5-4-223　　　　　图 5-4-224

【动作要领】舞花棍须画立圆。

64. 舞花盖步翻身棍

上动不停，左脚向右脚内侧上步，同时，双手持棍使棍梢经下向上绕转（图 5-4-225）；身体右转，左脚随转体绕过右脚尖向右前方盖一步，同时，双手持棍使棍梢经前向下、向右上方绕转，目视棍梢（图 5-4-226）；随即，身体向右后翻转180º，同时右手握棍向下压把，随身体翻转使棍梢经上向前、向下、向后绕转举于左肩侧，棍梢朝后，目视前方（图5-4-227）。

图 5-4-225　　　　图 5-4-226　　　　图 5-4-227

动作要领　舞花与盖步翻身棍均须画立圆。

65.腾空背腿仆步劈棍

（1）上动不停，双手持棍使棍梢经前向下立圆绕转；随即双脚蹬地跳起，两腿屈膝后背，同时，双手持棍经体右侧向后举于头顶，棍梢朝后，目视前方（图5-4-228、图5-4-229）。

（2）双脚落地成左仆步，同时，双手握棍经上向下劈击左前方地面，目视棍梢（图5-4-230）。

图 5-4-228　　　　图 5-4-229　　　　图 5-4-230

动作要领　棍在身体右侧立圆绕转时须画立圆。

66.腾空背腿仆步劈棍

（1）身体右转，双手握棍随转体使棍梢经上向前划弧；随后双脚蹬地跳起，两腿屈膝后背，同时，双手持棍经体右侧向后举于头顶，棍梢朝后，目视前方（图5-4-231、图5-4-232）。

（2）双脚落地，屈膝半蹲，同时，双手握棍经上向下劈击前方地面，目视棍梢（图5-4-233）。

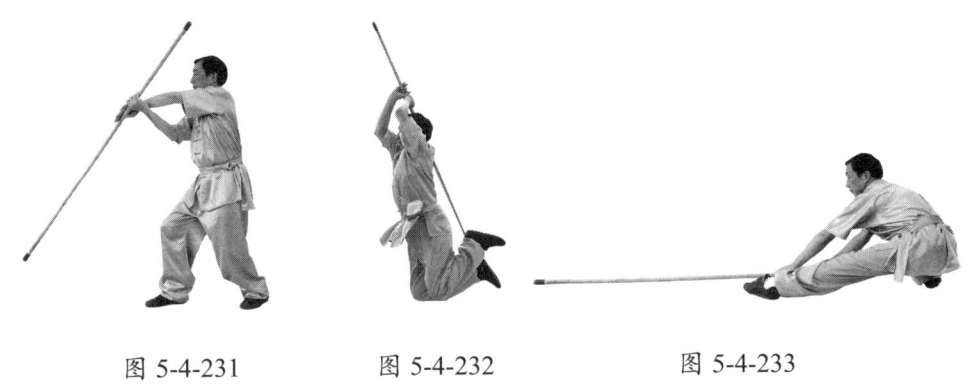

图 5-4-231　　　　图 5-4-232　　　　图 5-4-233

动作要领　棍在身体右侧立圆绕转时须画立圆。

67. 虚步背棍

身体右转，左脚向前上一步，同时，双手握棍随转体使棍梢经下向后划弧（图5-4-234）。左脚向左平移，脚尖点地；同时，左手离棍收于右胸前，右手持棍使棍梢向上、向左斜背于身后（图5-4-235）。重心下沉成左虚步；同时，左掌向左前方立掌推出，目视左掌（图5-4-236）。

图 5-4-234　　　　图 5-4-235　　　　图 5-4-236

动作要领　虚步要挺胸塌腰。

68. 收势

身体右转，左脚收至右脚内侧，同时，右手握棍使棍把向前平摆，左手在右手后接握棍身，目视前方（图5-4-237）；右脚退后一步，双手持棍使棍梢经下向前、向上绕转，同时，左手滑握至棍上段，目视前方（图5-4-238）；左脚向右脚靠拢成立正姿势，右手屈肘握棍置于体右侧，棍身垂直，左手五指并拢贴靠左腿外侧，目视前方（图 5-4-239）。

图 5-4-237　　　　　　图 5-4-238　　　　　　图 5-4-239

参考文献

[1] 郑志刚, 毛晓荣. 武术运动教程[M]. 成都: 四川大学出版社, 2007.
[2] 政协第五届南充市顺庆区委员会. 顺庆武术（顺庆文史资料第七辑）[Z]. 南充: 南充市政协, 2014.